SONSOLES ECHAVARREN
FERNANDO LÓPEZ PAN

ENTREVISTAS VIVAS EN LA TRADICIÓN DE UN GÉNERO

EUNSA

EDICIONES UNIVERSIDAD DE NAVARRA, S.A.
PAMPLONA

Serie: Comunicación

Cupón para la Biblioteca Virtual

Accede a la versión eBook de este título por solo **1,99 €**. Con la compra de este libro puedes utilizar el siguiente cupón para la lectura en *streaming** desde la Biblioteca Virtual. **Sigue estas instrucciones** para visualizar tu libro:

1. Dirígete a la web de la Biblioteca Virtual en **https://ebooks.eunsa.es**.

2. En la web ve a **Iniciar sesión** e introduce tu email y contraseña. Si no estás registrado, deberás completar el proceso en **Registrarse**.

3. Tras registrarte, accede a la página del libro o lee el QR de esta página. Bajo el precio podrás **insertar el código oculto en el siguiente cupón para activar la promoción**.

Despegue para visualizar

Acceso directo al eBook

No se admitirá la devolución del libro si el código promocional ha sido manipulado.

Canjéalo en ebooks.eunsa.es

*Con acceso a internet desde cualquier navegador.

© 2024. Sonsoles Echavarren y Fernando López Pan
Ediciones Universidad de Navarra, S.A. (EUNSA)
Campus Universitario • Universidad de Navarra • 31009 Pamplona • España
+34 948 25 68 50 • www.eunsa.es • eunsa@eunsa.es

ISBN 978-84-313-3959-3
DL NA 1436-2024

Fotografía cubierta
Wallace Chuck en Pexels

Imprime: Podiprint
Printed in Spain – Impreso en España

Índice

Prólogo

Con este libro, queremos llegar a los estudiantes de periodismo, a periodistas y al público general. Y también reivindicar el periodismo de las periferias, en el que, sin el altavoz de los medios nacionales, hay entrevistadores (y periodistas), cuyos textos no tienen nada que envidiar, ni en estilos ni en contenidos, a los que firman en las cabeceras de Madrid o Barcelona conocidos periodistas.

El libro consta de dos partes. En la primera, se incluyen dos textos míos: una entrevista a la periodista y escritora Sonsoles Echavarren Roselló; y un capítulo sobre la entrevista escrita como género periodístico. En la segunda, se recogen las 37 entrevistas de Sonsoles Echavarren seleccionadas y agrupadas temáticamente en 6 capítulos. Cada entrevista va precedida por una presentación del contexto en el que se realiza: cómo se localiza al personaje y cuándo se lleva a cabo.

La estructura del libro permite elegir el orden de lectura. El lector puede seguir el del índice: entrevista a Sonsoles, ensayo sobre el género y entrevistas de Sonsoles. Leer la primera entrevista como cualquier otra de un diario; después, descubrir la cocina de las entrevistas y, con el bagaje del ensayo, gozar de las de Sonsoles.

También puede empezar por el final, con las entrevistas de Sonsoles; seguir con la entrevista a la entrevistadora (o viceversa), y reservar para el postre el cómo se hacen. Recomiendo este último recorrido. Y desaconsejo empezar por el ensayo: sería ver cómo se cocina antes de probar los dos platos. Pero el camino lo traza usted. Cualquiera que siga, esperamos que saboree las entrevistas tanto como Sonsoles haciéndolas; y yo, leyéndolas y conversando con ella. Una conversación que también puede ser la suya.

La historia del libro nace de una conversación entre los dos autores tres años atrás. El primer impulso lo dio Sonsoles: en muy poco tiempo, hizo una primera selección de más de 60 entrevistas. Luego, por diversas circunstancias personales y de acumulación de trabajo de los dos, se detuvo el proceso hasta mayo de este 2024, cuando nos conjuramos para enviar cuanto antes el libro a la editorial. Agradecemos a Javier Balibrea, director de la editorial, que Eunsa haya aceptado publicar el original, y a Ana Gil por su ánimo, su optimismo, y su experto consejo.

También damos las gracias a Fernando Justo, quien transcribió la grabación y colaboró en la edición inicial de la conversación con Sonsoles. Y a Carmen Baleztena, quien realizó una corrección rápida y profesional del último manuscrito. Ambos, antiguos alumnos de la Facultad de Comunicación de la Universidad de Navarra.

En el capítulo de los agradecimientos, no podía faltar Diario de Navarra, que ha cedido las entrevistas seleccionadas para este libro, todas publicadas en sus páginas en los últimos 9 años.

Pero nuestro mayor agradecimiento es para los 35 entrevistados que, en su momento, compartieron con los lectores del diario sus conocimientos y algunos episodios de sus vidas -alegres, unos; dolorosos, otros-, que nos ayudan a comprender las nuestras.

Fernando López Pan

Parte I

Sonsoles Echavarren. Periodista y escritora

Una entrevista de Fernando López Pan

"Soy periodista las veinticuatro horas del día.
Los fines de semana y los festivos"

- *"Sin entrevistas, no existiría el periodismo"*
- *"Me informo todo lo que puedo sobre el entrevistado y, si ha escrito uno o más libros, los leo"*
- *"Muchas personas entrevistadas han llegado a convertirse en amigas mías. ¡Qué maravilla! ¿No?"*

Hay vocaciones artesanas. Que se perfilan al ritmo de las decisiones importantes. Al principio, entre dudas, sin un horizonte profesional claro, que se irá despejando hasta llevar a la persona a un oficio o a una profesión; a veces, jamás imaginada por ella. El amor por el trabajo bien hecho acaba despertando la pasión. Las vocaciones artesanas son de llegada. La de Sonsoles Echavarren Roselló (Pamplona, 1976) ha seguido otro rumbo. El periodismo ya era una corriente subterránea, que hizo aflorar, y de modo torrencial, la lectura del libro *Mi primer reportaje* (María Halasi, Gran Angular, 1989). Tenía 14 años. "El libro me encantó y me propuse ser periodista, como Julia, la protagonista que investiga el intento de suicidio de un adolescente". A esa edad, compró "un archivador de anillas, en el que guardaba los reportajes, las entrevistas y los artículos de opinión de *El Semanal* y suplementos de *El País, El Mundo y ABC*, que más me gustaban y a los que hacía agujeros. Los clasificaba por temas (viajes, libros, historia...)". Esa corriente interna se había alimentado de dos afluentes. Emilio, el padre, profesor de Lengua y Literatura en un instituto y articulista de opinión en algunos periódicos locales. Y su madre, profesora de Geografía, Historia e Historia del Arte en el mismo centro. La cultura y los libros siempre han estado muy presentes en su casa. Y cuando llegó el momento de entrar en la universidad, no hubo incertidumbres ni buscó consejo: "Voy a hacer solo el previo de Periodismo −le dijo tajante a sus padres, días antes de enfrentarse a los exámenes de acceso a la Universidad de Navarra en junio de 1994−. Tuve suerte y me cogieron. Y aquí estoy. Nunca me he arrepentido".

No se ha arrepentido porque, desde entonces, ha ido cultivando esa mirada de periodista que descubre historias y personajes en cualquier lugar: "Mientras hago la compra en el supermercado. Cuando peso los kiwis amarillos en la balanza de la frutería o negocio con mi hijo pequeño cuántos paquetes de galletas de dinosaurios y tabletas de chocolate con leche compraremos esa tarde. Cuando escucho las conversaciones de una pareja junto a los lineales de bebidas o presencio la pataleta de una niña pequeña tirada junto a las patatas fritas y que, seguramente, me inspirará mi próxima columna de opinión". Porque −dice− "una es periodista las veinticuatro horas del día. Los fines de semana y los festivos. Y no 'cierro' ni en Navidad".

Tampoco cierra los oídos, y menos los interiores, porque, como dice el magnífico entrevistador Iñaki Gabilondo, "para hacer bien una entrevista hace falta saber escuchar y querer entender. Nada menos. Saber escuchar es arte inédito, que apenas unos pocos han explorado en pasos incipientes. Lo de querer entender es hoy en día un contrapelo, una contracorriente. Lo practican muy pocos". Entre esos pocos, Sonsoles. "Con sus preguntas, extrae lo mejor de una persona. Y su conversación es amena, cordial, profunda", afirma uno de los entrevistados a los que ha escuchado desde que a los 21 años empezó a trabajar como redactora de *Diario de Navarra*, donde ha escrito desde boletines de noticias a columnas y artículos de opinión, pasando por los reportajes. Y entrevistas. Sobre todo, entrevistas. Muchas entrevistas. Calcula que más 4.000 para prensa, a las que, desde 2021, se añaden las semanales para el podcast *Déjame que te cuente*.

Apasionada del periodismo desde los 14 años. Y de la docencia del periodismo desde hace dos décadas, cuando empezó a impartir sus primeras clases de escritura, en la Facultad de Comunicación de la Universidad de Navarra, a los futuros periodistas en las asignaturas de *Redacción Periodística* y *Expresión Oral y Escrita*. La enseñanza del periodismo ha ido madurando en ella —esta sí— como una vocación artesanal. ¿O genética? Desde el curso 2023-2024, enseña en la UNED Pamplona a unos alumnos especiales: jubilados amantes del periodismo o que quisieron serlo en su juventud. Y todavía están a tiempo.

¿Cuál fue tu primer contacto con el periodismo?

Durante segundo de carrera, me cogieron en Radio Pamplona-Cadena Ser para el programa *La radio va por barrios*. Éramos todos alumnos del mismo año y a cada uno nos adjudicaban una zona de Pamplona. Yo trabajaba con mi compañera y amiga Tatiana Herce y nos tocó Iturrama. Entrevistábamos a gente curiosa y "famosa" del barrio. Como un cantante de ópera, un chino que tenía una herboristería, el archivero municipal...

¿Y tus primeras entrevistas?

Para la asignatura de Redacción Periodística, en la que ahora colaboro como profesora, teníamos que entrevistar a algún personaje de interés humano. Fui con otra amiga, Jaione Alonso, a unas casas medio abandonadas en lo que se llamaba Iturrama Nuevo (y ahora ocupan el solar el Mercadona de Sancho el Fuerte y una plaza con edificios de nueva construcción). Queríamos entrevistar a algunos de los últimos habitantes de aquel barrio, que cultivaban sus huertas en medio de la ciudad. Llegamos a la vivienda de unos hippies. Ninguna de las dos estábamos muy convencidas y nos daba un poco de miedo (risas) lo que nos pudieran decir. Pero, finalmente, nos armamos de valor y entrabamos en la casa. Resultaron ser unos chicos muy majos que nos estuvieron explicando cómo vivían siendo okupas. De todo lo que habíamos preparado para la entrevista, solo nos sirvió una parte. El resto lo tuvimos que improvisar. Pero si hay una entrevista de esa época de estudiante que recuerdo con especial cariño fue la del escritor y poeta uruguayo Mario Benedetti.

¿Por qué?

Corría el 5 de enero de 1996 y yo estaba en Montevideo visitando a unos amigos que había conocido en la Ruta Quetzal tres años atrás. Como tenía que escribir una entrevista para esta la asignatura (Redacción Periodística) para el regreso de las vacaciones de Navidad, me encantaba Benedetti y me había leído todos sus libros, me lancé. Cogí la guía de teléfonos y busqué *Benedetti. M.* Llamé y me respondió él mismo. No me lo podía creer. Le expliqué que era una estudiante de Periodismo española y que me gustaría hacerle una entrevista. Me dio la dirección de su casa, en una calle perpendicular a la Avenida 18 de julio, la arteria más importante de Montevideo, y el 7 de enero, pasado el día de Reyes, que allí también se celebra, llamé al portero automático. Como si fuera a casa de mis tíos. Nos hicimos fotos juntos y fue maravilloso poder entrevistarle allí, en el despacho, donde había escrito gran parte de su obra. La gente culta e inteligente es siempre la más humilde y sencilla. Conversé con él como si fuera mi abuelo. Recuerdo hasta la ropa que yo llevaba puesta. Nunca lo olvidaré. Fue uno de los esos momentos memorables en la vida.

¿Cómo llegaste a *Diario de Navarra*?

En el verano de tercero de carrera. Con 21 años y como becaria. Nunca pensé que iba a trabajar ahí toda mi vida. Solo lo consideraba un lugar donde aprender. Mi sueño –lo típico a esa edad– era viajar por el mundo y ser corresponsal. Luego, me fueron renovando los contratos, y he pasado por casi todas las secciones del periódico: local, cultura, economía, salud, inmigración, sucesos, *Diario de Navarra* ha sido mi escuela de periodismo y el periódico que me ha brindado la posibilidad de aprender cada día y de conocer a tantas personas interesantes.

Tras el paso por tantas secciones, ahora lideras la de familia...

Sí. Ocurrió lo siguiente. En octubre de 2013, nació mi tercer hijo, Gabriel, y estuve de baja maternal hasta abril de 2014. Cuando volví a trabajar, a principios de mayo, los temas que yo hacía entonces los estaba cubriendo otra persona. Me había quedado sin sección. Empecé a pensar qué otros asuntos podía abordar y, como tenía tan reciente el embarazo, el parto y aún estaba en plena crianza, empecé a escribir informaciones sobre hijos, educación emocional, salud infantil... Y poco a poco, me fui especializando y creé esa nueva sección. Es la primera que ha tenido su propio boletín de noticias (que escribo cada jueves y envío por *email* a más de 3.000 personas, como si fuera una carta personal) y la primera en la que organizamos actividades (presentaciones de libros, mesas redondas... de temas que interesan a las familias). Se ha demostrado que todos los asuntos que tienen que ver con la familia y los hijos generan mucho interés. Independientemente de a qué te dediques o cuál sea tu su ideología. Son los temas que de verdad importan, porque son universales. He entrevistado a muchos pediatras, maestros, pedagogos, psicólogos, psiquiatras infantiles y a personas anónimas que cuentan sus testimonios porque pertenecen a alguna asociación (altas capacidades, cardiopatías, niños con cáncer...) o han vivido acontecimientos extraordinarios.

Creas una sección de familia, escribes boletines, participas en la organización de eventos... ¿En qué lugar queda la entrevista? ¿Sigue siendo lo más importante de tu trabajo?

¡Claro! Porque la entrevista es "la madre del cordero" del periodismo. Se necesita para todo. Para escribir una información, una crónica, reportajes de toda índole, entrevistas largas o cortas. En formato de reportaje de citas –a veces narrativo–, o en el de pregunta respuesta. Sin entrevistas, el periodismo no existiría.

Más de cuatro mil entrevistas llevan tu firma, ¿qué sientes al enfrentarte a una nueva?

Me sigue encantando y creo que mis entrevistados también disfrutan. O eso me dicen: que se han sentido muy cómodos hablando conmigo. Para mí, hacer entrevistas es como ir al supermercado, algo de lo más normal. Como para un cirujano operar un apéndice infectado. O para un notario, firmar las escrituras de compra-venta de una vivienda. Algo que para los demás es totalmente extraordinario. Por eso, cuando hago una entrevista, trato de ponerme en el lugar de la persona que van a operar o de la que se ha cogido el día libre en el trabajo para ir al notario. Porque, para la mayoría de la gente, esa entrevista es la primera de su vida (y probablemente la única). Yo debo tenerlo en cuenta y saber cómo transmitirles una sensación de tranquilidad. Además, así es más fácil que se abran más, y a fondo, y que la conversación fluya más fácilmente.

¿Cómo lo consigues?

Siempre con empatía. Y, después, con simpatía.

Lo dices como si fuera algo sencillo...
Reconozco que me sale de un modo natural.

Natural sí, pero ¿cómo?
Primero, pregunto por asuntos personales e incluso nexos de unión que podamos tener (hijos de las mismas edades, aficiones comunes...). Por ejemplo, durante el confinamiento, comenzaba todas las entrevistas preguntando a la gente qué tal estaba, si tenía familiares contagiados... Hasta nos quejábamos conjuntamente sobre lo difícil que era teletrabajar. De hecho, yo tuve que hacer muchas entrevistas encerrada en el cuarto de baño de mi casa para que nadie me molestara. Siempre hay que dedicar unos minutos a generar un clima agradable antes de lanzarse con las preguntas. Antes que periodistas, somos personas, y si ves que tu entrevistado se está emocionando e incluso te está contando algo doloroso, hay que intentar arroparlo. Me ha ocurrido muchas veces y en ocasiones he terminado llorando con la persona a la que he entrevistado. Porque desnudan su alma delante de ti.

¿Algún caso?
Hace unos años, un empresario muy importante, después de contarme toda su vida, bastante azarosa, y explicarme cómo había llegado a su situación actual, me dijo: "No sé después que harás con todo esto, si podrás o no escribir algo, pero muchas gracias por escucharme. Nunca le había contado a nadie todo esto". Buf, me emocionó. Porque los periodistas tenemos la inmensa fortuna de hacer preguntas sin que nos miren mal. Forman parte de nuestro trabajo. Pero hay que saber hacerlas bien, con tacto, con respeto y en el momento indicado. Cuando te das cuenta de que la persona se está abriendo y desea contarte algo importante. No antes y de modo inquisitivo.

Los entrevistados y la preparación de la entrevista

"Les descubro a los entrevistados sus historias:
todas y siempre, son extraordinarias"

Llevas mucho tiempo publicando varias entrevistas semanales. Cuatro mil entrevistas significan, probablemente, en torno a cuatro mil entrevistados... ¿Dónde los encuentras? ¿Cómo los descubres?

Hay veces que ellos mismos se postulan. Me llaman para proponerme que los entreviste a ellos mismos o a algún familiar, amigo... Pero, muchas veces, los busco yo. Son personas a las que conozco en mi vida profesional (de una entrevista, a veces, sale otra) o personal.

¿Qué tienes en cuenta?

Me fijo en dos cuestiones: que la persona me interese en sí misma o por lo que representa. Es decir, entrevisto a alguien porque tiene una historia interesante que contar (ha ganado un viaje por ser el mejor estudiante de chino, por ejemplo) o porque es el presidente de tal o cual asociación y va a poder hablar sobre un tema concreto (la donación de sangre, el cáncer de mama...). Ser periodista no es trabajar de ocho a tres, de lunes a viernes, y luego ya te marchas a tu casa y te olvidas. Qué va. El periodista lo es las veinticuatro horas. Y, de la misma manera, igual estoy en el parque o con las madres de los amigos de mis hijos y se me ocurre un tema, algo de lo que me hablan que me resulta interesante. ¡Será deformación profesional! Cuando me hablan de alguien, enseguida pienso si puede ser un candidato a ser entrevistado. Los días mundiales (de alguna enfermedad o cuestión social) siempre son una buena "excusa" para entrevistar a alguien. ¡Y ahora hay efemérides casi de todos los temas!

Tienes el personaje, ¿cómo preparas las entrevistas?

Me informo todo lo que puedo sobre el entrevistado y si ha escrito uno o más libros, los leo. ¡Qué mínimo! Y a partir de ahí, me voy preparando las preguntas. Siempre me pongo en el lugar del lector. ¿Qué me gustaría saber a mí sobre esta persona? ¿Qué me interesaría leer? Y entonces le planteo las curiosidades que tengo. A veces, he tenido que leerme libros de 500 páginas en una semana, como la biografía de Juan María Araluce, presidente de la Diputación de Guipúzcoa asesinado por ETA en 1976. Habitualmente, me toca leer libros de psicología, educación, familia… Si puedo, los leo enteros y, si no, hago una lectura "en diagonal", yendo a los capítulos más importantes y las conclusiones. Algunos escritores se quedan sorprendidos de que haya leído los libros.

¿Y si te avisan con poca antelación de que tienes que hacer una entrevista?

Me ha ocurrido muchas veces, y hay que improvisar. En ocasiones, las he preparado mentalmente mientras conducía y llegaba al lugar al que me habían mandado. Ahora, con Internet, la preparación es mucho más fácil, pero cuando yo empecé, solía preguntar a los compañeros qué sabían de esa persona o buscaba información en la enciclopedia, si es que venía algo. Recuerdo una vez, en julio de 1997, apenas llegada yo al periódico, cuando me encargaron entrevistar a Carlos Iturgáiz, entonces el presidente del Partido Popular en el País Vasco, que había venido a Pamplona a un funeral con motivo del asesinato de Miguel Ángel Blanco, aquel concejal que mató ETA después de tenerlo varios días secuestrado porque el Gobierno no accedió a la reagrupación de los presos. El caso es que yo no sabía ni quién era y le pregunté al fotógrafo que me acompañaba, y que tampoco sabía de quién se trataba. Finalmente, él lo averiguó y me dijo: "es el de barbas". Así que ahí fui yo con mi grabadora a hacerle cuatro preguntas sobre el atentado. ¡Qué nervios pasé! Desde entonces, siempre que veo a Carlos Iturgáiz en alguna información me acuerdo de ese día.

¿Has llegado alguna vez sin nada?

Muy al principio. Pero nunca lo confesaba a los entrevistados. ¡Qué vergüenza! No por mí, sino por ellos. Imagínate que es la primera vez que te entrevistan y la periodista no sabe nada de ti... Por eso, intentaba disimular. Pero eso solo me ocurría cuando me encargaban algo a última hora. Si no, siempre me preparo muy bien las entrevistas.

Una vez que te has documentado, ¿cómo sigue esa fase previa a la conversación?

Lo más importante es saber con qué espacio voy a contar en el periódico para escribir esa entrevista. No es lo mismo tener una página, dos, media, que vaya a ser parte de un reportaje o una entrevista en sí misma, que la vaya a escribir en estilo directo o indirecto... Solventada esa duda, suelo prepararme la entrevista por temas y englobar las preguntas en grupos (la infancia del entrevistado, su trabajo, su familia...). Pero nunca hago un cuestionario, sino que agrupo las preguntas en temáticas más amplias. Suelo calcular que para cada página necesito una hora. Así, si tengo que entrevistar a alguien para una entrevista de dos páginas del domingo, puedo estar fácilmente hora y media o dos horas de entrevista pura y dura. Pero luego hay que contar con algo más de tiempo para la conversación de llegada y despedida. Porque no llegas con una persona, enciendes la grabadora y empiezas a "disparar". Hay que "preparar" el ambiente y que la conversación fluya de manera agradable.

Te habrás encontrado con gente que piensa que en su vida no tiene ninguna historia que contar. ¿Cómo la convences?

Todo el mundo piensa que su historia no es interesante, pero yo les intento hacer ver lo contrario: que sus vidas sí que lo son.

Les descubro a los entrevistados sus historias: todas y siempre, son extraordinarias. Cualquiera tiene algo extraordinario que contar, aunque unos más que otros, claro está (risas). Basta con mirar con más profundidad a nuestro alrededor (familia, vecinos, amigos, compañeros de trabajo...). Pero, para eso, hay que saber buscar, escuchar y mirar más allá de lo que se observa a simple vista.

¿Algún ejemplo?

En mayo de 2021, entrevisté a dos hermanas gemelas que acababan de cumplir 90 años. Me enteré por la prensa. En el periódico, publicamos una sección de cumpleaños y vi una foto en blanco en negro de dos niñas vestidas de monjas y a las que felicitaban por su aniversario. Llamé al teléfono que habían dejado y, ¡oh sorpresa!, me contestó la hija de una de ellas y la sobrina de la otra. Vamos, que una al menos no era monja. Resulta que esa foto se tomó el día de la Primera Comunión de las gemelas y, como se celebró en plena Guerra Civil y no tenían dinero para comprar telas y confeccionar los vestidos, las monjas de su colegio, que luego resultó ser el mismo en el que yo había estudiado, les habían prestado dos hábitos. Me encantó la historia y las intenté convencer para hacerles una entrevista a las dos juntas. Inicialmente, me dijeron que no querían.

¿Por qué?

Les daba vergüenza y pensaban que no tenían nada interesante que contar. ¡Menos mal que las convencí! Les aseguré que su testimonio de superación (hacían nacido sietemesinas y nadie pensaba que fueran a sobrevivir y menos después en una guerra) podía ayudar durante la pandemia a toda la gente que había enfermado o que tenía miedo de contagiarse. Total, que quedé con ellas en la terraza de una cafetería, y entre croquetas y vino blanco, no había quién las callara. Me encantó conocerlas y entrevistarlas. Después, estaban contentísimas de haber salido en el periódico y de que toda la gente las parara por la calle. Y de haber podido ayudar a los demás compartiendo su testimonio de vida.

La conversación

"Me gusta apuntar, pero siempre mirando a los ojos al entrevistado"

Hay personas que son parcas en palabras y recuerdos, o demasiado sucintos al responder a las preguntas. ¿Cómo les ayudas a que se explayen más? Y cuando son muy genéricos, ¿cómo les ayudas a que concreten?

A veces, es complicado que respondan. Suelen ser difíciles los adolescentes a los que he entrevistado, por ejemplo, por haber ganado una olimpiada de Matemáticas o de Filosofía o para un reportaje sobre el uso de las redes sociales. Tienes que preguntar de varias maneras lo mismo para que respondan, a veces, con monosílabos. Nunca nos tiene que dar vergüenza preguntar y repreguntar si no hemos entendido algo. Bien porque se trate de temas complejos (economía, ciencia…) o porque la persona no se explica bien. A mí me suelen dar buen resultado las preguntas de recapitulación, una especie de resúmenes en donde explico lo que he entendido de la respuesta que me han dado. Entonces veo si estoy equivocada o si la explicación no era realmente así.

Algunos entrevistados apenas hablan. Pero los hay que hablan mucho. ¿Qué haces en ese caso?

Esta situación ocurre, a veces, con las personas mayores que recuerdan su pasado o con los que son muy entusiastas (porque son expertos, por ejemplo) sobre un tema. Intento cortarles con educación y reconducir la conversación para dónde me interesa. Intento hacerles ver que vamos a hablar de aquellos temas que tengan interés general y también les advierto que deben explicar los términos especializados (por ejemplo, en el caso de los médicos) para que los comprenda todo el mundo. Debo dejar claro que estoy escribiendo para un periódico de información general y no para una revista especializada. Es algo que hay que aclarar a los profesionales, por ejemplo, a los científicos o economistas.

En las conversaciones, no es infrecuente que se produzcan momentos más difíciles. Por ejemplo, al formular preguntas delicadas o muy íntimas. ¿Cómo las planteas?

Es una buena estrategia dejar las preguntas incómodas, por ejemplo, las que tienen que ver con la vida privada (religión, estado civil...) para el final. Cuando ya se haya creado un vínculo con el entrevistado. No es buena idea plantear los temas más peliagudos al principio, cuando la persona aún está tensa.

¿Te has encontrado con tensiones en alguna conversación? ¿Cómo las has gestionado?

No es lo más habitual, pero en alguna ocasión sí que me ha pasado. Gente que te dice que a esa pregunta no te va a responder. Puedes insistir un poco, pero si ves que se cierra en banda es mejor no seguir por ahí. Otras personas te amenazan con que si no les dejas ver la entrevista antes de publicarla no te va a responder. Entonces, tienes que valorar qué quieres hacer o cuáles son las directrices de tu medio de comunicación a ese respecto. Los problemas también pueden surgir el día de la publicación. Generalmente, la gente se queda contenta y te felicita. Pero hay ocasiones, las menos, en las que no les ha gustado que incluyeras tal o cuál pregunta y entonces les tienes que recordar (cómo ya les habías explicado al comienzo de la entrevista), que todo lo que una persona cuente a un periodista en el transcurso de una entrevista es susceptible de ser publicado. A no ser que aclaren expresamente que se trata de una información *off the record*. Es decir, que te la cuentan para que conozcas el contexto, pero que no te autorizan a publicarla. Es necesario dejar todos estos asuntos claros para evitar problemas posteriores.

¿Qué lugares prefieres para las conversaciones?

Depende de las personas y de la temática. Si es un médico en activo, mejor en la consulta. Si está jubilado y va a hacer un balance de su vida profesional y personal, en su casa para que se sienta más cómodo. Las cafeterías también son un buen lugar, pero a algunos no les gustan porque no se puede hablar de temas delicados con mucha gente alrededor y si las mesas están muy juntas... Se puede hacer la entrevista un día en un lugar y la foto, otro día en otro. Por ejemplo, si un médico prefiere quedar en una cafetería cerca de su casa, puedo entrevistarle allí, pero la foto es mucho mejor hacerla en su consulta, ataviado con la bata blanca, o en el quirófano, con el pijama de cirujano. También es importante adaptarse a los entrevistados. No me visto igual para entrevistar a un escritor en su biblioteca, a un profesor en un colegio, a un empresario, al ponente de un congreso de cualquier temática o a un enfermo de cáncer. El vocabulario que utilizas tampoco puede ser el mismo. Aquí es muy importante lo que en los comentarios de texto de lengua se llama "adecuación": saber adecuarse al registro lingüístico y social del interlocutor.

Ya ha empezado la conversación...

Entonces, hay que escuchar con verdadero interés las respuestas del entrevistado porque pueden surgir repreguntas sobre la marcha. No hay que estar pensando en cuál va a ser tu siguiente pregunta, según lo que habías preparado. Cuando son entrevistas largas, las grabo siempre con el móvil (antes lo hacía con la grabadora), aunque también tomo notas. Prácticamente de todo. Me gusta hacerlo porque me siento más segura. Por si no se graba (alguna vez me ha ocurrido) o para luego, seguir la grabación en ese orden. Me gusta apuntar, pero siempre mirando a los ojos al entrevistado. No puede ser que no levantes la cabeza del cuaderno. Grabar es muy útil en el caso de que surjan problemas posteriores y el entrevistado te diga que él no había dicho eso. Me ocurrió una vez con el presidente de una federación de padres de alumnos. Insistía en que no había dicho tal frase. Se la hice escuchar y vio que ahí estaba. Otra cosa es que él no quisiera que apareciera ese dato, pero si lo dijo y no me había advertido que fuera *off the record*, se puede utilizar. Si está grabado, no hay ninguna duda. Por eso, conviene no borrar las entrevistas en un tiempo prudente.

¿Cuánto es un tiempo prudente?

Depende, pero habitualmente hasta que se publica la entrevista o poco después. Aunque se puede guardar un poco más por si surge algún problema posterior. Pero no más de dos meses. Luego ya nadie se acuerda de esa entrevista porque hay otras nuevas. Digamos que pasan de moda.

La edición

"Empiezo por el antetítulo (nombre, cargo) y el pie de foto. Después, escribo el titular, los sumarios y la entradilla. Sigo con los títulos de los despieces y el lead".

¿Transcribes toda la conversación?

Depende de la extensión de la entrevista. Si es corta, no. Me sirvo solo de las notas porque me acuerdo bastante bien. Pero si es una entrevista de una o dos páginas, entonces sí que transcribo todo para que la expresión sea siempre textual. Me gusta transcribir la entrevista completa porque vuelvo a empatizar con el entrevistado al escucharlo de nuevo. Además, a veces hago la entrevista un día y no la escribo hasta varios días después y al trascribirla es como si volviera a ese momento. La paso al ordenador, la imprimo y, después, voy tachando los temas que ya he escrito. Por cierto, mi hijo mediano que es muy tecnológico me ha enseñado un programa de inteligencia artificial que transcribe bastante bien, pero yo prefiero el método tradicional.

Mientras transcribes, ¿vas editando las respuestas o eres literal? ¿Cuánto de literal?

Trascribo el texto íntegro textual en un documento de Word y después, sobre el papel, voy decidiendo qué cojo, que no utilizo, en qué orden… Intento ser lo más literal posible en las respuestas. Aunque, a veces, si el entrevistado dice lo mismo de distintas maneras, me quedo con una, que es suficiente. O hilo una idea con otra y, claro, ahí tengo que introducir algunos elementos propios en la oración.

¿Cómo te enfrentas con el texto en bruto de la trascripción?

Subrayo y agrupo los temas. Como suelo preguntar de forma ordenada, apenas tengo que organizar la estructura. Sin embargo, hay veces que surgen preguntas interesantes cuando te estás despidiendo de las personas, en el aparcamiento o en la puerta de su casa, e igual es conveniente ponerlas al principio. O incluso informaciones nuevas que salen en llamadas telefónicas o en *wasap* posteriores.

Con toda la información agrupada por temas, ¿por dónde empiezas a escribir?

Selecciono los elementos del llamado primer nivel de lectura. Empiezo por el antetítulo (nombre, cargo) y el pie de foto. Después, escribo el titular, los sumarios y la entradilla. Sigo con los títulos de los despieces y el lead. Una vez que tengo todo eso, ya está casi terminada y eso que aún no la he empezado (risas).

Una curiosidad. Leyendo entrevistas de algunos entrevistadores tengo la impresión de que todos los entrevistados se expresan de modo muy parecido. Es decir, que se hace hablar a los distintos personajes del mismo modo (aunque, obviamente no digan las mismas cosas).

Intento utilizar un lenguaje estándar ni muy elevado ni muy coloquial. Aunque no creo que todos los entrevistado hablen igual. Introduzco muletillas, expresiones características que lo sitúen en su profesión, uso del lenguaje... Si hablan mal (por ejemplo, utilizan condicionales cuando no deben), dicen palabrotas... obviamente, lo omito. Aunque en alguna ocasión, algún taco (entrecomillado) puede dar una idea del lenguaje que utiliza.

¿Qué criterios sigues para elegir los titulares y los sumarios?

Por supuesto, que agrupen lo más importante del discurso de esa persona. Que cuenten lo que a mí me gustaría saber si fuera una lectora más. Lo que yo le digo a mi jefe cuando le resumo el contenido de la entrevista o a mis amigos cuando les hablo de lo interesante que me ha parecido esto o aquello. Obviamente, en el titular deben ir las palabras clave. Es mejor no utilizar datos numéricos, aunque el entrevistado te los haya dado (los números mejor para una información). Resulta preferible sacar a titular y sumarios opiniones personales.

¿Por qué escribes entradas tan largas?

Intento incluir la máxima información posible antes de comenzar con la copla pregunta-respuesta. Primero escribo unas frases con información atractiva. Frases mías propias. Después, digo quién sostiene esas ideas y quién es esa persona. Y, en último lugar, por qué se le entrevista en este momento (si le han concedido un premio, si le acaban de elegir representante de una asociación...). Si va a presentar un libro, hay que terminar la entrada con los datos prácticos (día, hora, lugar, cómo inscribirse, precio de la entrada...).

Paso siguiente...

Con el título, los sumarios, el pie de foto y la entradilla escritos, ya solo queda lo más fácil, que es dejarse "caer". Igual de importante que el comienzo de la entrevista es el final del texto. Tiene que resultar cerrado. No se puede finalizar de cualquier manera porque se han terminado las líneas. No. El lector tiene que darse cuenta de que ahí está el final y no podría estar en ningún otro sitio. Deben ser frases redondas, de resumen, de ideas muy pensadas... Salvando las distancias, un poco, como moralejas, aunque sin serlo. Por ejemplo, en la entrevista al psicólogo Emilio Garrido con motivo de su libro *La ciencia de la felicidad*, termino el texto preguntándole si él es feliz y contesta lo siguiente: "¡Por supuesto! Aunque no al 100% porque eso es imposible. Pero diría, sin dudarlo, que lo soy entre el 70% y el 80%". Con esa frase, el lector da la entrevista por cerrada y se queda satisfecho.

Por cierto, el orden de la entrevista escrita y publicada no responde en muchas entrevistas de otros entrevistadores al orden de la conversación. ¿Es así en tu caso?

En general, suelo preguntar de forma ordenada y apenas hago cambios de orden. Pero en otras ocasiones, sí. Aunque haya comenzado la entrevista en un orden, si al final veo que las últimas preguntas son más interesantes como gancho o dan más juego, invierto el orden en la edición para atrapar al lector.

En la inmensa mayoría de tus entrevistas utilizas el formato más convencional de pregunta y respuesta. Pero, a veces, optas por el reportaje de citas. ¿Por qué?

Solo uso la fórmula del estilo indirecto cuando la conversación no da para el juego pregunta respuesta. Por ejemplo, en la entrevista que le hice a Pili Lucea, enferma de cáncer que falleció al poco de entrevistarla. Mi texto es un relato de los avatares de su enfermedad, pero no me gustaba escribirlo con preguntas del tipo: ¿Y cómo fue el tratamiento? ¿Qué efectos secundarios tenía? Me parecía que restaba seriedad a la entrevista. Por eso, con la información que me ella me iba dando tejí un texto más personal, más literario quizás. Más propio de la temática.

¿Algún consejo más sobre la edición de la entrevista?

Hay entrevistas que se convierten en informaciones porque el entrevistado nos ha dado un dato, un titular. Es decir, lo que nos ha contado lo vamos a utilizar, poniéndolo siempre en su boca, como una noticia. Por ejemplo, un médico dando datos sobre porcentajes de las vacunas. Ese dato no nos interesa como opinión sino como información. En ocasiones, el espacio es limitado y no puedo utilizar todas las preguntas que he formulado para la edición en papel. En ese caso, tenemos una solución. Usar para el papel las más importantes e introducir en la edición digital el resto. Así no se pierde nada. Aunque, claro, no todo el mundo lee la entrevista en la web, sobre todo, la gente mayor.

Antes de publicar la entrevista, ¿se la lees o enseñas al entrevistado?

Este es un tema controvertido. Muchas personas te piden que quieren leer el texto antes de publicarlo. Por norma, no se suele hacer. Aunque, en alguna ocasión y, sobre todo, si son datos muy técnicos (un científico hablando de una investigación; un médico sobre una enfermedad…) a mí me gusta leerles por teléfono esas preguntas más delicadas para tener yo la certeza de que son correctas. De que no hay ningún dato erróneo. Pero, en general, no solemos dejar a los entrevistados leer los textos. Los periodistas somos profesionales con mucha experiencia en nuestro trabajo y deben confiar en nosotros. Igual que te pones en manos de un médico ante una intervención quirúrgica.

¿Cómo reaccionan los entrevistados cuando ven la entrevista publicada?

Hay de todo. Personas a las que entrevisto una vez y no las vuelvo a ver nunca más, y otras a las que entrevisto después muchas más veces y se convierten en "expertos de cabecera". Por lo general, la gente se queda muy contenta. Digamos que, en nueve de cada diez ocasiones, los entrevistados y su entorno me felicitan. Pero hay excepciones en las que no se quedan contentos porque no les gusta que hayas llevado a titular una idea y hubieran preferido otra, o porque te has equivocado en algún dato... Sin embargo, esos errores se pueden subsanar en una aclaración al día siguiente. Y, por supuesto, corrigiéndolos en la edición digital.

O sea, la mayoría reacciona de modo positivo...

Sí. Hay entrevistados, como he dicho, con los que hablo a menudo, que se convierten en expertos para mi trabajo y con los que tengo un trato muy afable. También existe otro grupo de gente con la que he pasado de lo profesional a lo personal. Me ha ocurrido con muchas personas que han llegado a convertirse en amigas mías, tras haberlas entrevistado. Supongo que dependerá también de la personalidad y yo, como soy una mujer abierta y a la que le encanta conocer gente, enseguida conecto. Y ese es otro de los motivos por los que sigo enamorada de mi trabajo.

"La libreta sigue siendo útil"

De la libreta para tomar notas de los inicios del periodismo, se ha pasado a las grabaciones –y de aquellas primeras grabadoras a los móviles de hoy en día– y a los programas que las transcriben. Son herramientas, qué duda cabe; que facilitan enormemente el trabajo del periodista. Obviamente, Sonsoles las utiliza. Pero no ha abandonado la libreta y el bolígrafo: "También tomo notas. Prácticamente de todo. Me gusta hacerlo porque me siento más segura. Por si no se graba (alguna vez me ha ocurrido) o para luego, seguir la grabación en ese orden. Me gusta apuntar, pero siempre mirando a los ojos al entrevistado. No puede ser que no levantes la cabeza del cuaderno".

16529841899006 — Javier Urra

(23ª)

82 libros — pluma — a mano
Tratado de psicología forense / cárcel /
psicópatas... lo q me ha dado peso
en el ámbito judicial

- Educar -

- 2006 - El pequeño dictador.
300.000 ejemplares.
Prbl. en la soci. Salud mental. Cd.
la salud mental quiebra. A la soc.
te pasa algo
  • Ha perdido espiritualidad
    2ª edición. Desclée
La soc. demanda esto tipo de libros.
Portada - muy visual
Parte q.ª nos ve - público / privado
Vida íntima - lo q uno nos
admite - Ruido + postura
  Bucear en uno

24 mayo.
1 junio -

- Soc. q va muy rápido
Lo impte es el tú - no el yo
Yo me desplazo a Pamplona xa
hablar con la gente. Xa poder
aportar algo tiene uno q saber
quién es. Soc- No me da la
vida - diga q no a algunas cosas
Relativizar. Vamos con prisas
Conduzco - voy pensando profun
Q. hubiera pasado si / lo q. callo
lo q no sería bueno.
No hace falta ir al Nona de dyr.
Lo puedo hacer en la ducha.

- No hay q. contarle todo a los dí
Una parte íntima. Agobio: si
se oye lo q. sueñas. Sería algún

- Capacidad xa mentir
- Xq. le vamos a decir algo
Muy caliente xa hablar

Nos autoengañamos. Damos una imagen de nosotros q no siempre concuerda con nosotros. El ser humano se autoengaña - p. la vida te lleva a otros derroteros / no todo lo teníamos elaborado. Q. es lo esencial / lo q. yo quisiera. No puedo vivir aislado de los otros. No puedo romper con los dt. x q sino rompo conmigo mismo

Declaración Hacienda - pago todo lo q. me dice. Podría agradecer. El es mi amigo. Ese es el ser humano / hacer una cosa y la contraria. Subjetividad - Bernabeu- (nadie está midiendo) — cómo va a ser objet. si somos de un equipo de fútbol

Mentira- No me has dicho la verdad. Persona. Q. le digo? He conocido a otra persona. Se lo digo o genero un dolor q. no ha lugar? He sido todo lo feliz? Es bueno decirlo?

- Si hacemos un diagnóstico de q
algo está mal -
Padre - si tenías / 13 años >
Sinconicidio? Urbandad / protoc
Palabra - Te voy a ser sincera
La vida en soc consiste en sabe
manejarse. Trabajo socrático - emp
a hacer preguntas / comentar
- Palabras íntima - wasap / likes.
Cara a cara hablas igual q X
wasap?
Ser humano ser espiritual
Cerebro - mente - alma. Evitar
tantos probl. de pato
España país del mundo + hipno
somníferos / ansiolíticos... Antidep
Benzodiacepinas - Uno tiene q
hacerse unos planteamientos.
- Libro - lenguaje - pensamient
Van de la mano. El ser hum
piensa xq tiene leng.
No existe la in art - sino cap
computativa

Intr. El pensamiento es fundamental.
Si domino 2/3 idiomas.
Una pers. con pobreza de lenguaje-
pobreza de sent pensamiento?
El lenguaje es esencial Fiscalía.
Vivencia negativa de las int. ajenas
(hay gente q. piensa q. el otro es
un enemigo). Mi disposición es muy
positiva.   El posicionamr
                          es muy impte

Si te levantas en
El lenguaje q. uno se admi
es

Arte - Arte y psicología.
Te parece q. un tema esencial en
la vida es el ser humano. Poema
Te explica mucho + q. todo un libro
La música de da misión te lleve
a percibir el mundo.
Selecciones q. hago son muy subj eti
son las mías - te doy la opción
Propuesta q. suelo hacer en los
libros

- **Suicidio** - vide gesa
  Son de candente actualidad. (a
  alguien decide quitarse la vida
  es xq ha tenido mucho sufrimient
  Q. pasa cd. se te suicide un hijo
  tema profundísimo - silenciado
- **U 6** - Voy a seguir con mi pareja
  xa evitar / quién toma una
  decisión contraria / dependencia
  emocional (indefensión aprendida)
  Hay muchos h. q. son dependientes
  > se suicidan - la vida xa ellos
  ha perdido sentido. Cómo se daba?
  X q. se pasa del amor al odio?
  Cómo podemos educar a los niñ
  con cortachoques emocionales

- No quería q se quedara en algo
  complejo sino aterrizar - Hay
  q. pensarlo. A veces, s
  habla sin tener contei

Gente q. se encierra en sí mismo
Momento de parar de silencio - q.
estoy haciendo yo con mi vida
La vida - llenándola de cosa
q dan sentido a la vida.
Seis stents - aprender / transmitir
Claves - leer el libro
Soc. del deseo. Hay q marcarse
objetivos. Desearía adelgazar -
Salga a pasear / coma menos.
Tome notas / discútalo.
El ser humano puede cambiar en
parte (actitud / lugar / persona /
puesto de trabajo...) Lo de cambiar
te da muchos problema - Es el reto
Todo tiene un coste. Uno puede
mejorar. No le pida a la vida
+ de lo q puede dar. Voy a
saber decir q no / voy a aprove
el tiempo, las relaciones
se ponga a ello. Pensar / Sentir
Hacer. Cd. haces -

- Los chicos del coro - 2004
- La lengua de las mariposas
- La guerra de los botones

Les Choristes - 2004.
Basada pelíc. 1945 - La jaula de
los ruiseñores.
Christophe Barratier
1999 - compositor - Cívita Pépinot
50 años
Clément Mathieu - 1949 - mu
fra - Fond del'Étang.
inte pur da nñ en nñ soor
Valor de la comp. fonto a la
dura discip. de la Ley
Delincuente - personas
Coro - símbolo de unión.

Gérard Jugnot

Vois sur ton chemin
Bruno Coulais

La entrevista. Herramienta (todavía) esencial del periodismo

Fernando López Pan

Sin entrevistas, los psiquiatras, los psicólogos, los sociólogos perderían una herramienta esencial en sus profesiones. También las personas dedicadas a los recursos humanos. Incluso el derecho penal y la criminología. "Sin entrevista, no hay periodismo", dice la autora de las que se recogen en este libro. Y con ella coincide la profesión que, tradicionalmente, la ha considerado como el acto fundamental, el corazón, la piedra angular.

Quizá hoy, en el contexto de los avances tecnológicos (inteligencia de datos o macrodatos –*big data*–, aprendizaje automático –*machine learning*– y la inteligencia artificial –*IA*–), ha bajado un peldaño, pero todavía ocupa un lugar preeminente. Como método de reporterismo, no se diferencia en lo esencial de la entrevista tal y como se utiliza en las otras profesiones. Como tipo de texto –segundo sentido–, se distancia de las otras que, en la inmensa mayoría de los casos, quedan reducidas a unas anotaciones en unos folios o en un documento de un ordenador. Y dirigidas a una audiencia minoritaria. Por ejemplo, el psicólogo que atiende a un paciente y, si acaso, el que tome el relevo.

En un primer sentido, y en cualquier ámbito, la entrevista es una conversación entre dos o más personas, en la que una o varias quieren obtener información de otra u otras. Lo que las diferencia entre sí es el objetivo y el tipo de información que buscan. Al psiquiatra y al psicólogo les interesa la información útil para diagnosticar a un paciente. Al sociólogo, datos relacionados con la cultura, las estructuras, las interacciones y los cambios sociales. Al responsable de recursos humanos de una empresa, aquello que le permita evaluar a un candidato para un puesto de trabajo. Al criminólogo, los datos y testimonios acerca de los hechos sometidos a investigación policial. ¿Qué información busca la entrevista en el periodismo? ¿Qué es una entrevista periodística? ¿Cómo definirla? ¿Qué tipos hay?

Antes de responder esas preguntas, dos observaciones. Primera, las fases de elaboración de una entrevista requieren la elección de los personajes, la preparación del encuentro, la conversación y la edición de lo conversado. Finalmente, la publicación. De esas fases, hablamos en la entrevista (que ya habrá leído o leerá).

La segunda. He pensado este capítulo para estudiantes de periodismo (al estilo manual), pero también para cualquier lector que se sienta atraído por la entrevistadora y sus entrevistados; y por el *cómo se hace* de las entrevistas. También por algunas curiosidades sobre la historia del género; y el debate acerca de si respetar la literalidad de las palabras o no.

En fin, intento un estilo sencillo y de fácil lectura. Descargado de las abundantes referencias bibliográficas típicas de los textos de investigación (hay muchos libros –y muy interesantes– sobre el género de la entrevista en el periodismo). Solo aparecerán los que llamo *mis clásicos* de la entrevista: los que me han sido más útiles en mis clases y los que, con independencia de la fecha de publicación, siguen siendo válidos porque apuntan a lo esencial.

1. Definición de entrevista periodística

Técnica de reporterismo

Una *conversación entre un periodista y otra persona en la que aquél consigue información vinculada a la actualidad periodística en nombre de una audiencia.* Más o menos así, la define Metzler en *Creative interviewing: the writer's guide to gathering information by asking questions (1977, 1997),* un libro que, a pesar de los años transcurridos y la vertiginosa evolución de las tecnologías, no ha envejecido, no se ha quedado obsoleto, no ha perdido un ápice de utilidad ni para periodistas ni para estudiantes de periodismo. Metzler aborda las habituales fases de preparación y, especialmente, el encuentro con el personaje. He leído muchos manuales sobre la entrevista, buenos manuales, pero ninguno con la penetración y los recursos que ofrece Metzler: sobre cómo conseguir anécdotas o cómo ayudar a que un entrevistado concrete la información o cómo preguntar en batería para ir obteniendo piezas de información que luego pueden montarse en un único relato breve o anecdótico. *Creative interviewing,* un clásico a la espera de una edición en español.

Sí la tiene *El periodista universal.* Otro de mis clásicos, escrito por David Randall, reconocido periodista británico. Dedica las 22 páginas de su capítulo sobre la entrevista, además de dar pautas generales sobre cómo realizarlas, a orientar sobre cómo afrontar situaciones o entrevistados difíciles, que se ponen nerviosas ante un periodista, o evasivos o incluso hostiles. Lectura recomendada.

Pero volvamos a la definición. Desgranemos cada uno de los términos clave:

- *Conversación.* Un intercambio de palabras entre un periodista y una persona. Como sucede en cualquier entrevista.

- *Información.* El objetivo es obtener información de actualidad relevante para los ciudadanos, el público, los lectores o espectadores de un medio. Se entiende la información en un sentido amplio: creencias, actitudes, datos, historias, opiniones, ideas (explicaciones, argumentos), rasgos de personalidad, emociones, sentimientos...
- *Audiencia.* En la entrevista periodística, junto al entrevistado y el entrevistador, interviene otra persona: la audiencia interesada por la información periodística.

Una anécdota lo explicará. Hace años, después de unas clases dedicadas a la preparación y documentación de las entrevistas, se me acercó una alumna:

— *Me he documentado a fondo sobre mi personaje —me dijo—, también he leído todas las entrevistas que le han hecho. Sé casi todo de él. No se me ocurre qué preguntarle.*

— Mi respuesta: *Es imposible que lo sepa casi todo de él. Pero, aunque lo supieras, la entrevista tiene sentido: es más, todas tus preguntas irían mejor orientadas. No se trata de preguntar lo que no sabes, que también, sino de preguntar lo que tus lectores no saben (aunque tú sí sepas).*

La alumna se veía como audiencia, y solo interesada en información nueva para ella. Ese día aprendió que, en una entrevista de trayectoria profesional y personalidad, el periodista suele preguntar cosas que ya sabe de antemano; y que sabe que los lectores no saben. Y eso es lo relevante: que sea información nueva para los lectores. El periodista entrevista para un público y pensando en un público

Ciertamente, hay entrevistas —las de investigación— en las que la aproximación es distinta: buscan información que les ayude a descubrir un caso de corrupción: tráfico de influencias, información privilegiada, etc. No se pregunta lo ya sabido, más bien, se utiliza estratégicamente. De todos modos, también en esos casos, el periodista actúa pensando en la audiencia, que recibirá la información a través de otros géneros periodísticos, singularmente, el reportaje.

¿Dónde se emplea la entrevista como método para obtener información por primera vez? En Estados Unidos. Allí nació la entrevista. Allí nació el reporterismo. Allí nació la escritura clásica de la noticia en pirámide invertida. Allí se desarrolló el sentido de lo que es noticia. Allí nació el periodismo tal y como se practica hoy. En palabras de Chalaby (303-326), el periodismo "es una invención anglo-americana". Y, por lo investigado hasta ahora, le asiste la razón.

¿Cuándo se empieza a emplear? Shudson ofrece unas fechas aproximadas al hilo de una cronología de los contenidos de la prensa en su país.

Tabla 1. Los contenidos de la prensa en USA (Shudson)

Fechas	Contenidos	
1700	Noticias de la prensa londinense.	
1765	Los periódicos publican ensayos y cartas. No hay reporterismo: no se busca información.	
Años 20 del s. XIX	Se contrata a los primeros reporteros que, ya en los años 30, cubren noticias locales. Sin embargo, no practican la entrevista tal como ahora la conocemos. Lo periodistas hablaban con los funcionarios, pero esas conversaciones no se recogían en las informaciones.	
Primeras entrevistas (ya como género o tipo de texto periodístico)	1836 El New York Herald publica una entrevista a la propietaria de una casa donde se había encontrado una mujer asesinada.	1859 Greeley publica en el Tribune una entrevista Bigham Young, líder de los mormones.
Años 1880 y 1890	La entrevista es una práctica periodística común.	
Comienzo del s. XX	La entrevista se convierte en una técnica fundamental del periodismo en Occidente.	

Grandes entrevistas de la historia (1859-1992), de Christopher Silvester, se abre con una introducción sobre la historia de la entrevista en Estados Unidos e Inglaterra, a la que sigue una antología de entrevistas publicadas en medios de esos países (por tanto, no son las grandes entrevistas de la historia, sino de su historia). En cualquier caso, es un privilegio disfrutar entrevistas a escritores como Zola, Wilde, Tolstoy; artistas como Picasso; políticos como Kennedy; dictadores como Hitler; Mussolini, Stalin o Mao; actrices como Greta Garbo, Bette Davis o Marilyn Monroe. También Al Capone tuvo una entrevista en su momento.

El libro –afirma Rosa Montero– "enseña más de los personajes y de la época que un tratado de historia. Ahí están los grandes figurones del pasado, todos palpitantes y multifacéticos, todos llenos de vida, aún no limitados por el futuro de sus actos y por la sentencia, buena o mala, que la posterioridad les ha otorgado (…). Pero aún hay algo más, un placer añadido en la lectura de estas piezas periodísticas: la vertiginosa fascinación de ver a los personajes (y sus entrevistadores) en la inocencia de lo que ellos aún no saben sobre sus propias vidas (pero nosotros sí sabemos)". El de Silvester, otro libro para la biblioteca personal.

Casi medio siglo después de que naciera en Estados Unidos llega la entrevista llega a Europa: "En Gran Bretaña –dice Broersma–, los periodistas comenzaron a utilizarlo con más frecuencia en la década de 1880, en Francia, Alemania y Austria en la década de 1890, y en los Países Bajos alrededor de 1900. Después de la Primera Guerra Mundial, la entrevista comenzó a ser ampliamente utilizada en Europa" (p. 144).

Según Cantavella, en España aparece en las mismas fechas: "Transcurrieron unos cuarenta años desde que en Estados Unidos aparece la entrevista hasta que comienza a verse en nuestros diarios, al principio, más tímidamente. Cuando allá se publicaban textos verdaderamente notables y profundos en esta dirección, aquí apenas asomaba la pregunta en algunas que otras noticias (hacia 1880)" (p. 21). El primer manual que habla de la entrevista – *La escuela de Periodismo* (1930)– la denomina *interviú*, dando muestras claras de su origen estadounidense. Y el autor, Manuel

Graña, la explica como género (p. 177-183) y también como arte del reportero (302-310). Como todo género en proceso, sufrió la resistencia de los personajes a los que se acercaban los periodistas. "Hay un montón de razones por las que toda entrevista es un error –afirmaba Twain–. Una de ellas es que el entrevistador, luego de abrir grifos aquí, allá y acullá, haciendo multitud de preguntas hasta dar con el que fluye libremente y con interés, nunca parece pensar que lo sabio sería concentrarse en este último y tratar de sacarle el mejor provecho, desentendiéndose de todo lo que ha dejado ya correr. Pero él no lo ve así: se asegura de cerrar ese manantial con otra pregunta sobre alguna otra cuestión, y con ello, su única pobre oportunidad de llevar a casa algo de valor escapa de inmediato y para siempre. Habría sido mejor ceñirse al asunto del que a su hombre más interesaba hablar, pero esto jamás podría hacérsele entender. No sabe si estás prodigando metales preciosos o solo paleando escoria; no distingue la mugre del oro de ley: todo es igual para él y pondrá todo lo que digas. Entonces, al ver por sí mismo cuánto de lo que no valía la pena haber dicho está todavía crudo, intenta componerlo poniendo de su propia cosecha que cree madura pero que, en verdad, está podrida. Cierto, lo hace todo con muy buena intención. Igual que el ciclón. Así, sus interrupciones, su modo de desviarte de un tópico hacia otro, tiene en cierta forma el efecto sumamente grave de dejarte expresar solo a medias respecto a cada tema. Por lo general, solo atinas a decir lo suficiente para perjudicarte y nunca llegas adonde hubieras querido explicar y justificar tu posición".

Desde entonces, precisamente, para evitar esas incomodidades que señala el escritor estadounidense, y, con él, probablemente, esos primeros entrevistados; el periodismo ha ido acumulando experiencias, poniendo en juego estrategias, mejorando la preparación de las entrevistas... En síntesis, ha ido desarrollando unas prácticas verdaderamente profesionales.

Esas prácticas profesionales se consolidan con los primeros manuales estadounidenses de periodismo, en los que se habla de la entrevista exclusivamente como un recurso para obtener información, no como un tipo de texto (a pesar de que Shudson mencione como primeras entrevistas dos textos que responden al formato clásico del género: pregunta-respuesta). Esa orientación se ha mantenido a lo largo de la historia de los manuales hasta la actualidad. Enseñan y orientan sobre la preparación del encuentro y cómo dirigir la conversación. Sobre la escritura, casi nada dicen. En un manual relativamente reciente (2019), dice Bender: "Una forma alternativa de escribir una historia de entrevista es el formato de preguntas y respuestas. Sin embargo, pocos reporteros lo usan, ya que requiere demasiado espacio y hace difícil para la audiencia captar rápidamente los puntos destacados de una historia"[1].

En definitiva, les importa como técnica del reporterismo que está en la base de muchos géneros como el reportaje, la crónica o la novela, que —afirma García Márquez— "tienen sus puertos de abastecimiento en investigaciones y testimonios y en libros y documentos en interrogatorios y encuestas, y en la creatividad torrencial de la vida cotidiana. Y, sobre todo, en entrevistas hechas no para publicar dentro los formatos convencionales del género, sino como viveros de creación y de vida de todos los otros"[2].

---

1. La cita sigue así: "La estructura de preguntas y respuestas funciona mejor con entrevistas a celebridades, historias de autoayuda y artículos secundarios para las historias principales. Las historias de preguntas y respuestas nunca son transcripciones literales de las entrevistas, aunque el formato crea esa impresión. Las entrevistas suelen estar fuertemente editadas para eliminar pasajes aburridos e irrelevantes".

2. La confusión entre la entrevista como estrategia para obtener información y como tipo de texto se advierte en cómo sigue la cita: "Y dicho esto habría

Género periodístico

Entre la diversidad de definiciones de la entrevista como género, retomo la que proponen Sánchez y López Pan. Entiendo que ampara la gran variedad de entrevistas: "Tipo de texto periodístico que presenta distintos rasgos formales y cuyo tema es una persona y su modo de verse a sí misma o de ver el mundo, de ver su trabajo o de ver una parcela de la realidad o un hecho aislado. Todos esos aspectos juntos o sólo uno de ellos".

¿A qué rasgos formales se refiere? Al titular (que puede limitarse a un título; o enriquecerse con un antetítulo y/o un subtítulo); a la entrada que presenta al personaje y justifica que se le conceda ese espacio en el periódico; y a la serie de coplas pregunta-respuesta que forma el cuerpo del texto. En ocasiones, también sumarios y ladillos. El cómo lo hace, lo explica con detalle en la entrevista. Me limito aquí a un ejemplo de titular (antetítulo y título), sumarios (frases destacadas), entrada y primeras coplas pregunta-respuesta de una de las entrevistas del libro:

Juan Miguel Gil-Jaurena | Jefe de cirugía cardíaca del hospital Gregorio Marañón de Madrid

"Cuando empecé a operar bebés pensaba en mis hijos; ahora lo tomo como mi trabajo"

que reconocer que la entrevista es el género maestro, porque en ella está la fuente de la cual se nutren todos los demás". No es género maestro, en todo caso, herramienta imprescindible para obtener la información. En ese sentido, de la entrevista se nutren no solo los géneros que señala García Márquez: también los columnistas mantienen conversaciones con personajes de las distintas esferas sociales, en función de su área temática. Y los editorialistas, dada la variedad de temas que abordan, necesitan acudir a expertos.

Sumario

- *"He practicado muchos trasplantes de corazón y aún creo que hay algo de 'magia' en que un órgano parado vuelva a latir"*
- *"Si es posible, no abrimos el pecho para operar, sino que intervenimos por la axila o debajo de la mama. Así, los niños no viven con una gran cicatriz"*
- *"Hay recién nacidos a los que se les opera una vez y llevan una vida normal. Es lo más gratificante"*

Juan Miguel Gil-Jaurena se ríe para la foto. Aunque, reconoce, le da "un poco de vergüenza" posar. "Mejor me pongo la bata, ¿no?", ha preguntado unos minutos antes, cuando se preparaba para sonreír al fotógrafo en los pasillos del hospital donde trabaja. Solícito, al finalizar la entrevista insiste en acompañar a los periodistas hasta la calle porque ese edificio, confiesa, resulta "un laberinto". Es una mañana de finales de octubre en Madrid. El otoño aún se resiste a llegar y la gente pasea en mangas de camisa. La suya es de color blanco y la combina con un pantalón verde militar y una corbata con el mismo fondo y topos de colores blancos y morados, que esa mañana le ha elegido su mujer. "Tengo muchas corbatas y me suelo poner algunas con motivos infantiles, que a los niños les divierten mucho". Los pequeños de los que habla son los 2.000 niños que han pasado por sus manos en el último cuarto de siglo. Y en el sentido literal de la palabra.

Juan Miguel Gil-Jaurena, nacido en Elizondo hace 54 años, es el jefe de Cirugía cardiaca infantil del Hospital Gregorio Marañón de Madrid, un centro de referencia para toda España en esta especialidad. Aunque, insiste, su trabajo es "más de cabeza que de manos", lo cierto es que todas las mañanas pasa por el ritual de lavado y desinfección antes de entrar en quirófano. "Me voy, que ya tengo que operar", se despide en la calle como si tal cosa. Como si fuera a sentarse con su familia a comer un domingo al mediodía. De hecho, pasar tiempo con los suyos es su "mejor plan". Casado con una enfermera de Oronoz, a la que conoció de joven en su pueblo, son padres de dos hijos universitarios, de 22 y 20 años.

Licenciado por la Universidad de Navarra, ha pasado por hospitales de Vitoria, Londres, Barcelona y Málaga y desde abril de 2013 lidera esta unidad, en la que cada año operan a unos 200 bebés, niños y adolescentes, de los que entre seis y dieciséis son trasplantados de corazón. Hombre tímido en las formas, concienzudo en su trabajo y que aplaude la labor hecha en equipo, asegura que la supervivencia "va a más" y ya alcanza el 85%.

Bebés, niños y adolescentes con problemas cardiacos de toda España son remitidos a operarse al Gregorio Marañón...

La ventaja de que el hospital esté en Madrid es que los desplazamientos son cómodos desde cualquier punto del país. Pero nosotros somos solo la punta del iceberg. En la base tenemos muy buenos pediatras, cardiólogos, anestesistas... Si podemos destacar es porque hay mucha gente detrás, a veces en el anonimato.

Operan una media de 200 niños al año, lo que supone casi una intervención diaria...

Exactamente. Cada día, de lunes a viernes, tenemos programada una operación. Sin contar las urgencias ni los trasplantes.

¿Cuáles son las principales cardiopatías por las que hay que operar?

Sobre todo, malformaciones en el corazón. Hay un grupo importante de intervenciones para cerrar los tabiques que unen las aurículas con los ventrículos (las cavidades del corazón). También hay que operar cuando las arterias que salen del corazón (aorta...) son o muy anchas o muy estrechas. Una vez me preguntaron a ver si somos los "arquitectos del corazón" y puede ser. En los recién nacidos, la operación más frecuente se hace porque las arterias que salen del corazón están colocadas al revés y que hacer una trasposición: cortarlas, darles la vuelta y volverlas a poner.

Aunque el lector desconozca el nombre técnico de cada uno de los elementos, al ver la página, ya se ubica en una entrevista. Y lo confirma la copla pregunta-respuesta que sigue a la presentación.

Pero la entrevista también se presenta con otra fórmula. Romanceada, la llama *Bastenier*: "Aquella en que el autor cuenta, sitúa al personaje, recrea un ambiente, entra y sale de los contextos necesarios para intercalar cuando lo considera oportuno los entrecomillados de aquellas declaraciones que deben llegar textuales al lector. En esta fórmula (...) ni siquiera hace falta consignar preguntas, sino que se va directamente a las respuestas escalonadas dentro de una lógica narrativa, o sea que agotamos los temas de una vez, sin esparcirlos por el texto donde buenamente caigan o en el orden de su presunta importancia, lo que sería más factible en el formato anterior".

La mayoría de las seleccionadas para el libro usa el formato pregunta-respuesta; el más fácilmente identificable, y el predominante en el periodismo español. Pero también hay alguna romanceada/narrativa. He ahí una primera clasificación de tipos de entrevistas. Pero hay más.

2. Tipos de entrevistas

En uno de sus relatos, el escritor argentino Borges propone –para una enciclopedia china imaginada por él– clasificar los animales según las siguientes categorías: "a) pertenecientes al emperador, b) embalsamados, c) amaestrados, d) lechones, e) sirenas, f) fabulosos, g) perros sueltos, h) incluidos en esta clasificación, i) que se agitan como locos, j) innumerables, k) dibujados con un pincel finísimo de pelo de camello, l) etcétera, m) que acaban de romper el jarrón, n) que de lejos parecen moscas".

La clasificación es divertida, sin duda, pero no homogénea, es decir, no aplica el mismo criterio para distinguir entre animales. Sin criterio homogéneo, no hay clasificaciones sensatas. Tampoco si no son útiles. ¿Para qué serviría clasificar las entrevistas por su extensión –largas (más de mil palabras), medianas (600) y cortas (300)? ¿O por su ubicación en la página? Para nada. Además de aplicar un criterio homogéneo, las clasificaciones han de ser funcionales. En nuestro caso, útiles para el ejercicio profesional. Y clasificaciones relevantes, las hay y muchas.

Buscando unas clasificaciones con criterio homogéneo y útiles para mis clases, utilizo dos clasificaciones, cuya utilidad explico tras la tabla 2. Son un decantado de las muchas tipologías propuestas.

Tabla 2. Tipos de entrevistas

Criterio: Función y tipo de contenido	Criterio: Formato
1. **Informativa** (o de actualidad, de declaraciones o de temática objetiva) • Importa el **qué**. • Presta mayor atención al ámbito del interés público.	1. **Pregunta-respuesta** • *Convencional*. Preguntas y respuestas. Caben subtipos, por ejemplo: – *Apunte*. Extensión reducida. Miden la agilidad mental y la personalidad. El lector necesita más contexto para entenderla. – *Cuestionario fijo/* fórmulas establecidas. El mismo cuestionario a los distintos personajes.

2. De personaje (o literaria, creativa, de tinte subjetivo)
• Importa el **quién**.
• Presta mayor atención al ámbito de la privacidad.
A su vez, cabe distinguir entre:
   – **De interés humano**: personas no mediáticas, no conocidas en el ámbito de los medios y la actualidad, pero que han vivido experiencias intensas. Metzer, de un modo muy gráfico, dice que son entrevistas en las que se cuentan las "cosas importantes de gente menuda". (*)
   – **De personalidad**: los personajes informativos relevantes en las distintas actividades sociales generan interés sobre ellos como persona. La gente quiere asomarse a su vida privada. Son entrevistas que en palabras de Metzer cuentan las "cosas menudas de gente importante". (*)
	2. Romanceada / _Narrativa_
	• El periodista está presente:
	   – _Cita y sumario (también llamado reportaje de citas):_ El periodista intercala palabras del entrevistado en el texto.
	   – _Relato del encuentro._
	• El periodista no está presente. Solo habla el personaje en primera persona. Salvo en la presentación, el texto parece escrito directamente por el entrevistado. No hay preguntas ni observaciones ni comentarios del periodista. Muy atractivas, aunque infrecuentes.

(*) Metzler en _Creative interviewing: the writer's guide to gathering information by asking questions._

La doble clasificación contenido y formato, me resulta muy útil en la asignatura, en la que los alumnos deben realizar dos entrevistas: una, informativa a un experto y, otra, de interés humano. Ambas, en el formato de pregunta respuesta.

Al condicionar la entrevista informativa a un experto en el tema de actualidad (que elijan), busco que la entrevista obligue al alumno a conocer a fondo un tema. Así, conseguirá una entrevista sólida, y estará en condiciones de adaptar el lenguaje de los expertos a un público general.

Con las de interés humano, quiero despertar en ellos la capacidad para descubrir personas con historias interesantes. Y que desarrollen sus habilidades sociales y psicológicas. No les abandono en estas últimas. Desde hace años, el libro del psiquiatra Fernando Sarráis titulado _Análisis psicológico del hombre_ –otro de mis clásicos– forma parte de la bibliografía obligatoria. En esas páginas, los alumnos aprenden a identificar los tipos de personalidad y de carácter; además de cómo se hacen la entrevista personal y la clínica; también descubren los métodos complementarios (el lenguaje corporal, el estudio biográfico...). Y la importancia de conocer el propio modo de ser para conocer a los demás. Tarea de toda la vida, pero especialmente ardua en la juventud. E imprescindible para las entrevistas de personalidad. Por eso, no las hacen. No hay entrevistas relato en las seleccionadas para este libro. Predomina el formato pregunta-respuesta. Y, en cuanto al contenido, las entrevistas de Sonsoles se saltan las fronteras entre las informativas y las de personalidad. Abundan los expertos, a quienes, obviamente, pregunta por sus conocimientos; pero también nos revela otros detalles más privados del personaje. Las hay que perfilan los valores humanos del científico, el pedagogo o el psicólogo. De ahí que las entrevistas no pierdan interés, aunque los entonces novedosos avances médicos y tecnológicos ya sean de empleo habitual. Tampoco la pierden las de interés humano: singularmente, las del último capítulo: *In memoriam*.

Sonsoles, con la ayuda de sus entrevistados, enseña a los lectores (expertos) y despierta en ellos sentimientos anidados en el hondón de su alma, pero quizá adormecidos. Por eso, sus entrevistas son amigables, cordiales, muy alejadas de las entrevistas interrogatorio o discusión. No son un combate de espadachines, en todo caso, un encuentro de amigos que piensan en ayudar a otros muchos amigos: los lectores.

Cierro este epígrafe, presentando otros dos de *mis clásicos*.

Haciendo la contra: las 101 mejores entrevistas comentadas. El libro recopila una selección de entrevistas pregunta-respuesta firmadas por tres periodistas de *La Vanguardia* (Inma Sanchís, Víctor Amela y Luis Amiguet) en la sección *La Contra* del diario. Aunque lejanos en el tiempo (el libro es de 2003), todavía hay personajes que despiertan el interés. Pero, sobre todo, el libro da una idea de una fórmula que 26 años después de su aparición y tras más de 8.000 entrevistas, sigue presente en la última página del diario, y ganando protagonismo.

El arte de la entrevista. 40 años de preguntas y respuestas. La periodista
y escritora Rosa Montero, desde hace tiempo, una de las mejores en-
trevistadoras españolas, recopila sus mejores entrevistas relato publicadas en *El País* durante más de cuatro décadas. Los personajes: muy
conocidos. Pero, aunque no lo fueran, cada entrevista se disfrutaría
por la calidad literaria, la habilidad para romper la careta (así lo dice)
de personajes conocidos, su olfato para detectar los rasgos de carácter, su fina observación, importante, porque –afirma Montero– "la
información que da el entrevistado no se limita ni mucho menos a lo
que dice; sus titubeos, sus gestos, su tono de voz, la manera de mirar
y de moverse, su ropa, su actitud, la fuerza o languidez de su apretón
de manos, los detalles del entorno, la decoración de su casa, si es que
estamos en su casa; la relación de los demás con ella o él (secretarios,
ayudantes, familia) e incluso la sensación emocional que despierta en
ti: si te apabulla, o te pone nerviosa, también es por algo".

3. *La literalidad* en la *edición* de la *entrevista* como *género*

Del Arco, uno de los grandes entrevistadores de la historia del
periodismo español, decía que la entrevista (él la llamaba *interviú*)
"no es ni más ni menos que una conversación llevada a letra im-
presa" (en Perlado, p. 19). Y eso piensan muchos lectores. "Muy a
menudo –escribe María Esther Giglio– encuentro a lectores que
me hablan de alguna entrevista que he realizado como si ella fuera
la reproducción holográfica de la realidad. ¿Cómo decirles, en ese
momento, que si volviera a escribirla tal vez ya no estaría allí la mitad de lo que está y, en cambio, podría estar una cantidad de cosas
que harían de esta entrevista otra?" (Halperin, p. 151).

Es lógico que los lectores entiendan la entrevista, en tanto que
texto periodístico, en los términos más directos en los que cabe
entender la definición de Del Arco: es decir, como un simple traslado de algo oral (la conversación) a un texto escrito. El formato de

pregunta-respuesta simula la conversación cotidiana y hace creer al lector en una pura transcripción del encuentro.

Sin embargo, la realidad es otra: en el paso de la conversación al texto publicado, hay tal proceso de transformación –más o menos intenso, según los casos y los tipos de entrevista– que Vidal llega a considerar la entrevista como un género "ficcionalizado, simulado, a través de la escritura como si fuera una conversación cotidiana" (p. 367). Lo saben los periodistas, lo saben los protagonistas habituales de las noticias y algunos lectores, solo algunos, los avisados.

Ese proceso de elaboración se da en ambos formatos de entrevista, aunque los grados de ocultamiento varíen. Más intenso en el de pregunta-respuesta: quien la lee, entiende que el texto sigue el orden del encuentro: la primera es la primera pregunta que se formuló y, la última, la pregunta con la que terminó la conversación. Menos, en las romanceadas, en las que nada se deduce acerca de en qué momento de la conversación se respondió a una pregunta. Las palabras con las que el periodista va ligando las citas hace visible para el lector que hay un proceso de transformación entre la conversación y el texto. En resumen, el formato narrativo advierte al lector de un proceso de edición que queda escondido en el formato pregunta-respuesta[3].

Al final de este epígrafe 3, veremos ese proceso, pero antes lo situaré en el marco más amplio del debate acerca del grado de exactitud y fidelidad de las citas directas en el periodismo.

---

3. Quizá sea esa una de las razones por las que, en el periodismo estadounidense escrupuloso con la objetividad y la transparencia , predomine el formato narrativo. Presentar la entrevista como un reportaje muestra explícitamente al lector que la entrevista no se reproduce tal cual ha tenido lugar, que, en cuanto texto, ha sido elaborado por un periodista

La literalidad de las citas directas en los textos periodísticos

"Siempre ha habido dos definiciones en competencia respecto a lo que es una cita directa –señalaba Stimson–, una que trata las palabras dichas como hechos que, como las estadísticas, son para usar pero no para cambiar, y otra que las trata como diálogos para ser introducidos en el mensaje para lograr un efecto junto con las otras palabras de un artículo" (p. 69).

Esa doble definición, afirma, no es lógica porque los lectores tienen el derecho de saber "qué se supone qué significan unos particulares signos de puntuación" (p. 70) [en nuestro caso, las comillas para las citas de las entrevistas narrativas y los guiones de diálogo en el caso del formato pregunta-respuesta]. Piensa que, si no ha suscitado problemas, se debe a que "los lectores aparentemente asumen que están oyendo las palabras reales de una persona dentro de las comillas [o tras un guion, añadiríamos nosotros], y el periodismo está feliz dejándoles pensar que es así" (p. 70).

En Estados Unidos, se ha vivido durante años un debate entre partidarios y enemigos de los cambios. Aunque inexistente en España, ese debate trae a un primer plano algunas cuestiones fundamentales, que abordo siguiendo a dos autores: Killenberg y Anderson. Aunque ya han pasado años de su propuesta, sigue en pie. Y me convence. Son otros de mis clásicos.

Estos autores consideran legítimos y éticos los cambios en las citas directas (en determinadas situaciones, lo ético es precisamente modificarlas). Son partidarios por diversas razones, entre ellas, señalan que en toda reproducción escrita de lo oral hay una pérdida porque, por ejemplo, no se pueden atrapar los matices, las inflexiones de voz, los guiños, las sonrisas... que acompañan a las palabras. Es decir, la reproducción prístina de las palabras de otro que exigen los rigoristas, herederos de un planteamiento objetivista extremo, es imposible. Nunca cabe recoger citas directas de modo impoluto, como si nadie las hubiera tocado, y hacerlas llegar sin mediación al lector. En otras palabras, es imposible el afán de trasladar tal cual el discurso oral: necesariamente, el texto es el resultado de las inevitables decisiones del escritor.

Pero lo más interesante es que hacen aflorar ideas implícitas, quizá inconscientes para quienes debaten. A su juicio, la discusión acerca de las citas refleja cómo se entiende la actividad informativa. Cada una de las posturas –dicen– lleva implícita una determinada concepción del quehacer periodístico y del periodista: o bien se le considera como un simple conducto fiable o bien como un retórico sensible. Entre el conducto fiable y el retórico sensible, apuestan por el segundo.

En definitiva, caben dos opciones: considerar al periodista como el transcriptor de una grabación, y, por tanto, alguien perfectamente sustituible por ChatGPT u otra IA; o considerarlo como un intérprete de la actualidad, que continuamente elige y debe tomar decisiones, también sobre el empleo que haga de las citas directas en cada uno de sus artículos. Bueno, en realidad, solo cabe una: la del periodista intérprete/retórico sensible porque el periodista como mero transcriptor es un personaje de ficción.

Habría que ampliar, por tanto, el concepto de literalidad para que también acoja citas directas que hayan sido modificadas por el periodista. Con ello, no se plantea que la literalidad deba sacrificarse en el altar de una prosa aceptable, pero sí ensanchar el margen de libertad. Eso sí, con criterios que ayuden a delimitar la frontera entre lo éticamente admisible y lo prohibido. De la mano de Killenberg y Anderson, me atrevo a proponer las siguientes pautas[4]:

---

4. Por cierto, lo que hace el periodista en la actualidad no es distinto de lo que hacía antes, cuando no había grabadoras, y de lo que hace el oyente cuando escucha a alguien. Ni los periodistas de antes reproducían en sus notas los ti-

1. Siempre hay que respetar el sentido de lo que se dice y las palabras clave.

2. Siempre se debe especificar de dónde proviene la cita: no se pueden mezclar citas de una entrevista oral con citas de un escrito, aunque sean de la misma persona, sin indicarlo.

3. No hay razón para mezclar en una, citas de fechas distintas: la gente cambia, evoluciona, no se mantiene en un presente intemporal. Por tanto, cualquier cambio no supone una incoherencia.

4. Las afirmaciones nunca se pueden separar de los matices y de las excepciones. Aderson y Killenberg relatan el siguiente caso real. Un periódico ponía en el titular de una información la siguiente cita atribuida a la hermana de Dukakis, por aquel entonces candidato demócrata a la Casa Blanca: "Es posible que Dukakis haya consultado con un psiquiatra en plan de amigos". En realidad, el texto decía: "Es posible, pero lo dudo. Podría haber sido en plan de amigos: un amigo con otro, en privado. No sé". En el matiz se cuela la cita falsa.

5. Dicho sea de paso, hay que ser especialmente cuidadoso al condensar las citas literales para que encajen en un titular o en un sumario. Ese comportamiento, frecuente en el periodismo para ajustarse a los espacios, fácilmente da pie a confusiones que pueden falsear la verdad y dañar a las personas.

6. Conviene releer con pausa la versión final para asegurarse de que el texto en el que se insertan las citas directas no cambia el sentido que le daba el personaje. Una cita muy fiel a las palabras de alguien puede adquirir un significado

---

tubeos, las frases que no terminaban, etc., ni el oyente entiende así las palabras del que conversa con él.

diferente al engarzarla en un contexto distinto: el creado por el propio autor de la noticia o el reportaje.

7. Por idéntica razón a la de la pauta anterior, cuando sea necesario para entender correctamente las palabras de alguien, habrá que incluir el contexto extralingüístico: por ejemplo, que algo se dijo durante una conversación distendida, en un momento de especial dolor o acompañado de una sonrisa.

Esas pautas, en realidad, no hacen más que encauzar la realidad: la habitual edición de las citas directas en las noticias y reportajes[5].

La literalidad en las entrevistas

"Tal es, tan fielmente como me es posible recordarla, la esencia de una conversación de casi dos horas. Buena parte de los comentarios fueron incidentales y resultaría ocioso reproducirlos, aunque fuese capaz de recordarlo, además participaron otras personas". Así explicaba Greely, al final de su entrevista al líder mormón Brigham Young publicada el 21 de agosto de 1859 (en Silvester, p. 86).

5. El margen de maniobra se estrecha cuando las palabras del personaje forman parte de un texto elaborado (por ejemplo, una conferencia, una intervención parlamentaria, un informe escrito, un artículo de una revista, una entrevista tomada de un diario, etc.). En esos casos, las palabras medidas y ajustadas expresan un pensamiento maduro y cuajado, en el que las ideas aparecen ordenadamente y en frases completas y llenas de sentido (o, al menos, así debería ser). En estas circunstancias, el periodista está obligado a respetar escrupulosamente lo dicho. Y si las palabras son rebuscadas, complejas, propias del lenguaje burocrático y técnico-administrativo, el recurso que le queda, y que supone actuar en justicia con sus lectores, es acudir a una paráfrasis clarificadora.

Destaco tres detalles de ese párrafo. Primero: pone de manifiesto que el género está en fase balbuciente, de ahí las explicaciones a los lectores. Segundo: la entrevista se basaba en el recuerdo (en los comienzos, el periodista apenas tomaba notas –o muy pocas: nombres, fechas, datos–. Se decía que las libretas y los bolígrafos ponían en guardia al entrevistado, le impedían hablar con normalidad). Y la tercera: desde los mismos orígenes del género, estaba claro que una entrevista publicada no es una mera trascripción del encuentro. Hay todo un proceso de edición.

Y para hablar de edición de las entrevistas seguiré a otro de mis clásicos: *La entrevista en prensa* (p. 245-409), de David Vidal. No es un texto sencillo, exige un acercamiento pausado para hacerse cargo de la perspectiva multidisciplinar desde la que aborda la entrevista. Ideas básicas de la teoría de la literatura, la teoría de la acción la teoría de los actos de habla de Searle, los géneros discursivos de Bajtin, las máximas del principio de cooperación de Grice (calidad, cantidad, pertinencia y manera) le sirven de herramientas de análisis del género. Entender alguno de los epígrafes *De cómo robar la voz y sus detractores, Del diálogo de la ficción a la ficción del diálogo, La mirada semiótica: detalle y fragmento como estrategia realista para captar al personaje, La tipicidad del personaje: tipos y estereotipos*) reclama esfuerzo. Pero la rentabilidad es alta.

En el contexto de este ensayo, me centraré en el epígrafe titulado *La traducción de la interacción a la escritura* en el que ofrece un esquema claro y completo del paso de lo oral a lo escrito: muestra los mecanismos retórico-lingüísticos de las prácticas habituales con los que opera el periodista, que responden a dos fines: por un lado, "conferir orden y pulcritud al texto: hacerlo legible en su paso de materia oral a materia escrita" y, por otro, "encontrar en el texto aquello más interesante, y contarlo de una forma que lo haga parecer relevante" (p. 353). A esos fines, les llama, respectivamente, morfológico-formal y periodístico-retórico.

Esquemáticamente, se logran con las operaciones (p. 356) de la tabla 3:

Tabla 3. Operaciones del paso de lo oral a lo escrito en la entrevista periodística

Operación	Actividad
Transcripción	
Identificación	(Identificar por bloques temáticos los contenidos)
Selección:	*Supresión* • De las repeticiones temáticas entre respuestas • De los fragmentos poco relevantes • De las reiteraciones dentro de la respuesta
Organización (2ª selección)	*Agrupación y jerarquización*
Escritura	*Morfología:* sintaxis, gramática, léxico (Vidal habla de un proceso de jibarización, que lleva a reducir respuestas y dejar lo fundamental) y *ritmo*

En el proceso de edición de la entrevista, cabe (re)ordenar las coplas de pregunta-respuesta en una secuencia distinta del que se dio en el diálogo, sintetizar respuestas, fundir varias en una (aunque se hayan dado en momentos distintos de la conversación), dividir respuestas largas con preguntas no formuladas durante la conversación (preguntas puente), ajustar preguntas y respuestas (por ejemplo: si el entrevistado habla de algo no relacionado con la pregunta, pero interesante, se cambia la pregunta que se formuló en la conversación para ajustarla a la respuesta), etc. Y, como en todo texto, se cuida, entre otros aspectos, la entrada/presentación del personaje.

(Hago un paréntesis, para presentar otro de mis clásicos: *La entrevista periodística: Introducción práctica*, de José Francisco Sánchez. Muy útil el capítulo 3: La redacción de la entrevista. Aunque mucho más interesantes, la introducción (p. 15-19), y el capítulo 1 dedicado a la preparación de la entrevista. Muy especialmente, el primero de sus epígrafes: *la preparación habitual* (p. 21-28). Recomiendo esas 13 páginas. No se arrepentirá de leerlas ni los estudiantes, ni cualquier persona).

Aunque ella misma explica cómo lo hace en la entrevista, adelanto aquí algunos ejemplos solo de cómo capta la atención en el inicio de las entradas, que luego se completan con los datos del entrevistado y el motivo de la entrevista. La selección es amplia para que se vea la variedad de recursos: preguntas, descripciones (no es una rareza que empiece describiendo la foto del personaje), atmósfera que rodea la conversación…

Emilio Garrido | Psicólogo y autor de *la ciencia de la felicidad. ¡Cien herramientas para ser feliz!*

"Se aprende a ser feliz y un 40% de nuestra felicidad depende de nosotros"

¿Eres feliz? ¿Te gustaría serlo más? ¿El día a día te come y no tienes tiempo ni para respirar? Todos los seres humanos desde hace miles de años perseguimos un solo objetivo: la felicidad. Pero, muchas veces, no sabemos cómo conseguirla. ¿Haciendo deporte? ¿Con una cena romántica en pareja? ¿Si mis hijos sacan buenas notas? ¿Si consigo un aumento de sueldo?

Pedro Villanueva | Doctor en psicología, voluntario del teléfono de la esperanza de navarra

"Pide ayuda si sufres porque nadie que está bien se suicida"

Hay personas que fantasean con la idea de quitarse la vida. Tirándose por una ventana, tomándose una caja de somníferos o pegándose un tiro con una escopeta de caza. Algunos de ellos se terminan suicidando, pero muchos, la mayoría, solo tenían eso: una idea que brota en un momento de desesperanza pero que nunca se materializa. Y los números lo corroboran. El 4,5% de los españoles ha pensado alguna vez en quitarse la vida mientras que solo lo ejecutan ocho de cada 100.000. Los expertos advierten, no obstante, de que el suicidio es una responsabilidad social de todos y un problema de salud pública que está tomando "dimensiones preocupantes", al mismo tiempo que la ciencia alarga la vida y la salud física de las personas. Lo importante es que, si estás sufriendo, pidas ayuda.

María Sola | Presidenta de la asociación navarra de altas capacidades (ANAC)

"No es cierto el mito de que el niño con altas capacidades lleva gafas y está solo en el patio"

La mujer que sonríe al fotógrafo en la imagen superior, apoyada en un pupitre infantil y con dos pizarras en blanco a sus espaldas, no es una maestra de Primaria que se dispone a "escribir" sobre ellas un nuevo curso escolar. Tampoco es una profesora de ESO o Bachillerato ni la orientadora del centro. Ni siquiera se trata de una abogada experta en urbanismo y derecho inmobiliario, su profesión desde hace dos décadas. No. La pamplonesa María Sola Amoedo es la protagonista de las líneas que siguen por ser una madre de familia numerosa que defiende ahora la causa más importante de su propia vida: la de su hijo mayor, Mikel, de 9 años, que hace dos fue evaluado como un niño con altas capacidades.

José María Toro | Maestro, investigador, divulgador y autor de libros sobre educación

"Hay que observar la cara de un
alumno para saber cómo está"

Conversar con José María Toro es como sentarse en un ágora griega para escuchar a Sócrates o a Aristóteles. Habla y habla, analiza la etimología de todas las palabras, bucea en lo más profundo del ser humano y da en el clavo. En el de la educación y la vida.

Pili Lucea Villanueva | Raguesa de 57 años, lleva 17 conviviendo con el cáncer

"El cáncer me ha enseñado a reírme y
a disfrutar de una caricia"

Pili Lucea Villanueva da un salto en el sofá de cuero de su salón y va a buscar una foto antigua enmarcada "de cuando tenía melena". A los pocos minutos, interrumpe la conversación de nuevo y se va a la cocina a por su teléfono móvil. Vuelve y se arrodilla en el suelo para mostrar otra fotografía. En esta ocasión la de ella con una máscara salpicada de agujeros "como un colador" que le recubre el rostro y la cabeza y con la que recibe a diario sesiones de radioterapia. Entre las dos imágenes han pasado 17 años y toda una vida de "experiencias, aprendizaje, alegría y dolor".

Ana Hernández | Nueva presidenta de asociación *pequeña guerrera*

"Las cardiopatías no se ven y los enfermos
del corazón se sienten solos"

La vida brindó una segunda oportunidad a Eloy Sánchez Hernández hace dos años. Y lo hizo en forma de un corazón de bebé fallecido, que volvió a latir de nuevo en su pecho. La vida ofrece, en ocasiones, segundas y terceras oportunidades. Trenes que no hay que dejar escapar e incluso milagros que te hacen seguir ilusionándote, aunque parezca que ya todo se ha perdido. Por una de estas carambolas del destino, el pequeño Eloy Sánchez Hernández, que el pasado abril cumplió 2 años, sigue vivo. Y muy vivo. Abre sin dar tregua los cajones de su casa y lo tira todo por el suelo. Corre sin mirar atrás. Trepa por los columpios. Escupe la fruta y la verdura y elige las galletas y los bizcochos. ¿Y por qué?

Por cierto, en relación con la titulación, los sumarios y las entradas, recupero aquí los de la entrevista a Sonsoles, y los que ella –haciendo el ejercicio de editarse– hubiera elegido. Luego comento el porqué de las diferencias.

Vayamos, primero, con la titulación:

SONSOLES ECHAVARREN | PERIODISTA Y ESCRITORA

VERSIÓN DE SONSOLES	VERSIÓN PUBLICADA EN ESTE LIBRO
"Se es periodista las veinticuatro horas"	*"Soy periodista las veinticuatro horas del día. Los fines de semana y los festivos.*

Ambos hemos coincidido en la frase del título. ¿Por qué la amplio? Porque al completarla con las otras frases (amplificatio retórica), acentúo la idea de la intensidad con la que se dedica al periodismo.

Ahora, los sumarios:

VERSIÓN DE SONSOLES	VERSIÓN PUBLICADA EN ESTE LIBRO
Sumarios	**Sumarios**
• "Los periodistas tenemos la labor social de dar voz a las personas que no la tienen y poner sobre la mesa temas de los que nadie se atreve a hablar" • "Todo el mundo tiene algo interesante que contar, pero hay que saber mirar, buscar y escuchar" • "Sin entrevistas, no existiría el periodismo"	• "Sin entrevistas, no existiría el periodismo" • "Me informo todo lo que puedo sobre el entrevistado y, si ha escrito uno o más libros, los leo" • "Muchas personas entrevistadas han llegado a convertirse en amigas mías. ¡Qué maravilla! ¿No?"

Sus tres sumarios están pensados para un público interesado en oficio. También los dos primeros míos; pero con el tercero quiero que ya en un primer momento el lector sepa un rasgo de carácter: la capacidad de la entrevistadora entrevistada para generar empatía (algo de lo que, probablemente, no quiera alardear hasta el punto de darle presencia en el escaparate de los sumarios).

Finalmente, las entradas:

VERSIÓN DE SONSOLES	VERSIÓN PUBLICADA EN ESTE LIBRO
Sonsoles Echavarren piensa en historias y personajes mientras hace la compra en el supermercado. Cuando pesa los kiwis amarillos en la balanza de la frutería o negocia con su hijo pequeño cuántos paquetes de galletas de dinosaurios y tabletas de chocolate con leche comprarán esa tarde. Cuando escucha las conversaciones de una pareja junto a los lineales de bebidas o presencia la pataleta de una niña pequeña tirada junto a las patatas fritas y que, seguramente, le inspirará su próxima columna de opinión. Porque, asegura, una es periodista las veinticuatro horas del día. Los fines de semana y los festivos. Y no se "cierra" ni en Navidad. Sonsoles Echavarren Roselló (Pamplona, 1976) empezó a trabajar a los 21 años como redactora en el Diario de Navarra, rotativo donde lidera el área de educación y familia. Desde entonces, ha escrito boletines de noticias, artículos de opinión, columnas, reportajes; pero, sobre todo, entrevistas (calcula que más de 4.000). Y en 2021, se inició en el formato podcast con entrevistas semanales bajo el título de 'Déjame que te cuente'. La empatía con las personas a las que entrevista, descu-	Hay vocaciones artesanas. Que se perfilan al ritmo de las decisiones importantes. Al principio, entre dudas, sin un horizonte profesional claro, que se irá despejando hasta llevar a la persona a un oficio o a una profesión; a veces, jamás imaginada por ella. El amor por el trabajo bien hecho acaba despertando la pasión. Las vocaciones artesanas son de llegada. La de Sonsoles Echavarren Roselló (Pamplona, 1976) ha seguido otro rumbo. El periodismo ya era una corriente subterránea, que hizo aflorar, y de modo torrencial, la lectura del libro *Mi primer reportaje* (María Halasi, Gran Angular, 1989). Tenía 14 años. "El libro me encantó y me propuse ser periodista, como Julia, la protagonista que investiga el intento de suicidio de un adolescente". A esa edad, compró "un archivador de anillas, en el que guardaba los reportajes, las entrevistas y los artículos de opinión de *El Semanal* y suplementos de *El País*, *El Mundo* y *ABC*, que más me gustaban y a los que hacía agujeros. Los clasificaba por temas (viajes, libros, historia...)". Esa corriente interna se había alimentado de dos afluentes. Emilio, el padre, profesor de Lengua y Litera-

brirles que sus historias –todas y siempre– son extraordinarias y escucharlas con verdadero interés son los ingredientes con los que cocina sus textos.

Apasionada de su profesión, lleva casi dos décadas enseñando a escribir a los futuros periodistas. Y lo hace como profesora invitada en la Facultad de Comunicación de la Universidad de Navarra, donde colabora en las asignaturas de Redacción Periodística y Expresión Oral y Escrita. Desde el curso 2023-2024, enseña también a los jubilados amantes del periodismo o que quisieron serlo en su juventud, con un curso del programa UNED Senior con el nombre de 'Periodistas por un día' y que imparte en UNED Pamplona.

Para ella, el periodismo es más que un trabajo. Se erige como una vocación, que surgió de modo torrencial a los 14 años. "Voy a hacer solo el previo de Periodismo. No quiero estudiar ninguna otra carrera". Así de tajante recuerda que se plantó ante sus padres días antes de enfrentarse a los exámenes de acceso a la Universidad de Navarra en junio de 1994. "Tuve suerte y me cogieron. Y aquí estoy. Nunca me he arrepentido

tura en un instituto y articulista de opinión en algunos periódicos locales. Y su madre, profesora de Geografía, Historia e Historia del Arte en el mismo centro. La cultura y los libros siempre han estado muy presentes en su casa. Y cuando llegó el momento de entrar en la universidad, no hubo incertidumbres ni buscó consejo: "Voy a hacer solo el previo de Periodismo –le dijo tajante a sus padres, días antes de enfrentarse a los exámenes de acceso a la Universidad de Navarra en junio de 1994–. Tuve suerte y me cogieron. Y aquí estoy. Nunca me he arrepentido".

No se ha arrepentido, porque desde entonces, ha ido cultivando esa mirada de periodista que descubre historias y personajes en cualquier lugar: "Mientras hago la compra en el supermercado. Cuando peso los kiwis amarillos en la balanza de la frutería o negocio con mi hijo pequeño cuántos paquetes de galletas de dinosaurios y tabletas de chocolate con leche compraremos esa tarde. Cuando escucho las conversaciones de una pareja junto a los lineales de bebidas o presencio la pataleta de una niña pequeña tirada junto a las patatas fritas y que, seguramente, me inspirará mi próxima columna de opinión". Porque –dice– "una es periodista las veinticuatro horas del día. Los fines de semana y los festivos. Y no "cierro" ni en Navidad".

Tampoco cierra los oídos, y menos los interiores, porque, como dice el magnífico entrevistador Iñaki Gabilondo, "para hacer bien una entrevista hace falta saber escuchar y querer entender. Nada menos. Saber escuchar es arte inédito, que apenas unos pocos han explorado en pasos incipiente. Lo de querer entender es hoy en día un contrapelo, una contracorriente. Lo practican muy pocos". Entre esos pocos, Sonsoles. "Con sus preguntas, extrae lo mejor de una persona. Y su conversación es amena, cordial, profunda", afirma uno de los entrevistados a los que ha escuchado desde que a los 21 años empezó a trabajar como redactora del *Diario de Navarra*, donde ha escrito desde boletines de noticias a columnas y artículos de opinión, pasando por los reportajes. Y entrevistas. Sobre todo, entrevistas. Muchas entrevistas. Calcula que más 4.000 para prensa, a las que, desde 2021, se añaden las semanales para el podcast 'Déjame que te cuente'.

> Apasionada del periodismo desde los 14 años. Y de la docencia del periodismo desde hace dos décadas, cuando empezó a impartir sus primeras clases de escritura, en la Facultad de Comunicación de la Universidad de Navarra, a los futuros periodistas en las asignaturas de *Redacción Periodística y Expresión Oral y Escrita*. La enseñanza del periodismo ha ido madurando en ella –esta sí– como una vocación artesanal. ¿O genética? Desde el curso 2023-2024, enseña en la UNED Pamplona a unos alumnos especiales: jubilados amantes del periodismo o que quisieron serlo en su juventud.

La entrada suya es más breve, y muy apropiada para las páginas de un diario. En los diarios, que se hojean[6] y/o se ojean[7], cada texto compite con los demás y en un entorno donde distraerse es fácil (en una sala de estar, en una cafetería, en una librería…). Las distracciones son más fáciles hoy, con los ordenadores, los dispositivos portátiles: ahora, un artículo de un diario no solo compite con los otros del diario, sino con YouTube, con podcasts o con las alertas de cualquier red social.

Por contraste, en el ambiente en el que se lee un libro en papel cabe el recogimiento y el reposo. Al fin y al cabo, quien lo compra o lo lee está más dispuesto a dedicarle tiempo de calidad.

Tras la comparación entre lo que haría Sonsoles y lo publicado, sigamos con la estructura de las entrevistas en general. Tras la entrada, viene la sucesión lógica de las coplas, lógica y fluida, como se advierte en estos fragmentos de la entrevista a Idoya Zazpe, jefa del servicio de neurocirugía del complejo hospitalario de navarra (CHN).

---

6. RAE: se pasa ligeramente las hojas de un libro [un diario en papel], leyendo deprisa algunos pasajes [artículos]. Lo que va entre corchetes lo añado yo.

7. RAE: se mira superficialmente un texto [un diario digital o una web]. Lo que va entre corchetes lo añado yo.

¿A qué técnicas se refiere?

A la cirugía mínimamente invasiva. Hasta hace unos años, para operar había que abrir el cráneo o la espalda. Ahora, en ocasiones, también, pero otras, se pueden utilizar otras técnicas. Como el endoscopio, que se introduce por la nariz, o incluso la ceja del paciente, para acceder a tumores cerebrales, que antes eran inoperables.

¡Parece ciencia ficción!

(Se ríe). Para nosotros lo más gratificante es entrar en una habitación del hospital, al pasar consulta en la planta, y no saber quién es el paciente operado. El otro día me dijo un señor una frase que me gustó: "Los neurocirujanos sois como los ladrones. Entráis, os lleváis lo que sea y no dejáis huella". Eso intentamos hacer. Aunque, yo también les digo a los pacientes que no se llamen a engaño; que, aunque tengan una cicatriz pequeña no significa que la operación no haya sido grave. Con estas operaciones mínimamente invasivas, los pacientes suelen estar poco tiempo ingresados y se van a su casa a los 4 o 5 días.

(...)

Como madre de tres niños pequeños, ¿cómo afronta esas intervenciones?

Me afectan más, claro. Como también me influyen las historias de otros pacientes.

O sea que, cuando cuelga la bata en el hospital y se marcha a buscar a sus hijos al colegio, a veces se lleva los problemas.

¡Claro! No es fácil separar, aunque con los años y la experiencia, vas aprendiendo. Yo he aprendido mucho de mi jefe y mentor, Eduardo Portillo. Y no solo como profesional sino también como persona. Porque los médicos curamos, pero, además, cuidamos y acompañamos. Yo aprendo mucho de los pacientes y de sus familias. Me dan auténticas lecciones de vida. ¡Yo no sé cómo afrontaría algunas situaciones!

(...)

"Mi marido se ha implicado en la crianza tanto o más que yo"

Cuando Idoya Zazpe era una colegiala con uniforme, pelo largo y trenzas, siempre soñaba con ser profesora. "Me encantaba la docencia, enseñar, aprender, estudiar... ¿Qué asignatura? Me gustaba todo". Al final, varias semillas fueron germinando en una nueva vocación. "Recuerdo que una vez mi madre me llevó a una exposición sobre el cuerpo humano y me encantó". La serie de dibujos animados *Érase una vez* la vida y la conferencia que les ofreció en el colegio el padre de una compañera de clase, Ramón Arcas, pionero en trasplantes de corazón, terminaron de hacer crecer ese árbol. "Así empecé a estudiar Medicina, una carrera vocacional", cuenta.

Así que, de niña, no soñaba con operar.

(Se ríe). No, no... Me mareaba con la sangre. Y tenía ese juego que aún existe, *Operación*, en el que hay un paciente al que hay que intervenir con unas pinzas y al que, si te equivocas, se le enciende la nariz. ¡A mí se me ponía muchas veces de color rojo! El otro día fui con mi hija pequeña, de 5 años, al híper, y allí estaba el juego. ¡Me pidió que se lo comprara porque quería ser médico!

Y, claro, se lo compró...

¡Qué va! Le dije que se lo pidiera a los Reyes, que no era momento de comprarlo.

Y, por supuesto, el buen final lo siente el lector en la última respuesta o en un último comentario. Sonsoles lo sabe, como explica en la entrevista. Traigo aquí la respuesta en la que lo explica, que ya incluye un ejemplo.

"Igual de importante que el comienzo de la entrevista es el final del texto. Tiene que resultar cerrado. No se puede finalizar de cualquier manera porque se han terminado las líneas. No. El lector tiene que darse cuenta de que ahí está el final y no podría estar en ningún otro sitio. Deben ser frases redondas, de resumen, de ideas muy pensadas... Salvando las distancias, un poco, como moralejas, aunque sin serlo. Por ejemplo, en la entrevista al psicólogo Emilio Garrido con motivo de su libro *La ciencia de la felicidad*, termino el texto preguntándole si él es feliz y contesta lo siguiente: "¡Por supuesto! Aunque no al 100% porque eso es imposible. Pero diría, sin dudarlo, que lo soy entre el 70% y el 80%". Con esa frase, el lector da la entrevista por cerrada y se queda satisfecho".

Añado otro:

Blanca Angulo | Autora de *Pagoda negra. Cómo superé un cáncer*

"El cáncer ha sido un maestro y he aprendido a no rendirme"

¿Qué respuesta ha recibido el libro? ¿Los lectores la escriben?

Está gustando y ayudando a la gente. Ya se han puesto en contacto conmigo varias personas que han superado un cáncer y también otras con enfermedades crónicas y que no tienen ninguna patología, pero a las que el libro les ha hecho reflexionar sobre su vida. Así que estoy muy contenta. Quería dejar un legado para futuros pacientes, familiares y amigos. Y lo he logrado.

Obviamente, el periodista usa unas u otras operaciones de traducción/transformación en función del tipo de entrevista en particular, del objetivo, de la mayor o menor urgencia, de la extensión prevista, del tiempo para prepararla y escribirla... El abanico es muy amplio.

En un extremo, se sitúan aquellas que se limitan a eliminar titubeos, repeticiones, errores sintácticos, o a completar frases a medio decir. Son las más informativas, más de actualidad. A partir de ahí, la gradación de cambios crece. Por ejemplo, las entrevistas de *La Contra*, ya mencionada, en las hay un minucioso proceso de elaboración, pero se parte de un único encuentro. De un par de reportajes de prensa publicados en su propio diario, rescato algunas frases de los tres periodistas relativas a la edición:

- Lluis Amiguet: Las entrevistas son de lectura tan fácil, con preguntas cortas que "no deben tener más de dos líneas, el entrevistador debe desaparecer" y respuestas cortas "que mucha gente piensa que las hacemos en un momento, pero qué va, detrás hay mucho trabajo".

- Inma Sanchís: "Creo que el secreto de una buena entrevista es ser generoso con el entrevistado, al que hay que dejar hablar, sin prisas, pero también con el lector, al que tenemos que ofrecer una entrevista con ritmo, con preguntas y respuestas ajustadas".

- Víctor Amela: "Es un trabajo de artistas. Puedes escuchar lo que dice en un cuarto de hora, pero debes dejarlo en una frase, nuestro trabajo es sintetizar, no somos taquígrafos que transcriben". Se trataba de pasar una hora o más hablando con una persona "para intentar entender cómo ha llegado a donde ha llegado y después, en casa, te haces tu película".

En el otro extremo, las literarias, tanto las publicadas en revistas como en libros. Las hay resultado de distintos encuentros.

Silvester señala las de una revista estadounidense, en las que las entrevistas "alcanzaban una extensión de miles de palabras, pero virtualmente ninguna de ellas había sido grabada en un único encuentro. El entrevistador se reunía con el sujeto en distintas ocasiones y grababa varias horas de conversación" (p. 63). Obviamente, el frenesí de la actualidad impide sucesivos encuentros. Pero no llamadas, *emails* o *wasaps*. De hecho, se aconseja a los periodistas que dejen una puerta abierta con el entrevistado. Llegamos al final. Aunque con gradaciones diversas, una entrevista publicada no es nunca la transcripción literal de una conversación. Entre el encuentro y el texto, hay un proceso de edición más o menos complejo, según los casos. Pero editar no es falsear ni adulterar el encuentro[8]. Al contrario, cuando se edita sin tergiversar ni manipular, se ayuda al entrevistado y al lector. Al entrevistado, a explicarse mejor. Al lector, a entender esa entrevista en concreto. Y, también, cómo se editan las entrevistas en general. Debería haber más transparencia sobre las prácticas profesionales del periodista.

Transparente es Sonsoles, que, en la entrevista, describe su proceso de edición. Y transparente voy a ser yo acerca del proceso que he seguido en la entrevista a Sonsoles: grabación de una entrevista realizada por mí ante los alumnos de Redacción Periodística; transcripción de la entrevista; primer pulido: reordenar, suprimir, detectar respuestas que piden nuevas preguntas no realizadas en el encuentro; formulación de más preguntas en conversaciones cara

---

8. Aunque las posibilidades son enormes. "Durante el encuentro real –dice Montero–, el periodista puede haber estado fatal, haberse equivocado en las preguntas, haber sido puesto en evidencia por el entrevistado, pero luego, si no tiene escrúpulos, y con el poder casi absoluto que otorga tener la última palabra, ese reportero puede ofrecer una versión totalmente falsa de los hechos. Aún peor: puede engañar al entrevistado y robar un material que no fue acordado como publicable".

a cara o a través del *email*; redacción de la primera versión de la entrada, el título y los sumarios; formulación de más preguntas, nueva revisión, versión cuasi final y redacción definitiva por mi parte ya fuera de su conocimiento. Porque sigo la práctica profesional de que al entrevistado no se le permita leer la entrevista antes de su publicación[9].

Bibliografía

BENDER, JOHN R.: *Writing & reporting for the media*, Twelfth edition, New York, Oxford University Press, 2019.

BROERSMA, Marcel, "The discursive strategy of a subversive genre. The introduction of the interview in US and European Journalism", en HOEN, H. W. & KEMPERINK , M. G. (Eds.): *Vision in Text and Image. The Cultural Turn in the Study of Arts*, Peeters. Leuven, pp. 143-158.

CANTAVELLA, Juan, *Historia de la entrevista en la prensa*, Universitas, Madrid, 2002.

CHALABY, Jean K.: "Journalism as an Anglo-American Invention. A Comparison of the Development of French and Anglo-American Journalism, 1830s-1920s", *European Journal of Communication*, vol. 11, no. 3, 1996, pp. 303-326.

GRAÑA, M. La escuela de Periodismo, Madrid, Compañía Iberoamericana, 1930.

HALPERÍN, J.: *La entrevista periodística. Intimidades de la conversación pública*, Paidós, Buenos Aires, 1998

9. No era así en el pasado: se enviaba al personaje por si quería decir algo antes de la publicación. Hasta cierto punto, el entrevistado mantenía el control de todo el proceso y del producto final. Aquí lo hemos querido así por el interés pedagógico que le damos a nuestra entrevista dentro del libro, que se convertirá en el próximo de mis clásicos.

KILLENBERG, G. M. Y ANDERSON, R.: "What is a quote? Practical, rhetorical, and ethical concerns", en *Journal of Mass Media Ethics*, Vol. 8, 2, 1993, pp. 7-54.

PERLADO, J. J.: *Diálogos con la cultura. La entrevista periodística*, EIUNSA, Barcelona, 1995.

RANDALL, D. *El periodista universal*, Siglo XXI de España Editores, Madrid 1999.

SANCHÍS, I., AMELA, V. Y AMIGUET, LL.: *Haciendo la contra: las 101 mejores entrevistas comentadas*, Martínez Roca, Barcelona, 2003

SCHUDSON, M.: "Question Authority: The History of the News Interview, 1870-1930", en SCHUDSON, Michael, *The Power of News*, Harvard University Press, Harvard, 1982.

STIMSON, W.: "Two Schools on Quoting Confuse the reader", en *Journalism Educator*, Winter, 1995, pp. 69-73.

Mis clásicos

METZLER, K.: *Creative interviewing: the writer's guide to gathering information by asking questions*. Prentice Hall, 1977/ Pearson, 1996.

MONTERO, R.: *El arte de la entrevista. 40 años de preguntas y respuestas*, Debate, Madrid, 2019.

SÁNCHEZ, J. F.: *La entrevista periodística: Introducción práctica*. Eunsa: Pamplona, 2003.

SARRÁIS, F.: *Análisis psicológico del hombre*. Eunsa (colección Astrolabio Salud): Pamplona, 2011.

SILVESTER, C.: Introducción al libro *Las grandes entrevistas de la historia (1859-1992)*. El País Aguilar: Madrid, 1997.

VIDAL, D.: "La entrevista en prensa", en Balsebre, A., Mateu y Vidal, D.: *La entrevista en radio, televisión y prensa*. Cátedra: Madrid, 1998, págs. 245-409, pág. 367.

Parte II

Introducción a la parte de las entrevistas

Por qué he seleccionado estas entrevistas (y no otras)
Sonsoles Echavarren

A lo largo de mi carrera profesional he entrevistado a más de 4.000 personas. Unas, para entrevistas largas; otras, para textos más breves o como fuentes para informaciones o reportajes. Para este libro he elegido solo 35. Confieso que me ha costado mucho descartar otras: 60 iban en la primera propuesta, y no quería quitar ninguna. Igual que una madre para la que todos los hijos son imprescindibles. Pero no queríamos un libro demasiado largo. Al final, con la ayuda de Fernando, queda un elenco no necesariamente de las mejores, pero sí las más apropiadas para el libro tanto por el personaje como por lo que cuenta. Todas, de los últimos nueve años. Las más maduras, serias y reflexivas de mi carrera profesional. O eso creo.

Cada capítulo incluye seis o siete entrevistas (excepto el último, con tres). Las he agrupado pensando en el interés del doble perfil del lector: médicos de distintas especialidades, psiquiatras y psicólogos, educadores y pedagogos, escritores y otros intelectuales, testimonios personales de superación y personas que fallecieron después de entrevistarlas. Considero que la fuerza y el interés de cada una de las áreas pide un capítulo: la salud física, la salud mental, la educación, la creatividad, la superación a pesar del dolor o el sufrimiento... Porque, en realidad, son miradas. Desde ángulos distintos. De una misma realidad, la única que nos importa: la vida.

Las entrevistas, aun las que tienen carácter de permanencia más allá de la actualidad inmediata, necesitan su contexto. Por eso, cada entrevista va precedida de una breve explicación de por qué se hace, cómo se encuentra al entrevistado y la fecha de publicación.

En esta selección de entrevistas, no hemos podido incluir las fotografías de los entrevistados a las que se hace referencia en algunas de las entradas. Sin embargo, mantenemos las referencias porque dejan muy claro la libertad para aprovechar la combinación imagen-texto. Y, por otro lado, indican que las fotos de una buena entrevista no deben caer en el error de reducirse a un rostro. Una vez terminado el libro, nos hemos dado cuenta de que la ausencia de fotos aporta un valor: nos permite resaltar el contenido y la riqueza de las conversaciones, poniendo el énfasis en el valor de las enseñanzas y reflexiones compartidas tanto por la entrevistadora como por los entrevistados.

Capítulo 1

Vivir con salud

Contexto

Agustín Madoz. Pediatra e hijo de pediatra (del mismo nombre), hermano y tío de psiquiatra. *En definitiva, una familia de médicos reconocidos en Pamplona. Cuando mis hijos eran pequeños y yo una madre primeriza, aunque tenía mi pediatra en el centro de salud, me quedaba más tranquila con la opinión de Agustín Madoz. Por eso, voluntariamente, acudía a su consulta (y la pagaba). Trabajaba por las mañanas en el Hospital Universitario de Navarra (entonces, Complejo Hospitalario) y, por las tardes, tenía su consulta privada, heredada de su padre, en el segundo piso de un edificio de comienzos del siglo XX en el Primer Ensanche de Pamplona. De él aprendí sentencias del tipo: "Disciplina y cariño" o "Ningún niño se muere de hambre en occidente con los frigoríficos llenos". Con motivo de su jubilación de su consulta privada (de la Seguridad Social ya lo había hecho años antes), le entrevisté en su casa, un chalé del centro de Pamplona. Acostumbrada a verlo detrás de su mesa, serio y con bata blanca, me sorprendió su sonrisa y cómo jugaba con su perro para la sesión de fotos en el jardín de su casa y cómo se reía al contar historias de su familia. Ese día fui yo quien hacía las preguntas.*

12 de abril de 2015

Agustín Madoz | Neonatólogo del hospital Virgen del Camino durante 41 años y pediatra jubilado

"Que se muera un niño es una sinvergüenzada terrorífica. Nunca lo he podido asumir"

Fíjese bien en la foto que acompaña esta entrevista. El caballero que aparece en cuclillas, sonriendo y acariciando a su perro de caza ha sacado adelante a miles de bebés prematuros, ha vacunado a millares de niños y recetado infinidad de antibióticos para las anginas y supositorios y jarabes para la tos. Es Agustín Madoz Jáuregui, un pediatra "de los de antes", que ha seguido atendido a los niños de ahora hasta que se jubiló a finales de 2013. Quizá no lo reconozca con ese traje impecable y esa corbata roja ("mi mujer me ha obligado a ponérmela", confiesa) sobre camisa azul claro, del mismo color que sus ojos pequeños. Seguramente lo recuerde con su bata blanca, su rictus serio, que no antipático, y su fonendo al cuello, junto a las incubadoras del Hospital Virgen del Camino, donde ha atendido la unidad de neonatología durante 41 años. O detrás de la mesa de su consulta privada en un piso del Primer Ensanche pamplonés, mientras escribe una receta en su máquina de escribir (o un pequeño ordenador en los últimos años) tras un pisapapeles de mármol verde, en el que reza *Dr. Agustín Madoz*, que heredó de su padre, también pediatra, y que ahora conserva en su casa.

El doctor Madoz nació en el 3º izquierda del número 2 de la calle García Castañón, al lado del Paseo Sarasate, hace casi 72 años (que cumple el 16 de mayo). En el piso de abajo, estaba la consulta que su padre, Agustín Madoz Arrasate, puso en marcha antes de la Guerra Civil. Durante ochenta años, entre el padre y el hijo atendieron a más de 12.000 niños de toda Navarra. Pero a finales de 2013 y tres años después de jubilarse en la sanidad pública, Agustín Madoz hijo quitó la placa del portal y puso el cartel de "cerrado". "Vi que era el momento. Tienes que aceptar que ya no eres el que fuiste". Ahora aprovecha la jubilación para "ejercitar" el cuerpo y la mente y no quedarse "apoltronado".

Hermano de médicos (Vicente, psiquiatra; y Pedro, ya fallecido, neurólogo) y casado con una hematóloga ya jubilada (María Amor Labaca Antón), es padre de tres hijos (una farmacéutica y dos economistas) y abuelo de tres nietos y una cuarta en camino. Durante la entrevista, insiste varias veces en que no quiere aparecer "como un santo ni el bueno de la película". "Soy un hombre muy normalito, con mis virtudes y defectos. Más defectos".

¿Por qué se hizo pediatra?

Un poco por ósmosis. Vivía en un ambiente sanitario. Nací en el piso de arriba de la consulta y he convivido con la pediatría toda mi vida. Mi padre era médico y mis hermanos, también. Fue una decisión rodada. Mi sobrina Clara (Madoz Gúrpide, hija de Vicente y directora del centro de salud mental infanto-juvenil Natividad Zubieta) es psiquiatra. Si tuviera que volver a elegir haría psiquiatría infantil. Es apasionante.

¿Cómo ha evolucionado la pediatría en estos últimos cuarenta años? La de ahora tiene poco que ver con la de entonces...

Ha cambiado una barbaridad. No tiene ningún parecido a cuando yo empecé ni mucho menos a la de los tiempos de mi padre. Antes, el pediatra y el médico eran muy respetados y se consideraban una autoridad. Ahora no somos absolutamente nada. Todo el mundo se informa en Internet y se cree que sabe la tira.

Las enfermedades infantiles también han cambiado. Los niños apenas mueren de enfermedades en el Primer Mundo...

Los grandes logros de la pediatría han sido el descubrimiento de las vacunas y de los antibióticos. Yo recuerdo a mi padre diagnosticar a un niño una neumonía o una meningitis y recetar fríocalor... como la vida misma. A veces, traían penicilinas para casos especiales, de Francia y de contrabando. Antes, la poliomielitis era habitual y se veían sus efectos (niños cojos...). Cuando yo empecé a ejercer, vacunaba de la viruela, una vacuna muy traumática porque dejaba una marca en el brazo o la pierna. Pero los sarampiones, las infecciones respiratorias (bronquitis, neumonías...), las deshidrataciones por diarreas... que mataban a los niños hace cincuenta años han pasado a la historia. Las meningitis también se han reducido muchísimo.

Las vacunas han sido uno de los principales logros del siglo XX, pero ahora está surgiendo una corriente de padres que se niegan a vacunar a sus hijos. ¿Qué opina?

En la historia, todo son ciclos; vacunas sí o vacunas no. Me parece fatal que haya un colectivo que rechace vacunar porque no quieran meter "veneno" a sus hijos. Lo que ocurre es que juegan con ventaja porque si un 98% de la población se vacuna es muy poco probable que ellos cojan el sarampión. Pero si aumenta el número de los antivacunas volveremos a tener tétanos, poliomielitis, sarampión... enfermedades que ya se han erradicado.

No todas las vacunas están incluidas en la Seguridad Social...

Es cierto. Cuando sale una nueva vacuna, las autoridades sanitarias no la incluyen en el calendario vacunal por criterios economicistas o lo que sea. Pero un porcentaje muy alto de la población se vacuna, pagando, y al poco tiempo, se mete en el calendario... Es lo que ha ocurrido con el Prevenar (nombre comercial de la vacuna contra el neumococo), que ha habido que pagarla hasta ahora y va a pasar a ser gratuita. La vacuna contra el rotavirus (que produce diarreas) aún hay que pagarla en Navarra.

Celiacos e hiperactivos

En estos cuarenta años habrá notado también un cambio en el tipo de patologías y una mayor prevalencia de unas u otras. Ahora, en una clase de 25 niños seguro que hay un celíaco o un hiperactivo...

(Reflexiona unos segundos en silencio). Vayamos por partes. No es que haya más o menos celíacos que antes, lo que ocurre es que ahora se diagnostican mucho más y se estudia demasiado a los niños. Cuando yo empecé en la pediatría, el celíaco era un niño muy característico; pálido, barrigón, enfermizo y que transmitía una tristeza terrorífica. Pero no siempre. Una vez a un niño guapísimo y gordito, pero discretamente barrigón, le pedí unos análisis y al final era celiaco. En otra ocasión, vino a la consulta una madre con una niña blanquecina y muchos catarros, que resultó ser celiaca. La madre también era paliducha y le aconsejé que se hiciera análisis. Al final, volvió enfadadísima. ¡Resulta que era celíaca! ¡Había estado toda su vida comiendo lo que quiso y tuvo que dejar el gluten!

¿Y los hiperactivos?

(Se pone serio). Es un tema peliagudo, tan peliagudo que a mí me creaba problemas porque dudaba cuándo mandar a un niño al especialista. Como estaba tan de moda, mandar al especialista implicaba tratamiento y el tratamiento es algo que repugna un poco. El diagnóstico es complejo y debe hacerse entre pediatra, psiquiatra, psicólogo y educador. Muchas veces no tiene la rigurosidad y criterio que debiera.

También ahora hay más alérgicos y se ven más casos de bronquitis, bronquiolitis y neumonías que hace unos años...

Hay mucha más insalubridad en el ambiente y aumentan los alérgenos. Las enfermedades respiratorias van en ascenso. Con la entrada de las mujeres en el mercado laboral ha aumentado el número de niños que va a la guardería. Y guarderías y mocos son una misma cosa. Yo no estoy en contra de estos centros, ni muchísimo menos, pero si llevas a un niño pequeño a la guardería, convéncete de que va a estar todo el año con mocos. Y a veces los catarros se complican con broncoespasmos (contracción de la musculatura de los bronquios que dificulta respirar).

Otro tema que también ha evolucionado es el de la lactancia materna. Hace cuarenta años, pocas madres amamantaban; y ahora, está muy de moda... Se han creado dos "bandos", a favor del pecho o del biberón.

La lactancia materna es la óptima porque es la homóloga, la leche de la raza. Y todo lo que sea fomentarla, bienvenido sea, pero con sensatez y sin fundamentalismos. ¿Qué ha ocurrido en la práctica? Que se han perdido los papeles. Pero si tú no das pecho, porque trabajas o porque no se te pone en la punta del gorro, no eres una mala madre. ¿De qué? Hay que respetar. Las leches adaptadas actuales son magníficas y no vas a tener ni un hijo tonto ni malnutrido por darle biberón. No me gustan los forofismos ni de la lactancia materna ni de Osasuna. Además, este tema me llega muy de cerca. Una de mis nietas engordó 200 gramos en dos meses y su madre, empeñada con el pecho. Sin ser médico, ¿qué diagnóstico harías? Pues que pasa más hambre que el perro de un ciego. En una o dos semanas, te sabré decir, con poco margen de equivocarme, si puedes o no dar pecho. Si no puedes y te empeñas, es que eres una insensata. Yo lo veo muy claro.

Pero hace sesenta años era una desgracia no poder dar el pecho a un bebé...

Efectivamente. Era complicado. Tenías que recurrir a la leche de cabra, de burra o las nodrizas. Y había una mortalidad alta.

Otra de las "modas" actuales es coger al bebé en brazos en cuanto llora y que duerma en la cama con los padres (el "colecho"). ¿Qué le parecen estas prácticas?

Al niño hay que educarlo. Ahora, hay madres que cogen todo el día a su bebé en brazos y le dan pecho cada vez que llora, la famosa lactancia a demanda. ¿Que qué me parece? Pues que no es correcto. Hay que aplicar el término medio y el sentido común, como en todo en la vida. Yo, a las madres que venían a mi consulta, les decía que se fijaran en otros mamíferos no racionales, que les iban a enseñar mucho. Pero ahora, durante el embarazo, ya te achicharran con las posturas para dar el pecho... El niño que come a demanda y que está todo el día en brazos terminará siendo un indisciplinado. Hay que darle cariño y separarle. Para que duerma solo, para que ande, para que vaya al colegio... La separación equilibrada es positiva. El niño no puede estar todo el día en brazos ni en la cama contigo. Ni el niño descansa, ni tú descansas... y aquello es una parranda.

De las guarderías ni hablamos...

Me parece que hacen una gran labor y son unos profesionales fantásticos. Pero al niño hay que transmitirle el concepto de madre, biológica o adquirida. Es importante que vea siempre a la misma persona que le dé cariño. Ver a un niño de meses en un capazo a las siete de la mañana, con el frío de Pamplona, para ir a la guardería, me da duelo. Otra cosa es cuando tienen 2 o 3 años. Si hasta entonces, te puedes apañar con abuelos o una canguro, mucho mejor.

Más prematuros

Ha trabajado 41 años en la unidad de neonatología (en la que están ingresados bebés prematuros y hasta de un mes con diversas patologías) de Virgen del Camino. ¿Cómo ha vivido esa especialidad?

Con mucho estrés y nervios. Es agradecida porque salvas muchas vidas pero desagradecida, cuando no va bien. Yo he tenido una teoría; en la vida todo tiene su tiempo. Y que se muera un niño me parece una sinvergüenzada terrorífica, es antinatural. Nunca lo he podido asumir. Que me muera yo, que soy un viejo... ¿pero un niño que no ha hecho nada en la vida? Es muy duro.

Habrá tomado decisiones difíciles.

Tienes que actuar sobre la marcha, con decisiones rápidas. No da tiempo de consultar a los padres y a veces te creas problemas de conciencia. Por ejemplo, ¿qué haces con un recién nacido que ha sufrido falta de oxígeno en el parto? ¿Lo reanimas? ¿No lo reanimas? No sabes hasta dónde meterte. Igual se queda vegetal.

Cada vez hay más prematuros...

Sí, porque se retrasa la edad para ser madre y los embarazos se pueden complicar. Ahora hay más y sobreviven más. Cuando yo empecé, un niño de 900 gramos no salía adelante. Y ahora lo hacen desde los 700 gramos. Las unidades de neonatos han mejorado mucho. Antes, había una separación absoluta de la madre y ahora los padres pueden estar las 24 horas. Es algo muy positivo.

Además de los prematuros, ¿con qué otras patologías ingresan en neonatos?

Sobre todo, con cardiopatías, meningitis, insuficiencias respiratorias... Las malformaciones (como la hidrocefalia) y otros síndromes (como el de Down) diagnosticables en el embarazo son muy pocos. Han bajado mucho por los abortos.

Usted que ha trabajado en la sanidad pública y en la privada.
¿Con cuál se queda?

Soy defensor de la sanidad gratuita, universal y de calidad, ajustando los costes a los beneficios. Si es pública, privada o pensionista me trae absolutamente sin cuidado. La mayor diferencia que he notado entre el hospital y mi consulta es cómo me miraban las madres. En el hospital, lo hacían de reojo, como pensando; "¿quién será este tío?". En la consulta, juegas con ventajas; la gente va sabiendo quién eres. Si les gustas, encantados. Si no, no vuelven.

¿Cómo son las madres en la consulta?

La pediatría es una especialidad en la que las madres son cruciales. Tienes que saber qué le pasa al niño por lo que ellas te cuentan. Por eso, es muy importante mirarles a los ojos y no esconderse detrás de un ordenador. Cuando empecé a ejercer, los padres no venían a la consulta ni borrachos. En los últimos años, iban padres y madres.

¿Las madres también han cambiado?

Las de ahora están más formadas, te discuten y tienes que razonarles lo que dices. No sirve el ordeno y mando. ¡Todo el mundo sabe cuándo hay que tomar un antibiótico!

"He sido cazador, pero ahora me da pena matar animales"

En la entrada de su casa cuelgan escopetas, bolsos de cuero y cartuchos de caza. "He sido muy aficionado, pero, ahora, con la edad, me da pena matar animales. No lo puedo evitar", confiesa. Los viajes a Toledo, para ir de cacería con amigos, cada vez son menos y los ha sustituido por las salidas a la más cercana Soria (sobre todo, a Almazán). Ajeno a estos dilemas, en una jaula del jardín de su casa en la Colonia Argaray, le espera Telmo, un sepaniel bretón de 4 años, al que saca a pasear por su barrio todas las mañanas y que le acompaña en sus batidas. "Siempre he tenido perros. Se aprende mucho de ellos".

Hace cinco años se jubiló de su trabajo en el hospital y hace uno, de su consulta privada. ¿Qué tal le va la jubilación?

Me está yendo bien y creo que es muy importante situarte en las limitaciones que tienes. Ahora, con 72 años, no puedo hacer cosas que antes hacía. De salud estoy como un roble, pero ya no soy el que era, ni en lo físico ni en lo intelectual. Antes, cogía el coche, me iba a Toledo a cazar y andaba como un caballo. En la consulta, yo dominaba el tinglado. Pero ahora te das cuenta de que, a veces, repites lo mismo. A mí me gustan las personas educadas, discretas, trabajadoras... que anteponen el beneficio general al personal. Yo vengo de una generación en la que hemos sido terroríficamente currelantes. Trabajaba 48 horas seguidas y no pasaba nada... Pero es verdad que siempre he tenido una salud de hierro y en toda mi vida no me he cogido ni un día de baja.

Después de años de tanto trabajo, ¿qué hace ahora para entretenerse?

Todos los días voy a andar con mi mujer hasta Mendillorri, cinco o seis kilómetros. Bueno, no ando, me lleva a la carrera (risas). Hace unos años empecé a jugar al golf en la Ultzama porque pensé que sería un *hobby* magnífico para la jubilación. Gran error; no le he cogido el tranquillo, es un juego muy difícil y soy malísimo. Pero hay que tener *hobbies* e ilusiones, si no, te apoltronas. Al cuerpo hay que darle caña; y a la mente, también. Tengo un huerto en Torres de Elorz con un amigo; y he empezado a cultivar tomates en mi jardín de casa.

También le gusta el arte, a decir de los cuadros que adornan las paredes de su casa...

He ido atesorando algunos, pero no entiendo mucho. Compro los que me gustan.

"No ejerzo de abuelo"

Con su bata blanca y su fonendo al cuello, ha diagnosticado miles de neumonías, otitis, virus... y ha recetado millares de antibióticos y jarabes. Durante 41 años ha atendido a los bebés prematuros en el Hospital Virgen del Camino y a los niños que acudían a su consulta privada del Primer Ensanche. Hijo, hermano y tío de médicos, el pamplonés Agustín Madoz Jáuregui se hizo pediatra "por ósmosis" y heredó la profesión y la consulta de su padre. Entre los dos han visto las gargantas y los oídos de más de 12.000 niños de toda Navarra. A punto de cumplir 72 años y desde el relax de la jubilación, pasa "consulta" a su vida como médico y, ahora, como abuelo.

Ahora con más tiempo, ¿ejerce de abuelo?

No. Me hacen ir al colegio y tal pero nada más. Lo que más me saca de mis casillas y me pone los pelos de punta es ver cómo actúan con mis nietos pero yo no digo ni esta boca es mía. Los abuelos tienen que ser cuidadores, no educadores. Y deben distinguir la línea roja que no pueden atravesar. No es correcto que se metan en la vida de sus hijos. Lo óptimo es que la vida del niño esté en manos del padre y la madre. (Mientras habla le llama por teléfono su hija mayor). Pero, aunque no quiera, ejerzo. Mi hija quiere saber si le tiene que echar unas gotas a mi nieto en los ojos. Ya se lo decía yo desde que era pequeño... "Que este niño no fija bien, que tiene un ojito un poco tururú". Pero ni puñetero caso. Y ahora lleva gafas. En casa del herrero...

¿Va a ver cómo juega su nieto a fútbol?

¡Qué va! ¡Me desesperan esos huevazos que no se mueven y que no sacan las manos de los bolsillos!

Contexto

Idoya Zazpe, neurocirujana. *Conocí a Idoya en abril de 2015 en la cafetería del Corté Inglés. Yo estaba merendando con mi madre y con mis hijos y ella, con la suya y con sus niños. Había oído hablar de ella porque tenemos una amiga común y le pregunté: "¿No serás Idoya, la neurocirujana?". Me dijo que sí y nos reímos del encuentro. Después, quedamos un día con nuestra amiga común y al año siguiente, nos fuimos las tres familias de* camping *a pasar una semana de vacaciones en la playa. Yo siempre la había querido entrevistar para el periódico, pero ella se negaba y alegaba que no tenía nada interesante que contar. Finalmente, en octubre de 2018, cuando recibió un premio de la Sociedad Americana de Neurocirugía para Mujeres, ya no se pudo negar. Quedé con ella en su casa de un barrio cercano al hospital un lunes por la mañana. Ella estaba saliente de guardia, pero muy despierta. Y así hablamos de los temas de la entrevista y, claro está, de nuestros hijos.*

25 de noviembre de 2018

Idoya Zazpe | Jefa del servicio de Neurocirugía del Complejo Hospitalario de Navarra (CHN). Reconocida por la Sociedad Americana de Neurocirugía

> *"Aprendo mucho de los pacientes y sus familias,*
> *me dan auténticas lecciones de vida"*

- *"Es muy gratificante entrar a una habitación y no saber quién es el operado. Las cicatrices son cada vez más pequeñas"*
- *"Los médicos curamos, pero también acompañamos. Hay robots que pasan planta, pero ¿cómo das una mala noticia a un paciente a través de una* tablet?*"*
- *"De pequeña, me mareaba con la sangre y quería ser profesora"*

Idoya Zazpe sonríe al fotógrafo. Solícita, le lleva hasta un quirófano, a una consulta, por los pasillos del hospital... Posa obediente con su pijama de operar de color azul, bolígrafo y móvil en los bolsillos izquierdos. Y bajo su gorro de colores, que contrasta con la sobriedad del quirófano, se esconde su media melena rubia, peinada de peluquería. Es miércoles 21 de noviembre y ha elegido un día que no está "saliente de guardia" para la sesión de fotos. "Si no, voy a salir con una cara...". Así lo confiesa dos días antes, un lunes de lluvia a media mañana, en el salón de su casa de Pamplona. Sentada a la mesa del comedor, sus manos largas, con las uñas muy cortas y sin pintar ("no podemos por higiene"), repasan los apuntes que ha preparado para la entrevista. Folios subrayados con rotulador, notas en papel reciclado... "No te creas, estoy un poco nerviosa".

Una confesión que no deja de sorprender si se tiene en cuenta que por sus manos han pasado los cerebros y las médulas espinales de más de 2.000 navarros. A los que opera a diario en el Complejo Hospitalario de Navarra (CHN), donde trabaja desde 1999, cuando entró como médico interno residente (MIR) al Servicio de Neurocirugía. Entonces era la más joven y la única mujer. Hoy, y desde hace dos años, dirige este servicio que aglutina a 42 personas (8 médicos, 17 enfermeras, 13 auxiliares de enfermería, 2 celadores, un administrativo y el personal de limpieza) y que acaba de cumplir medio siglo. "Todo el posible gracias al trabajo en equipo", se resta importancia.

Discreta en su trabajo y en su vida, Idoya Zazpe Cenoz nació en Pamplona hace 44 años. Muy concienzuda desde niña, fue una alumna brillante en su colegio, Santa Teresa (Teresianas, de Pamplona), y en la Universidad de Navarra, donde cursó estudios de Medicina (1992-1998) y su doctorado, sobre genética de los tumores cerebrales. Una de las mayores expertas mundiales en los tumores de base de cráneo, acaba de recibir un galardón internacional de la Sociedad Americana de Neurocirugía, por su trayectoria como "mujer profesional". Casada con el también médico pamplonés Carlos Beaumont Caminos, coordinador de urgencias en el CHN y uno de los impulsores de la asociación *El ABC que salva vidas* (que forman en reanimación cardiopulmonar), son padres de tres hijos: Maite (11 años), Ignacio (9) y Amaya (5).

Enhorabuena por este galardón, que reconoce la labor de la mujer en la neurocirugía. ¿Tan raras son las féminas en esta especialidad médica?

Ahora acabo de volver de Houston, donde se me concedió el premio en el transcurso de un congreso, y la verdad es que sorprende ver las pocas neurocirujanas que hay. En Estados Unidos no llegarán al 10%. ¿Y en España? La cifra es mayor. Ahora habrá entre un 20% y un 30%, en el caso de médicos adjuntos; y un 40%, en residentes. En Pamplona, somos cuatro, justo el 50%. Siempre es gratificante recibir un premio y más si es internacional.

Pero ¿qué le parece que se lo concedan por ser mujer?

Creo que esta institución lo ha hecho para reconocer la labor de las neurocirujanas, que, ya digo, allí son pocas. Cuando empecé a ejercer, algunos pacientes me preguntaban: "¿Dónde está el médico?" o "¿Usted me va a operar?". Pero creo que era más por ser joven que mujer. Particularmente, estoy en contra de las cuotas. Hay que favorecer la igualdad entre hombres y mujeres en la entrada, pero no se debe primar ningún sexo sino tu trayectoria profesional.

Pues la suya no se queda corta. Beca Senior del Colegio de Médicos de Navarra (2015), beca internacional de la Sociedad Americana de Base de Cráneo (2017), ahora este galardón... Unos reconocimientos por los que se ha formado en hospitales de Estados Unidos (Pittsburgh, Miami...). ¿Tan diferente es allí la medicina?

Son pioneros en el avance de muchas técnicas por los medios que tienen. Además, fomentan mucho la investigación. Me he encontrado con profesionales extraordinarios, de primera fila a nivel mundial, que se prestan a que yo les pida una segunda opinión o a que podamos retransmitir una operación en tiempo real, en la que te pueden dar consejos. ¡Es increíble! Y todo repercutirá en el beneficio de la sanidad pública navarra. Volveré a Estados Unidos. Es una experiencia muy positiva y necesaria para actualizarse. Los médicos no podemos dejar de estudiar y de formarnos.

Precisamente, en estos casi veinte años que lleva en el servicio (primero como MIR; luego, como adjunta y ahora, como jefa) habrá habido una gran evolución tecnológica y de todo tipo. ¿Qué destacaría?

Ahora se tiende a la súperespecialización (base de cráneo, columna...) y, cada vez, por las técnicas quirúrgicas menos invasivas, colaboramos más con otros especialistas, como otorrinos, radiólogos...

¿A qué técnicas se refiere?

A la cirugía mínimamente invasiva. Hasta hace unos años, para operar había que abrir el cráneo o la espalda. Ahora, en ocasiones, también, pero otras, se pueden utilizar otras técnicas. Como el endoscopio, que se introduce por la nariz, o incluso la ceja del paciente, para acceder a tumores cerebrales, que antes eran inoperables.

¡Parece ciencia ficción!

(Se ríe). Para nosotros lo más gratificante es entrar en una habitación del hospital, al pasar consulta en la planta, y no saber quién es el paciente operado. El otro día me dijo un señor una frase que me gusto: "Los neurocirujanos sois como los ladrones. Entráis, os lleváis lo que sea y no dejáis huella". Eso intentamos hacer. Aunque, yo también les digo a los pacientes que no se llamen a engaño; que, aunque tengan una cicatriz pequeña, no significa que la operación no haya sido grave. Con estas operaciones mínimamente invasivas, los pacientes suelen estar poco tiempo ingresados y se van a su casa a los 4 o 5 días.

Paciente despierto

Desde hace dos años también operan a pacientes despiertos. ¿Cómo es posible?

Es un tipo de intervención que se utiliza, sobre todo, para operar tumores que están en zonas del cerebro muy comprometidas (el habla, el movimiento...). Igual quitamos el tumor, pero estropeamos una de estas funciones. Pero si el paciente está despierto, le hacemos hablar durante la operación para asegurarnos de que no haya riesgo. Para esta operación, como para otras muchas, se necesita el trabajo multidisciplinar. Detrás de cada intervención está el trabajo de más de cincuenta personas: neurofisiólogos, anestesistas, oncólogos, patólogos, psicólogos, enfermeras, auxiliares, celadores... Los cirujanos somos solo una pieza de este puzle tan complejo.

¿Y el paciente qué más cambios percibe?

Cuando yo entré a trabajar, a todos los pacientes a los que se les operaba de la cabeza se les rapaba el pelo. Y, aunque eso no era lo más importante, resultaba bastante traumático. Ahora, hace ya tiempo que no se corta el pelo para operar.

¿Qué tipo de patologías atienden?

En estos últimos cincuenta años, se han operado a unas 50.000 personas (unas 1.000 al año) y se han pasado 250.000 consultas (5.000 anuales). Sobre todo, atendemos patologías urgentes a consecuencia de accidentes. Al principio, venían muchos jóvenes víctimas de accidentes de tráfico o laborales. Ahora ha disminuido muchísimo el número y cada vez son menos. Como la esperanza de vida cada vez es mayor, ahora tenemos a muchas personas mayores que, al caerse y como suelen llevar un tratamiento anticoagulante, sufren hemorragias cerebrales. También operamos a muchos pacientes oncológicos (con tumores cerebrales) y a otros que sufren hemorragias (malformaciones vasculares), y trabajamos con otros profesionales en el tratamiento del dolor (de espalda, del nervio trigémino en la cara...). Se trata de dolores incapacitantes para la vida y, a veces, es complicado quitarlos. Pero cuando lo logramos, la alegría del paciente es inmensa. También atendemos a los niños. A veces, nos llaman de urgencias de pediatría del CHN cuando han sufrido traumatismos. Otros casos corrientes en menores son la hidrocefalia (líquido en el cerebro, de nacimiento o adquirido), malformaciones, epilepsias... Cada año operamos a unos veinte o treinta menores.

Como madre de tres niños pequeños, ¿cómo afronta esas intervenciones?

Me afectan más, claro. Como también me influyen las historias de otros pacientes.

O sea que, cuando cuelga la bata en el hospital y se marcha a buscar a sus hijos al colegio, a veces se lleva los problemas.

¡Claro! No es fácil separar, aunque con los años y la experiencia, vas aprendiendo. Yo he aprendido mucho de mi jefe y mentor, Eduardo Portillo. Y no solo como profesional sino también como persona. Porque los médicos curamos pero, además, cuidamos y acompañamos. Yo aprendo mucho de los pacientes y de sus familias. Me dan auténticas lecciones de vida. ¡Yo no sé cómo afrontaría algunas situaciones!

Ha intervenido en las operaciones de más de 2.000 personas, pero asegura que algunas nunca se olvidan. ¿Por ejemplo?

Recuerdo un caso de un chico australiano de 20 años que ingresó parapléjico un 6 de julio después de haberse tirado de la fuente de Navarrería. Vino solo y yo le pedí permiso para llamar a su madre por teléfono. Pensé que a mí, como madre, me hubiera gustado que me avisaran. La llamé y me preguntó a ver si yo era la cirujana y si estaba capacitada para operarle (se ríe). El chico tuvo suerte y volvió a andar. A los años, la madre me escribió una carta dándome las gracias. Hay otras historias de pacientes que han sufrido accidentes de tráfico, laborales, tumores agresivos... que también me han afectado mucho.

Antes hablaba de los médicos como cuidadores y como acompañantes. ¿Cómo se da a una persona una mala noticia?

(Se queda pensativa). Es muy importante que sepamos cómo comunicar, dónde y cuándo... Y, a veces, echamos de menos más formación sobre este aspecto. No es lo mismo dar una noticia en un pasillo que en una sala, sentados en un sofá... Hay que preocuparse por hacerlo bien y algunas cuestiones solo las podemos resolver las personas. Ahora existen robots que pasan consulta en las plantas (y muestra un vídeo en Estados Unidos). El robot lleva una *tablet* y, a través de ella, el médico se comunica con el paciente. Pero ¿cómo vas a dar malas noticias a través de una *tablet*? No sé. No me lo puedo ni imaginar.

Su marido también es médico. ¿A veces comenta con él algunos de sus casos?
Pues no solemos hablar mucho de medicina en casa, la verdad, y menos delante de los niños. Aunque, a veces, es inevitable. Él trabaja en urgencias y tienen una visión más global de la medicina que la mía, que es súperespecializada.

¿Y ustedes mismos atienden a sus hijos? ¿O los llevan al centro de salud?
En casa del herrero... (se ríe). Solemos pecar por dos cosas: o por no dar demasiada importancia a lo que tienen o por ponernos en lo peor. Tenemos amigos pediatras y, si tenemos alguna duda, les llamamos.

Con niños pequeños, y más hace unos años, le habrá tocado más de una vez ir a trabajar después de haber pasado una noche en blanco porque alguno estuviera enfermo, vomitando, con fiebre...
¡Claro! Como a todos los padres. Pero, así como intento que mi trabajo no interfiera en mi vida, también procuro lo contrario. Aunque yo haya tenido una mala noche, debo estar al 100% por el paciente. Ellos se lo merecen todo.

"Mi marido se ha implicado en la crianza tanto o más que yo"
Cuando Idoya Zazpe era una colegiala con uniforme, pelo largo y trenzas, siempre soñaba con ser profesora. "Me encantaba la docencia, enseñar, aprender, estudiar... ¿Qué asignatura? Me gustaba todo". Al final, varias semillas fueron germinando en una nueva vocación. "Recuerdo que una vez mi madre me llevó a una exposición sobre el cuerpo humano y me encantó". La serie de dibujos animados *Érase una vez* la vida y la conferencia que les ofreció en el colegio el padre de una

compañera de clase, Ramón Arcas, pionero en trasplantes de corazón, terminaron de hacer crecer ese árbol. "Así empecé a estudiar Medicina, una carrera vocacional", cuenta.

Así que, de niña, no soñaba con operar.

(Se ríe). No, no... Me mareaba con la sangre. Y tenía ese juego que aún existe, *Operación*, en el que hay un paciente al que hay que intervenir con unas pinzas y al que, si te equivocas, se le enciende la nariz. ¡A mí se me ponía muchas veces de color rojo! El otro día fui con mi hija pequeña, de 5 años, al híper, y allí estaba el juego. ¡Me pidió que se lo comprara porque quería ser médico!

Y, claro, se lo compró...

¡Qué va! Le dije que se lo pidiera a los Reyes, que no era momento de comprarlo.

¿Le gustaría que alguno de sus tres hijos fuera médico?

Bueno, aún son pequeños. Al que sí que le haría más ilusión es a mi marido (Carlos Beaumont, médico de urgencias del CHN y uno de los impulsores del *ABC que salva vidas*, una asociación que imparte cursos sobre reanimación cardiopulmonar). Pero, creo, los hijos de médicos o tienen mucha vocación o lo odian. Ven que es una profesión muy sacrificada y que, por las guardias, no pueden ver a sus padres...

No le voy a hacer la típica pregunta de cómo concilia por ser mujer porque, creo, también hay que hacérsela a los hombres. En cualquier caso, usted ha progresado en su profesión con tres hijos pequeños.

¡Es que la conciliación no es solo cosa de mujeres! También debe afectar al hombre y a toda la sociedad. Pero está claro que si yo me he podido dedicar a mi profesión (estudio y formación continua, cursos y becas internacionales...) ha sido gracias a mi marido. ¡Él se ha implicado en la crianza tanto o más que yo! Cogiendo excedencias en verano, organizando los viajes familiares para que fuéramos todos a Estados Unidos cuando me han dado becas... También estoy muy agradecida a mi madre. Ella ha sido un pilar fundamental para mí.

Con tanto trabajo y tres niños pequeños con todo lo que suponen, igual se ríe si le pregunto qué hace en su tiempo libre...

(Risas) Tengo, poco, la verdad, pero hay algunas cosas que me gusta hacer. Yo nunca he sido deportista pero hace seis años descubrí el pilates y me encanta. Voy dos horas a la semana al colegio de mis hijos. También vamos en familia a esquiar. ¡Me puse los esquís por primera vez a los 40 años! Los domingos, si no trabajamos, nos gusta salir al monte, al aire libre. También me encanta quedar a cenar o tomar algo con mis amigas del colegio.

Contexto

Javier Molina, pediatra. *Molina había sido el pediatra de mi hermana, seis años menor que yo y le conocía de haber acompañado a mi madre alguna vez a la consulta en un piso del Segundo Ensanche de Pamplona. Después, cuando empecé a trabajar en el periódico, volví a escuchar hablar de él porque era el especialista que atendía a los niños y adolescentes con cáncer de toda Navarra en el Hospital Universitario. La primera vez que le entrevisté (de manera breve y solo para añadir unas declaraciones) fue cuando la* Asociación de Niños con Cáncer de Navarra *(ADANO) le rindió un homenaje, ya que él fue el impulsor de dicho colectivo. Como suele ocurrir, con motivo de su jubilación, en junio de 2016, decidí hacer una entrevista "larga" para el periódico, en la que contara su trayectoria y experiencia profesional y personal con sus pacientes. La entrevista tuvo lugar en el aula del hospital, rodeados de juguetes, en la que estudian y juegan los niños ingresados.*

15 de mayo de 2016

Javier Molina Garicano | Pediatra especialista en oncología

"He estado en bodas y comuniones de niños con cáncer que han salido adelante"

* *"Nunca se le puede decir a una madre 'su hijo no tiene nada' si lo ha traído dos o tres veces a consulta. Ella es la que mejor lo conoce y si viene es por algo"*
* *"8 de cada 10 niños que van al pediatra tienen mocos, tos, catarros y diarreas. Otras patologías son minoritarias"*
* *"A mis hijos les atendí yo, pero ahora les digo que lleven a mis nietos a sus centros de salud"*

La bata blanca le delata, pero si no la llevara, ¿dónde pensaría que está el caballero que aparece en la foto superior? ¿En una juguetería? ¿En una sala de juegos infantiles? Y, en cierta medida, así es. Este señor que peina canas, viste elegante (pantalón verde y camisa de rayas blancas y azules) debajo de su bata de médico y sonríe a la cámara, posa en el aula escolar del Complejo Hospitalario de Navarra (antiguo Hospital Virgen del Camino), donde los niños hospitalizados estudian o juegan. Y todos los que han hecho puzles o leído cuentos en ese lugar ajeno a las agujas y los goteros han pasado previamente por sus manos. Las de un gallego que llegó a Pamplona con 17 años a estudiar Medicina en la Universidad de Navarra, que aún conserva algo de ese acento cantarín y que ha dedicado sus cuatro décadas de vida laboral a los pequeños navarros ingresados en algún momento. Por una bronquitis o una leucemia.

Javier Molina Garicano es el jefe de pediatría de Virgen del Camino y un referente en la oncología infantil. Hijo y nieto de navarros (su madre, Rosa Garicano, era pamplonesa y sus abuelos maternos, de Eugi), nació en La Coruña hace casi 65 años (los cumple el 12 de junio), donde su madre había conocido a un abogado gallego.

Y allí pasó su infancia, en la que alternaba sus estudios en el colegio de los Dominicos y sus veranos en Pamplona y Eugi.

Casado con la pamplonesa María Asunción Ayestarán, es padre de tres hijos (Migueltxo, Teresa y Guillermo) y abuelo de tres nietos (Pablo, Juan y Otto) y una cuarta en camino. Impulsor con un grupo de padres de la *Asociación de Ayuda a Niños con Cáncer de Navarra* (ADANO) en 1989, acaba de recibir la Medalla de Carlos III que concede el Gobierno foral. El galardón le llega como el broche perfecto a su carrera, ya que el próximo 12 de junio, cuando cumpla 65 años, se jubila de la sanidad pública, aunque continuará con su consulta privada. "El Moli", como lo llaman cariñosamente sus niños, deja el hospital llevándose muchos recuerdos. Como las fotos de comuniones, bodas, viajes a Eurodisney, cartas y dibujos dedicados que le observan desde la pared de su consulta en la quinta planta.

¿Por qué se hizo pediatra? ¿En su familia hay algún antecedente médico?

Ninguno. Solo tengo una hermana enfermera. Siempre me han gustado los niños y me llamaba la atención la Medicina. Así que lo tuve claro. Hice la especialidad en la Clínica Universidad de Navarra y de allí me fui a Génova (Instituto Gaslini) y a Londres (Hospital San Bartolomé), donde me especialicé en oncología pediátrica. En 1978 volví a Pamplona y entré como médico adjunto en Virgen del Camino. Entonces solo estábamos seis pediatras. Además, abrí mi consulta privada (primero en la avenida Zaragoza y ahora en Iturrama).

¿A cuántos niños calcula que ha reconocido en estas cuatro décadas?

Buf, no sé. A muchos. ¿Miles? Pues igual... Por mi consulta han pasado niños que ahora traen a sus hijos y me hace mucha ilusión. Se ve que confían en mí. Guardo un montón de historias clínicas en carpetas (antes de utilizar ordenador) en una caja fuerte, pero ahora he empezado a destruirlas por la Ley de Protección de Datos.

¿Cómo ha evolucionado la pediatría en estas cuatro décadas?

Lo más relevante que he visto ha sido la posibilidad de encontrar diagnósticos con nombre y apellidos para enfermedades que antes no se conocían y de las que morían muchos niños. Las técnicas actuales nos permiten diagnosticar, poner unas pautas de tratamiento, curar y prevenir. ¿Y qué enfermedades son esas? Sobre todo, retrasos psicomotores, enfermedades metabólicas, problemas hepáticos, pulmonares, de la sangre... Son las llamadas "enfermedades raras", que afectan a un niño entre 50.000. Si se diagnostican precozmente, el pequeño puede tener una calidad de vida más que aceptable y se puede evitar que sea dependiente.

Pero al margen de estas patologías poco frecuentes, ¿las mayoritarias siguen siendo las mismas? ¿O ha habido cambios?

Las anginas, otitis, diarreas, catarros, neumonías... siguen siendo las más frecuentes y ocho de cada diez niños van al pediatra por estos motivos. Sin embargo, en los últimos años sí que se ha visto que los niños tienen cada vez más problemas respiratorios (bronquiolitis, neumonías...).

¿Por qué ocurre?

Porque hay más alergias, más virus y, siento decirlo, por el hacinamiento de los niños en las guarderías. Por ahí pululan los bichos y hay una mayor incidencia de procesos infecciosos que hace 40 años (por la incorporación de las mujeres al mercado laboral y el problema de conciliación).

¿Y qué me dice de los virus? Parece que hay más que antes... Muchas veces, los pediatras dicen que el niño tiene un virus y los padres se quedan sin saber qué hacer.

Ahora se diagnostican más tipos de virus por las pruebas complementarias. Existen dieciocho tipos y les podemos poner nombre... Es evidente que un virus no cubre a otro y, aunque se ponga la vacuna de la gripe, sigue habiendo enfermos.

A muchos padres el diagnóstico "virus" les genera intranquilidad. Se quedarían más tranquilos con unas anginas y antibiótico.

Lo que es un error fundamental. El antibiótico se da ahora como las madres administraban hace unos años la aspirina infantil. La diferencia es que el antibiótico no los prescriben las madres sino los pediatras. ¿Qué por qué lo hacen? ¿Porque se sienten presionados por las madres? Pues igual... Puede que a veces se dé para curarse en salud pero es una pena. En un estudio del CHN de hace tres años, se vio que más de la mitad de las preinscripciones de antibióticos son incorrectas y se podían haber evitado esperando a la evolución del niño. En otros casos, son totalmente necesarios. Pero si se abusa de los antibióticos, el germen se resiste y será difícil atacarlo cuando se necesite realmente.

El papel de la madre en la consulta de pediatría es fundamental para explicar qué le ocurre al niño.

Por supuesto. Siempre hay que hacerles caso porque son las que mejor conocen a sus hijos. A mis alumnos les repito, a una madre nunca le puedes decir tajantemente "su hijo no tiene nada" sino que "vamos a ver su evolución". Y si, tras tres o cuatro visitas a la consulta, no sabes qué le pasa a ese niño, pregunta a un compañero porque puede que tú no sepas ver qué le pasa. Si lo ha llevado al pediatra es por algo.

La semana pasada se puso en marcha la campaña Lacta en Navarra, impulsada por matronas, para promover la lactancia materna en lugares públicos. ¿En 40 años habrá observado una evolución?

Efectivamente. Cuando yo empecé lo que mandaba entonces era la lactancia artificial pero enseguida se puso en marcha una campaña para promover la materna, de la que yo he sido un defensor toda mi santa vida. La lactancia se debería mantener más tiempo, pero no somos ni Suecia ni Noruega, ni las madres pueden cogerse una baja de dos años para atender a sus hijos.

Dibujos y fotos de niños con dedicatorias para "el Moli" decoran la consulta del pediatra Javier Molina Garicano en el hospital Virgen del Camino. En la cuarta y quinta planta de este centro hospitalario, ha tratado a más de 500 pequeños enfermos de cáncer en las últimas cuatro décadas; y en su despacho privado, ha visto las anginas, otitis, varicelas o neumonías de miles de pamploneses. A un mes de jubilarse de la sanidad pública y con motivo de la concesión de la Cruz de Carlos III por parte del Gobierno foral, sobre todo por haber impulsado ADANO (la Asociación de Ayuda a Niños con Cáncer de Navarra), "pasa consulta" a su vida como médico, padre y abuelo.

Niños ingresados

Además de las enfermedades que se pasan en casa, ¿por qué motivo terminan los niños ingresados en el hospital?

Fundamentalmente por problemas respiratorios (neumonías, bronquitis...), neurológicos (convulsiones febriles, crisis convulsivas), digestivos, infecciones de orina, procesos víricos y bacterianos... y los que han sido operados. Ahora hay 24 niños ingresados en planta y seis, en observación.

¿Y en la UCI?

Varían. En la UCI pediátrica hay cuatro camas y en algunos momentos se queda un poco justa. Pero el mayor problema está en la UCI neonatal (donde ingresan bebés prematuros, con bajo peso o con patologías hasta que cumplen un mes). Hay 28-30 plazas pero están a tope. Cada vez hay más partos prematuros, sobre todo por el incremento de la edad de las madres.

En la cuarta y quinta planta del hospital están también los niños que sufren algún cáncer, los que están ingresados o acuden al hospital de día para ser tratados.

Ahora mismo hay tres niños ingresados y otros tres, en el hospital de día (recibiendo quimioterapia, radioterapia...). Cada año, se diagnostican en Navarra unos quince nuevos casos de cáncer en menores de 15 años y unos seis, en los adolescentes entre 15 y 19, a los que también tratamos aquí. Los tumores más frecuentes son, como siempre, la leucemia, los tumores del sistema nervioso central (cerebro...) y los linfomas. La mayoría (el 80%) responden a los tratamientos (cirugía, quimioterapia, radioterapia...) y se curan.

¿Cómo es su relación con las familias de los niños enfermos de cáncer? ¿Llega a tener una relación muy estrecha?

No tengo ni idea de cómo se hace pero yo me implico mucho. Muchas veces, he estado en casa de un paciente a las tres de la madrugada y otras, he asistido al desenlace fatal a las cuatro de la mañana... A mí me han invitado a muchas primeras comuniones y bodas de niños a los que he atendido y han salido adelante. Y cuando algún paciente ha tenido que ir a otra ciudad para un tratamiento (un trasplante de médula a Madrid), he ido a verlo y he estado pasando consulta con mis colegas del Hospital Niño Jesús. Es una implicación más allá de lo médico. Lo haces porque te parece que lo tienes que hacer... Pero no me gusta tener una relación muy estrecha hasta que pasa el tiempo del tratamiento. Hay que diferenciar el aspecto profesional con el relacional, pero me resulta muy difícil.

En estas situaciones tan duras, se crearán unos lazos humanos muy fuertes...

La gente es fantástica y surgen amistades muy entrañables. Es el aspecto humano de la medicina, que es tan importante.

Precisamente, de esa relación con las familias surgió la idea de crear la ADANO.

Cuando estuve en Génova, vi que existían asociaciones de padres que se prestaban apoyo psicológico y les propuse algunos padres, a los de Elisa, Juan..., que podíamos juntarnos para hablar. Y así se puso en marcha la asociación, que hoy ha cogido una magnitud importante. Es una asociación que sensibiliza mucho a la gente y con la que la Administración se ha implicado de manera fantástica. La sede que tiene en Mendebaldea se la ha cedido el ayuntamiento. Creo que el matrimonio entre asociaciones y administración está muy bien avenido. ADANO, como otras entidades, evitan muchas actividades a los médicos. Por ejemplo, antes de que existiera era yo el que hacía los trámites para que los niños se desplazaran a Madrid...

Ocho de cada diez niños con cáncer se curan, pero los dos restantes, no. ¿Cómo se sobrellevan esos casos?

Con gran sentimiento por nuestra parte. La mayoría de los niños que no superan la enfermedad son los que tienen tumores del sistema nervioso central (por ejemplo, del cerebro) y que no se pueden operar. La evolución en este caso es mala. Hasta el final intentas buscar la mejor solución, pero no siempre es posible obtener buenos resultados. Hoy se habla mucho de los cuidados paliativos, la muerte digna... pero hace años, cuando aún no estaba de moda, nosotros (los médicos, enfermeras, anestesistas pediátricos...) ayudábamos en los momentos finales. Íbamos a casa de los niños a hacer su vida lo más fácil posible para que no sufrieran. Cuando yo era residente en la CUN, en 1974, recuerdo que hice una maniobra de reanimación profunda a un niño de 6 años que había entrado en parada cardiorrespiratoria y me estaba volviendo loco porque no reaccionaba. Entonces llegó un médico, el doctor Balcels, y me dijo: "Javier, lo has hecho perfectamente, pero no hay nada más que hacer. Se debe respetar la vida de los pacientes, pero también su muerte". ¡Qué pasada! El que lo quiere entender lo entiende desde el principio.

¿Cómo se actúa ahora en los momentos finales de un niño con cáncer?

Intentamos que sea en su casa, que es el sitio donde mejor se encuentra el pequeño. Con su familia, en su entorno conocido y cogidos de la mano. Todos viviendo en conjunción esos momentos trascendentales del cambio. Nos ayuda mucho la unidad de cuidados paliativos de adultos, que colabora con nosotros. Pero esto que ahora está así estipulado, los médicos y enfermeras de la unidad lo hemos hecho muchos años voluntariamente.

"No descarto irme como voluntario a África"

Javier Molina colgará su bata blanca de médico en el Hospital Virgen del Camino el próximo 12 de junio, el día de su 65 cumpleaños y el primero de su nueva vida. "Me jubilo encantado porque he llegado a la edad y no puedo seguir", dice treinta y ocho años después de haber cruzado el umbral de ese hospital como un joven médico adjunto. Pero el pediatra no se jubila del todo. Seguirá manteniendo "mientras tenga salud" (y de momento le sobra) su consulta privada en el barrio de Iturrama, que ha simultaneado desde el principio con la sanidad pública. "¿Que con cuál me quedo? Sin duda, con la sanidad pública. Defiendo a ultranza una sanidad gratuita y universal y es donde he metido miles de horas. Lo que no quita para que la sanidad privada también sea una opción válida. Seguiré con mi consulta por mis pacientes, porque confían en mí".

¿Qué va a hacer el doctor Molina cuando se jubile? ¿Se va a hallar fuera de la quinta planta del hospital Virgen del Camino?

(Se ríe). Voy a aprovechar para viajar, que me encanta. Conozco América Latina, Europa y Nueva Zelanda, un país que me fascinó y a donde acudí a un congreso sobre la fertilidad en los adultos que tuvieron cáncer en la infancia. Ahora tengo ganas de conocer Polonia, Croacia y Serbia. ¡Y no descarto irme como voluntario a África!

¿Cómo médico cooperante?

Sí. Tengo un amigo que es cirujano y ha viajado al Congo, Angola... Me encantaría conocer esos países, pero no como turista, sino para colaborar con lo que pueda.

¿Qué más le gusta hacer en su tiempo libre? Ahora va a tener mucho.

Me gusta leer e ir al cine. ¡Me encantan los documentales, como el de mi hijo! (dice refiriéndose a *Muros*, codirigido por su hijo Migueltxo y el también pamplonés Pablo Iraburu, sobre los muros que separan países y para el que han viajado por todo el mundo). Pasé miedo cuando mi hijo se fue a Sudáfrica, a la India... para rodar. Aunque se tenga cuidado, en algunos países la vida humana no vale nada.

"Ejerzo de abuelo"

También dispondrá de más tiempo para estar con sus nietos. ¿Ejerce de abuelo?

Sí y me encanta. Pero hay que hacerlo en la justa medida. El papel de los abuelos es respetar a los padres porque ellos son los responsables de sus hijos. No creo que a mí me puedan criticar porque no me meto.

Y como pediatra, ¿les atiende? ¿Le llaman sus hijos si los niños tienen fiebre?

(Se ríe). ¡Qué va! A mis tres nietos (Pablo, Juan y Otto) les he mandado a sus centros de salud y allí les han puesto las vacunas. Pienso que es mejor que tengan un pediatra de referencia que controle todos sus datos. Hombre, aunque si les pasa algo me llaman. Como el otro día que uno tenía 39 de fiebre. Le dije que le pusieran un supositorio y al día siguiente estaba mejor. Mira, un caso en el que se evitó el antibiótico.

Pero a sus hijos sí que les atendería cuando eran pequeños...

A mis hijos, sí. He ido aprendiendo sobre la marcha. Cuando el mayor tenía 6 meses, se puso con mucha fiebre y no sabía qué era. Le consulté a un compañero y me dijo que sería un exantema. Y así fue. A los pocos días se le fue la fiebre y se llenó de granos.

Su mujer estaría contenta entonces con un marido pediatra.

¡Habría que preguntárselo a ella! (se ríe), pero supongo que sí porque eso da mucha seguridad y tranquilidad a una madre.

Contexto

Luis Chiva, cirujano. *La misma amiga que me habló de Idoya lo hizo de Luis Chiva. En esta ocasión, ella lo conocía por motivos laborales, pues trabaja en el departamento de Seguros de la Clínica Universidad de Navarra. Me contó que había llegado un nuevo ginecólogo a liderar el departamento de la mujer, que había visto un vídeo TED sobre él y que yo también tenía que verlo porque me iba a encantar. Así fue. Chiva contaba cómo él, una de las máximas autoridades españolas en cáncer de ovario, se desmayó en el transcurso de un congreso sobre esta especialidad y a los pocos días le llegó el diagnóstico con la palabra que nadie quiere escuchar: leucemia. En aquel vídeo contaba cómo pasó de ser ginecólogo experto en oncología y cirujano a ser un paciente ingresado en una habitación de aislamiento después de un trasplante de médula. Pensé que tenía que conocerle y entrevistarle porque lo que contaba era extraordinario. Finalmente, quedé con él una mañana de octubre en la sala VIP de la CUN tomando un café de la máquina. Me fascinó hablar con él. Además de lo todo lo que sabía de su profesión, me atrapó su humanidad y cómo su esposa y él adoptaron a un niño (su octavo hijo) que había nacido con Síndrome de Down. Desde entonces, le he entrevistado en varias ocasiones y él operó a una amiga mía, ginecóloga hondureña y afectada por cáncer de útero. Siempre le estaré agradecida porque le salvó la vida. La segunda entrevista "larga" se la hice en noviembre de 2021, cuando fue elegido como uno de los diez mejores cirujanos del mundo. En aquella ocasión, fue su padre, de 90 años, el que llamó al periódico preguntando por mí y para contarme, por si no lo sabía (aunque yo ya me había enterado), el gran logro de su hijo. Los padres estaremos toda la vida orgullosos de nuestros retoños. Tenga la edad que tengan.*

23 de octubre de 2016

Luis Chiva de Agustín | Ginecólogo y director del Área de Salud de la Mujer de la Clínica Universidad de Navarra

"Superar una leucemia me ha hecho ser mejor médico y entender los problemas del paciente"

- *"Vamos a implantar nuevas técnicas para abordar la esterilidad, pero siempre respetando la dignidad del embrión"*
- *"Estaba en un congreso de cáncer de ovario, cuando no me pude mover de la cama del hotel. Fue el comienzo de una leucemia aguda, de la que me curé"*
- *"Está todo tan tecnificado que el médico se fía de una resonancia magnética o un TAC, pero no examina físicamente al paciente"*

El médico que aparece en la fotografía superior y que mira sonriente a la cámara no ha llevado siempre una bata blanca con su nombre bordado en el bolsillo. También ha ido vestido con un camisón de enfermo de hospital. De paciente ingresado, que sufre el dolor y la incertidumbre y espera con impaciencia la visita del médico de turno. Este caballero que ahora no tiene pelo sí que lo tuvo hace unos años ("aunque no mucho más", bromea), antes de sufrir un cáncer del que ya está recuperado. Paradojas de la vida, el doctor Luis Chiva de Agustín es un ginecólogo especialista en cáncer de ovario. Y fue precisamente en un congreso de esta especialidad oncológica cuando no pudo moverse de la cama y un amigo hematólogo le dio la peor de las noticias que podía escuchar: "Tienes una leucemia aguda". Sin embargo, lejos de caer en un agujero negro, su enfermedad, confiesa, le ha servido de "oportunidad" y "aprendizaje". Y asegura que ahora es "definitivamente, mucho mejor médico que antes". "Soy más sensible y entiendo mejor los problemas de los pacientes que no son 'desde cuando tienes fiebre' sino 'y ahora qué va a pasar con mis hijos' o 'cómo le doy la noticia a mi mujer'". Madrileño de 54 años, viene a ofrecer esa "mejor medicina" a la Clínica Universidad de Navarra, en Pamplona y en el nuevo centro hospitalario de Madrid. El pasado 19 de septiembre fue nombrado director del Área de Salud de la Mujer (había trabajado en el MD Anderson Cáncer Center de Madrid catorce años) y viene con algunas novedades debajo del brazo en materia de esterilidad aunque no pretende entrar "como elefante en cacharrería". Casado con María San Román, ambos supernumerarios del Opus Dei, son padres de ocho hijos, entre 25 y 6 años. El pequeño, Josemaría (Josete), tiene Síndrome de Down y fue adoptado cuando tenía tres meses.

¿Qué novedades quieren implantar?

Algunos cambios en materia de reproducción, que yo ya he aplicado previamente, pero, siempre, en coordinación con el equipo que ya hay, liderado por Juan Luis Alcázar, y respetando la perspectiva cristiana y el espíritu de la Universidad de Navarra.

¿Está hablando de reproducción asistida?

No. Lo que queremos es utilizar algunas técnicas, pero respetando la naturaleza humana de la procreación.

¿Y cómo lo van a hacer?

Vamos a implantar técnicas que respeten tres premisas: que haya una relación entre los esposos (es decir, que el hombre no se extraiga el esperma solo, sino que exista un acto de amor en la intimidad), que los dos gametos sean de la pareja (no se utilizan bancos de esperma ni de óvulos) y que se respete al embrión como si fuera un ser humano adulto. El semen se introducirá en la vagina, el útero o las trompas de la mujer para que los espermatozoides se unan ellos solos con él óvulo.

¿Esta técnica funciona bien?

Sí, yo he conseguido muchos embarazos de este modo. También hay otras técnicas que utilizan estas premisas y que abordaremos. La tasa de éxito no es tan elevada como la fecundación in vitro-FIV (unión del óvulo y el espermatozoide en un laboratorio e introducción posterior del embrión o embriones en el útero). No juzgamos la técnica, porque hay gente que trabaja muy bien, pero no la usaremos.

¿Por qué rechazan la FIV?

Porque se pierden muchos embriones, a veces se utilizan dos, pero previamente se han creado muchos más, y porque se seleccionan previamente. Un hijo no es un derecho que tú tienes sino un regalo.

¿Alguna otra novedad en este aspecto?

Sí, también vamos a preservar la fertilidad de las mujeres que deben pasar un tratamiento de quimioterapia. Vamos a congelar los óvulos, no los embriones, para que pueda utilizarlos cuando esté recuperada.

Y al margen de la fertilidad, ¿qué más quieren potenciar?

Queremos crear una fundación, que aún no tiene nombre, aunque hemos barajado *CUN te acompaña*, con el objetivo de acompañar a las mujeres que pasan por un embarazo complicado; porque les han diagnosticado que el niño viene con Síndrome de Down u otros problemas. Así, un equipo formado por ginecólogo y pediatra asesora a las madres y les explican qué se van a encontrar. Quizá un ginecólogo no conozca la gravedad de la enfermedad de ese feto en el futuro pero el pediatra puede tranquilizarla y decirle que él trata a muchos niños así y cómo se encuentran.

También es una forma de evitar el aborto...

Eso es. A muchas embarazadas mayores de 35 años se les hacen múltiples pruebas, como el cribado, la amniocentesis... para ver las anomalías cromosómicas que puede tener el feto. De hecho, el 97% de las madres que saben que su hijo va a tener Síndrome de Down abortan.

¿Y qué ocurre con las malformaciones incompatibles con la vida? Muchos ginecólogos recomiendan abortar...

Nosotros acompañaremos a las mujeres en ese embarazo para que puedan tener la oportunidad de traer a ese hijo al mundo, aunque sea unas pocas horas. Ese niño estará siempre así presente en la familia. Las personas que han tenido esa experiencia quedan muy impactadas y agradecidas.

Así que el área de ginecología va a estar muy ligada a la pediatría...

Así es. Vamos a poner en marcha un área materno-infantil para los casos de mayor complejidad, como los bebés prematuros o con enfermedades. Solo nos falta la cirugía pediátrica y la neurocirugía, que las implantaremos más adelante, tanto en Pamplona como en el centro de Madrid.

Usted es especialista en cáncer de ovario, ¿cómo se van a seguir abordando los tumores ginecológicos?

La Clínica Universidad de Navarra es uno de los centros privados en donde se aborda el cáncer desde una perspectiva completamente multidisciplinar. Una mujer con cáncer de mama será tratada por el ginecólogo, el oncólogo, el cirujano y el radioterapeuta. Además de la excelencia científica, con cerca de 200 ensayos clínicos, la CUN intenta ofrecer una visión de compasión en los momentos difíciles de la enfermedad y en los cercanos a la muerte. Para ello, se utilizan muy pronto los cuidados paliativos, antes incluso de que la paciente los demande. Se ha comprobado que, además de mejorar la calidad de vida, se prolonga la supervivencia. El doctor Matías Jurado, ginecólogo y oncólogo de fama internacional, va a seguir al frente de oncología dentro del área de salud de la mujer.

Mama, útero y ovarios

Se acaba de celebrar el Día Internacional del Cáncer de Mama y sigue siendo uno de los tumores predominantes.

Una de cada diez mujeres sufrirá cáncer de mama a lo largo de su vida, en el 10% de los casos por herencia familiar. Sin embargo, también es uno de los tumores con mejor pronóstico, ya que 9 de cada 10 se curan. El cáncer de útero también es bastante frecuente, sobre todo el de endometrio (la membrana que recubre el interior del útero y donde se aloja el embrión tras la concepción) y de cuello de útero o cérvix, que se curan entre el 75% y el 90% de los casos.

¿Qué me dice del cáncer de ovario, su especialidad clínica?

Se le llama el "asesino silencioso" porque no da síntomas y tiene peor pronóstico. A los cinco años de haberlo diagnosticado, solo sobreviven 3 de cada 10 mujeres. Así como en el cáncer de mama tenemos la mamografía; y en el de cérvix, la citología (extracción de células a través de la vagina) y la vacuna contra el papiloma (un virus que lo provoca), para el cáncer de ovario no hay ninguna técnica que lo pueda diagnosticar.

¿Cómo se descubre entonces?

Por casualidad, después de una revisión rutinaria; o cuando da algún síntoma es que ya está muy avanzado. En ocasiones se ve que, genéticamente, puede aparecer, como fue el caso de Angelina Jolie. Entonces se extirpan los ovarios y las trompas. Hay que promover la idea de que el cáncer es una oportunidad y un aprendizaje.

Quizá una persona a la que le han diagnosticado un tumor no opina lo mismo...

¡Claro! Pero yo puedo hablar con conocimiento de causa. Cuando le comunico a una paciente que tiene un tumor, le digo que yo también he pasado por eso y que sé lo que se siente. Tuve una leucemia en 2011. Estuve seis meses en un zulo aislado en mi hospital, el MD Anderson de Madrid, de donde salía solo cada cierto tiempo a mi casa. Sé cuáles son los efectos de la quimioterapia... En 2013 tuve una recaída y entonces me sometí a un trasplante de médula de mi hermano menor. Ahora estoy curado pero vivo siempre alerta. Como si cada día fuera el último. Lo tengo apuntado en el móvil y todas las mañanas me lo recuerda: "Hoy puede ser un gran día".

Imagino que su experiencia será de gran ayuda para las pacientes.

Sí, porque las comprendo y respondo a sus preguntas, que no son las mismas que las mías. A un médico le preocupa "¿desde cuándo tienes fiebre?", "¿hace cuánto que sangras?", "¿cómo es el bulto?"; pero una enferma piensa "¿cómo se lo digo ahora a mi marido?", "¿qué va a pasar con mis hijos?". Para mí, lo más difícil fue darle la noticia a mi mujer. Yo venía de Valencia, del congreso de cáncer de ovario, y ella me fue a esperar a la estación de Atocha. Antes de ir a casa, le dije que condujera un rato para darle la noticia. ¿Que cómo se lo tomó? Muy bien. Me animó mucho y me dijo que íbamos a salir de esta y si no... que fuera lo que Dios quiera. ¿Qué más íbamos a hacer?

¿Y usted qué sintió en el momento en el que le dieron el diagnóstico?

Alivio, porque ya sabía lo que tenía y podía luchar contra esa enfermedad. Llevaba varios meses encontrándome muy cansado, de vez en cuando con décimas de fiebre, sudores nocturnos... Me hacía análisis de sangre, pero no salía nada. Así que, al conocer el nombre de la enfermedad, respiré.

Dice que para usted el cáncer fue una oportunidad y un aprendizaje. ¿Qué ha aprendido que antes no supiera?

Que la vida es muy corta para no vivirla con mucha intensidad y que las cosas más importantes en la vida son la familia, tus convicciones más profundas, en mi caso la cercanía de Dios. Yo ahora me he convertido en un hombre agradecido, disfruto de la sonrisa de un hijo y no me acuerdo de la bronca que he tenido con el jefe, disfruto del desayuno a las siete de la mañana con mi mujer, de un rayo de sol en la cara o de una ducha. También he descubierto que se puede vivir con mucho menos. Como decía una de mis pacientes, "la camisa con la que vamos a la tumba, la mortaja, no tiene bolsillos porque no nos llevamos nada". Vivo el hoy y agradezco las cosas. Cada día es una aventura y quiero sacarle partido.

¿Se ha convertido en un médico mejor?

Definitivamente, sí. Desde el punto de vista humano soy más sensible y entiendo mejor los problemas de la paciente. La enfermedad me ha regalado una dimensión completamente desconocida para mí. Lo que yo le cuento a la paciente, que he pasado una leucemia, que he recibido quimioterapia…, se convierte en algo real y auténtico. No solo en palabras. Una persona, cuando le diagnostican cáncer, siente miedo porque tememos al dolor, al sufrimiento y a lo desconocido. Empecé a poner mis pensamientos en orden y a empatizar.

Pero compartirá conmigo que no todos los médicos son así. Muchos profesionales no retiran la mirada de la pantalla del ordenador cuando entra un paciente en la consulta ni le miran a los ojos.

Los médicos somos los chamanes del siglo XXI y debemos recuperar la relación médico-paciente. Está todo tan tecnificado que el médico se fía más de una resonancia magnética o de un TAC pero no examina físicamente al paciente. Y solo con un examen meticuloso, el médico puede hacerse cargo del problema. En los hospitales, el médico está viendo la resonancia en el ordenador y el paciente, solo en la habitación, espera a que alguien le vaya a ver y le diga algo. Los médicos tenemos que aprender técnicas de comunicación. Después de la enfermedad, me he replanteado: ¿me levanto cuando una paciente entra a la consulta? ¿Le doy la mano? Y entonces le sonrío, aunque esté cansado.

El ginecólogo Luis Chiva participaba en un congreso de cáncer de ovario en Valencia cuando no se pudo mover de la cama del hotel. Era marzo de 2011 y un amigo hematólogo le dio la peor noticia: "Tienes leucemia aguda". Tras el shock inicial, el médico convirtió su enfermedad en "una oportunidad" y "un aprendizaje". Recuperado del cáncer hace tres años, acaba de ser nombrado director del Área de Salud de la Mujer de la Clínica Universidad de Navarra. Y trae novedades bajo el brazo, como un abordaje de la esterilidad con técnicas que respeten siempre la "dignidad del embrión".

"Mi hijo con Síndrome de Down es lo mejor que nos ha pasado"

Josete llegó a la vida de los Chiva-San Román el 20 de mayo de 2010. Por casualidad o por la "providencia divina". La mujer del ginecólogo madrileño Luis Chiva, María San Román, se había enterado de que la Oficina del Menor de la Comunidad de Madrid estaba buscando una familia para un niño con Síndrome de Down que había sido dado en adopción al nacer. "No tenemos ningún interés en ese tema, le dije a mi mujer, pero vamos a apuntarnos por hacer bulto", recuerda Luis Chiva. El matrimonio ya tenía entonces siete hijos de entre los 19 y los 7 años. "Había dos familias que estaban interesadas en adoptarlo, así que nos quedamos tranquilos. Pero, finalmente, se echaron atrás y quedamos nosotros como los únicos candidatos". La tarde en la que se enteraron de la nueva situación, continúa Chiva, él atendió en su consulta a una paciente con un hijo con Síndrome de Down. "Me contó que al principio lo pasó fatal pero que, con el tiempo, al abrazarlo, sentía que abrazaba a Dios. Me quedé sin palabras". Así que esa misma noche, Luis y María decidieron que iban a decir "sí" a ese bebé al que no conocían pero que ya había llegado a su vida. Y le llamaron Josemaría.

Como ginecólogo, habrá diagnosticado casos de posibles Síndromes de Down en el embarazo. Pero ahora lo vive en carne propia y puede hablar con conocimiento de causa. ¿Qué les dice a las pacientes?

El otro día vino una mujer embarazada mayor de 40 años con temor por tener un niño con Síndrome de Down. Yo la entiendo y la respeto. No se lo dije pero, ¡a mí no me da ninguna pena que tenga un hijo con Síndrome de Down! Josete ha sido lo mejor que nos ha pasado como familia. Mis otros hijos me preguntan: "¿Qué habría sido de ti, cuando tuviste la leucemia, si no hubiera estado Josete a tu lado?". Creo que todos los niños con Síndrome de Down vienen a este mundo con una misión y nos hacen aprender a ser mejores personas. Tienen todas las virtudes que se enseñan en los másteres de *coaching.*

Pero muchas mujeres deciden abortar cuando se enteran de que el feto viene con anomalías cromosómicas...

Así es. De hecho, se aborta en el 97% de estos casos. ¡Los niños con Síndrome de Down son una especie en peligro de extinción! Y son unas personas que saben empatizar. Mi hijo Josete se da cuenta de cuando estamos tristes y nos abraza.

Contexto

Juan Miguel Gil-Jaurena, cirujano pediátrico infantil. *Me habló de este médico la madre de Íñigo Uztárroz, un niño que necesitó un trasplante de corazón al nacer y que falleció, por otro motivo, en febrero de 2023. Jaione Uztárroz, una chica pamplonesa de mi edad, había contado en redes sociales que buscaba un corazón para su hijo, pues si no, moriría. Aquella historia ocurrió en el verano de 2015 y yo la entrevisté con ese motivo. Ella siempre hablaba maravillas del cirujano que operó a su hijo, también navarro, de Elizondo, y que era una eminencia a nivel nacional e internacional. En octubre de 2017, viajé a Madrid para presentar mi primer libro y, aprovechando mi estancia en la capital, le llamé para entrevistarle. Quedamos en su consulta del Hospital Gregorio Marañón de Madrid y fue una delicia conversar con él. Me contó cómo quiso ser médico como Don Eusebio, el galeno de su pueblo y que soñaba con trabajar en Pamplona. Lo que nunca pensó fue que iba a dirigir esta unidad de referencia nacional en uno de los hospitales más importantes de España. Desde esa fecha, he entrevistado a Gil Jaurena en varias ocasiones (por lograr un trasplante pionero a nivel mundial o por la labor que lleva a cabo con una ONG que opera a niños de familias con pocos recursos en América Latina).*

12 de noviembre de 2017

Juan Miguel Gil-Jaurena | Jefe de cirugía cardiaca infantil del Hospital Gregorio Marañón de Madrid

"Cuando empecé a operar bebés pensaba en mis hijos; ahora lo tomo como mi trabajo"

- *"He practicado muchos trasplantes de corazón y aún creo que hay algo de 'magia' en que un órgano parado vuelva a latir"*
- *"Si es posible, no abrimos el pecho para operar, sino que intervenimos por la axila o debajo de la mama. Así, los niños no viven con una gran cicatriz"*
- *"Hay recién nacidos a los que se les opera una vez y llevan una vida normal. Es lo más gratificante"*

Juan Miguel Gil-Jaurena se ríe para la foto. Aunque, reconoce, le da "un poco de vergüenza" posar. "Mejor me pongo la bata, ¿no?", ha preguntado unos minutos antes, cuando se preparaba para sonreír al fotógrafo en los pasillos del hospital donde trabaja. Solícito, al finalizar la entrevista insiste en acompañar a los periodistas hasta la calle porque ese edificio, confiesa, resulta "un laberinto". Es una mañana de finales de octubre en Madrid. El otoño aún se resiste en llegar y la gente pasea en mangas de camisa. La suya es de color blanco y la combina con un pantalón verde militar y una corbata con el mismo fondo y topos de colores blancos y morados, que esa mañana le ha elegido su mujer. "Tengo muchas corbatas y me suelo poner algunas con motivos infantiles, que a los niños les divierten mucho". Los pequeños de los que habla son los 2.000 niños que han pasado por sus manos en el último cuarto de siglo. Y en el sentido literal de la palabra. Porque Juan Miguel Gil-Jaurena, nacido en Elizondo hace 54 años, es el jefe de Cirugía cardiaca infantil del Hospital Gregorio Marañón de Madrid, un centro de referencia para toda España en esta especialidad. Aunque, insiste, su trabajo es "más de cabeza que de manos", lo cierto es que todas las mañanas pasa por el ritual de lavado y desinfección antes de entrar en quirófano. "Me voy, que ya tengo que operar", se despide en la calle como si tal cosa. Como si fuera a sentarse con su familia a comer un domingo al mediodía. De hecho, pasar tiempo con los suyos es su "mejor plan".

Casado con una enfermera de Oronoz, a la que conoció de joven en su pueblo, son padres de dos hijos universitarios, de 22 y 20 años. Licenciado por la Universidad de Navarra, ha pasado por hospitales de Vitoria, Londres, Barcelona y Málaga y desde abril de 2013 lidera esta unidad, en la que cada año operan a unos 200 bebés, niños y adolescentes, de los que entre seis y dieciséis son trasplantados de corazón. Hombre tímido en las formas, concienzudo en su trabajo y que aplaude la labor hecha en equipo, asegura que la supervivencia "va a más" y ya alcanza el 85%.

Bebés, niños y adolescentes con problemas cardíacos de toda España son remitidos a operarse al Gregorio Marañón...

La ventaja de que el hospital esté en Madrid es que los desplazamientos son cómodos desde cualquier punto del país. Pero nosotros somos solo la punta del iceberg. En la base tenemos muy buenos pediatras, cardiólogos, anestesistas... Si podemos destacar es porque hay mucha gente detrás, a veces en el anonimato.

Operan una media de 200 niños al año, lo que supone casi una intervención diaria...

Exactamente. Cada día, de lunes a viernes, tenemos programada una operación. Sin contar las urgencias ni los trasplantes.

¿Cuáles son las principales cardiopatías por las que hay que operar?

Sobre todo, malformaciones en el corazón. Hay un grupo importante de intervenciones para cerrar los tabiques que unen las aurículas con los ventrículos (las cavidades del corazón). También hay que operar cuando las arterias que salen del corazón (aorta...) son o muy anchas o muy estrechas. Una vez me preguntaron a ver si somos los "arquitectos del corazón" y puede ser. En los recién nacidos, la operación más frecuente se hace porque las arterias que salen del corazón están colocadas al revés y que hacer una trasposición: cortarlas, darles la vuelta y volverlas a poner.

Explicado de esta manera, parece un trabajo de fontanería...

(Sonríe). Hay que explicarlo de una manera sencilla a los papás. Yo les hago la comparación con los arquitectos, los fontaneros o los electricistas, cuando hablamos de arritmias. Alrededor del 20% de las operaciones las hacemos en recién nacidos. Y en muchos casos, los padres ya conocen el diagnóstico desde el embarazo. Nosotros solemos hablar con los ginecólogos para que puedan explicarles en qué consiste la enfermedad y la operación. A veces pienso, ¿desde un punto de vista emocional, es mejor que la madre sepa que su hijo viene con esa enfermedad? No creo que el embarazo se viva con la misma ilusión. Aunque nunca me he atrevido a preguntarlo...

¿Cómo suelen ir las operaciones en recién nacidos? ¿Resultan exitosas?

La mortalidad está por debajo del 5% y un año logramos que fuera inferior al 1%. Es importante contarlo porque da esperanzas a la gente. Hasta hace unas décadas, ocurría al revés: la mayoría moría. Hoy, cualquier niño que nazca con una patología congénita (1% de los nacidos) tiene más del 80% de probabilidades de llegar a adulto. En muchos casos, después de operar al recién nacido es como si el niño hubiera nacido sano y puede que no necesite cirugía nunca más. Pero no siempre ocurre... Hay intervenciones que necesitan repetirse conforme el niño va creciendo.

Cada día opera a un bebé, niño o adolescente del corazón. Y lo hace al frente del equipo de cirugía cardiaca infantil del hospital de referencia en España para esta especialidad: el Gregorio Marañón (Madrid). Juan Miguel Gil-Jaurena, nacido en Elizondo hace 54 años, se hizo médico por el ejemplo de don Eusebio, el galeno de su pueblo. Casado con una enfermera de Oronoz y padres de dos universitarios, ha trabajado en hospitales de Londres, Barcelona, Málaga y desde 2013 dirige esta unidad. Al año, operan a 200 niños (de 6 a 16 trasplantes). Tímido en las formas y muy seguro en su trabajo, ofrece una buena noticia: la supervivencia "va a más" y alcanza el 85%.

El ritual del quirófano

Aunque sea su trabajo diario, ¿qué siente al operar a un bebé? Visto desde fuera parece una responsabilidad inmensa.

Cuando empecé con la especialidad de cirugía cardiaca infantil, mis hijos eran muy chiquitos. Y al entrar al quirófano, no podía evitar pensar: "Este niño pesa como mi hijo". Pero llega un momento en que, aunque estos pensamientos te dignifican como persona, debes aprender a dejarlos en casa y tomar tu trabajo como una rutina. Si no, la carga emocional es tremenda. Al entrar al quirófano me lavo las manos y percibo lo que voy a operar tan solo como un "campo quirúrgico", como si no me moviera de una baldosa. Al niño no lo veo. Solo al final, cuando termino de operar y retiran las telas, le miro y pienso: "Mecachis, era este". Si después lo veo correteando por la planta, me da una gran alegría...

Hasta hace poco, las operaciones a corazón abierto dejaban en los niños una gran cicatriz en el pecho para toda la vida. Ahora están cambiando las técnicas...

La mayoría de las cirugías las hacemos por delante, abriendo por el esternón como si fuera la corbata. Muy cómodo para acceder al corazón y los pulmones. Pero desde hace quince años procuramos, en los niños que se operan por primera vez y siempre que sea posible, hacer una incisión menor. En los chicos que pesan entre 15 y 20 kilos, si se puede, operamos por la axila; y en las chicas, por debajo de la mama. Así, las cicatrices para toda la vida son mucho más pequeñas. Pero, por supuesto, nunca hipotecamos la seguridad de una cirugía por una frivolidad cosmética.

Además de la estética, ¿este tipo de cirugía tiene otras ventajas?

A veces, los niños están menos tiempo en la UCI y se van a antes a casa. Pero no siempre. Depende del tipo de intervención. Si, por ejemplo, tengo que poner un parche en un tabique del corazón, da igual que lo haga abriendo el pecho o a través de la mama. A mí me puede costar menos de treinta minutos poner ese parche pero para hacerlo con garantías (hay que parar el corazón, conectar la circulación fuera del cuerpo y hacer que vuelva a latir), el niño tendrá que estar en quirófano cinco o seis horas. Si es una operación en la que no se abre el corazón, entonces la recuperación sí puede ser más rápida. Sería una especie de laparoscopia (que se utiliza, muchas veces, para operar de apendicitis, vesícula...) que se llama "toratoscopia". A mí me operaron el año pasado de apendicitis y en un día me fui a casa. Pero los médicos somos los más motelas (falsos, débiles, en euskera...) y no queremos estar ingresados (se ríe).

Para aprender estas nuevas técnicas, los cirujanos tienen que formarse siempre.

Me siento un privilegiado de trabajar en un hospital con algunos de los mejores profesionales de España (pediatras, anestesistas...). Intento aprender todo lo que puedo. ¡No por tener 54 años lo sé todo!

Y, además, comparte su conocimiento con médicos de otros países.

En 2014 y 2015 un grupo de cirujanos de mi hospital fuimos a Nicaragua y operamos a ocho niños con problemas cardiacos en el hospital infantil Manuel de Jesús Rivera *La Mascota* en Managua. Nos llamaban "los cirujanos de la esperanza". No se trata de sentirte un rey mago sino de enseñar.

Además de todas estas operaciones, los trasplantes son la estrella. En el Gregorio Marañón hacen entre 6 y 16 todos los años e intervienen a niños de toda España.

Somos uno de los cinco hospitales que hacemos estas intervenciones; además de La Paz de Madrid, Vall D'Hebrón en Barcelona, Reina Sofía de Córdoba y Juan Canalejo en La Coruña. Pero el Gregorio Marañón acoge casi la mitad de los trasplantes anuales de corazón en niños. Aunque he practicado muchos, aún pienso que hay algo de magia en que un corazón parado vuelva a latir en otra persona. Para hacer un trasplante se necesitan varios equipos de cirujanos: unos que vayan al hospital de origen a hacer la extracción y otros, que esperen con el paciente en el que se va recibir el órgano... Existe una red, por la que se buscan donantes en un radio que llega hasta Canarias, Londres, Italia, Suiza... Mi mujer bromea diciendo que conozco muchos países.

Trasplantes en equipo

¿Y cómo es el proceso? Además de visualizar la imagen de cirujanos vestidos de verde en un aeropuerto con una nevera en la que llevan el corazón, ¿qué hay detrás?

Los trasplantes duran muchas horas. Imagina que a las 10 de la mañana, un médico comunica a unos padres en Canarias que su hijo ha fallecido. Desde ese momento, hasta que asumen la noticia, deciden donar los órganos y comienza la extracción, igual son las ocho de la tarde. En ese momento, varios cirujanos nos trasladamos hasta allí y cada uno se lleva a su hospital el órgano que necesita. Mientras tanto, en otro quirófano, en Madrid, comienza la preparación del niño que va a recibir el corazón. El cirujano que está allí no puede retirar el corazón enfermo hasta que no vea físicamente el sano. Por eso digo que nuestro trabajo es más de planificación y cabeza que de manos. La mayoría de los trasplantes son de noche y muy largos. Una vez, estuve en uno que duró 25 horas.

¿Cuál es la supervivencia de los niños trasplantados del corazón?

Muy alta, del 85%. La fase más crítica es la del postoperatorio, hasta que les damos el alta. Los trasplantes se hacen en bebés, niños, adolescentes, adultos... Solemos trasplantar a los adultos que operamos de niños. Los trasplantes se hacen cuando ya no queda ninguna otra opción. Por eso, muchas veces, los niños a los que intervenimos han sufrido antes cirugías paliativas.

¿El donante y el receptor deben ser niños de la misma edad o peso?

Se busca que el órgano del donante sea de mayor tamaño que el del receptor. A veces, como en el caso de Íñigo, un niño de Pamplona al que operamos con un mes, le pusimos un corazón de un niño de 10 kilos y durante unos días no le pudimos cerrar el pecho. Muchas veces, si el niño lleva tiempo en la lista de espera, recurrimos a un donante, aunque no sea del todo óptimo.

Además de los éxitos logrados, también habrá vivido fracasos. ¿Cómo los afronta?

Es una desgracia que un niño se muera en el quirófano o en el postoperatorio. A mí me toca capitanear un barco: el éxito se comparte, pero la responsabilidad la tengo que asumir yo y debo librar de sentimientos negativos al equipo que, al día siguiente, tiene que volver a operar. Me toca ser el entrenador porque los padres del niño del día siguiente no tienen que pagar un bajón de moral por un mal resultado. He vivido los dos extremos: una madre cuyo hijo murió en un trasplante pero que estaba satisfecha porque había hecho lo que estaba en sus manos; y unos padres que me hicieron un escrache por la muerte inesperada de su hijo adolescente. A veces se me plantea un conflicto moral: ¿debo operar a un niño que sé que no va a salir adelante, para que su familia se quede tranquilla, aunque someta a una situación desagradable a mi equipo? Cualquier resultado negativo se vive mal. Aunque con el tiempo lo vas gestionando y aprendes de los errores.

"De niño, mi ilusión era ser médico en Pamplona"

Don Eusebio era un médico "mayor", "bonachón", "un tanto serio", "muy atento", "que hacía mucho con pocos medios" y que estaba "siempre disponible". Sentado en su despacho del hospital Gregorio Marañón de Madrid, el cirujano Juan Miguel Gil-Jaurena aún se emociona al enumerar los calificativos que acompañaban, según su visión, al que fue el médico de su pueblo durante su infancia: en el Elizondo de los años sesenta y setenta. "Si yo he sido médico, ha sido gracias a él", insiste. "Aunque mi padre tenía un bar (el *Mendi*, junto a la estación de autobuses), en el que yo también he trabajado, a mí me atraía 'todo lo de los médicos'. Y a don Eusebio (Urrutia) solo le veía virtudes", se ríe. Gil-Jaurena recuerda al galeno visitando a su abuela paterna, Rufina Mendi, que vivía con ellos en la casa familiar y atendiendo a sus padres, sus hermanos...

Su primer contacto con la medicina fue en su pueblo, sustituyendo a don Eusebio.

(Ríe). Fue justo al poco de terminar la carrera. Necesitaba una sustitución de dos semanas y ninguno de sus tres hijos médicos la podía hacer. Así que ahí fui yo. Aunque hablaba muy poco vasco, me presentaba a los pacientes, sobre todo a las personas mayores, en esa lengua. Aún me acuerdo cuando entró una amiga de mi abuela a la consulta y me abrazó. "¡Pero si yo te he tenido en brazos y ahora eres mi médico!", me dijo. Como soy muy tímido, me dio mucha vergüenza. Con la familia Urrutia, he seguido la amistad. De hecho, su hijo mayor, Javier, también médico, es mi mejor amigo (afirma orgulloso). Y el padrino de mi hijo mayor, Pablo.

Familiar en Elizondo

Así que sus lazos con Elizondo siguen estando bien apretados.

¡Claro! Siempre me ha encantado y a mi pueblo le tengo un cariño especial. La "ama" aún sigue viviendo allí. Y aunque mis hermanos están repartidos entre Pamplona, Madrid e Italia donde más nos vemos es en Elizondo. Sin embargo, desde pequeño yo ya sabía que tenía que volar de allí. No porque quisiera huir. ¡De niño, mi máxima ilusión era ser médico en el hospital en Pamplona! Así que, cuando estuve trabajando en Londres, me pareció un sueño.

Su mujer también es de Baztan.

Nos conocemos desde jóvenes. Ella es de Oronoz, estudió Enfermería y es la pequeña de seis hermanos. Su familia sigue viviendo en Oronoz, en Bera, en Pamplona... así que pasamos mucho tiempo allí. Mira, este dibujo lo hice un fin de semana en la biblioteca de Elizondo antes de un trasplante bastante complejo (dice mientras muestra un esquema del trasplante de corazón que hizo a Íñigo Ustárroz, un pamplonés que fue operado en el Gregorio Marañón con un mes de vida).

Dice que le relaja montar en bici.
Me gusta mucho hacer bicicleta de montaña pero, sobre todo, en Elizondo. El verano pasado recorrimos la ruta de las "quince iglesias de Baztan". A mis amigos, Miguel, Antón, José Luis, Tiburcio..., y a mí nos acompañó mi hijo Alberto, de 20 años.

O sea que ni padre ni abuelo médico ni tampoco hijos doctores...
No, pero tampoco les hemos insistido mucho. Se ve que han visto que yo he llevado una vida un poco estresante (ríe). Mi mujer me pregunta muchas veces: "¿A qué país tendremos que ir a visitar a nuestros hijos?" Y yo añado: ¿Y en qué idioma tendremos que hablar a nuestros nietos?".

Contexto

Román Lezáun, cardiólogo. *Me hablaron de él el padre de un amigo de mi hijo mediano (porque era el marido de su jefa) y la madre de un amigo de mi hijo mayor (también cardióloga, ya que había trabajado con él en el hospital). El caso es que tenía referencias suyas por muchos lugares y, con motivo de un premio que le dieron a nivel europeo, quedé con él para hacerle una entrevista. Hablamos en una de las salas de visitas del periódico, pero después le hicimos la foto subido a un tractor en su pueblo, Zaratiegui, donde es alcalde. En la entrevista, además de hablar de su vocación como médico y de las personas a las que ha atendido durante todas estas décadas (cuando le entrevisté estaba a punto de jubilarse), me contó cómo había nacido en una familia de agricultores y todo lo que le ataba a la tierra y su pueblo.*

Román Lezáun | Cardiólogo en el CHN

"El número de infartados crece,
pero se mueren menos"

* *"Uno de cada ocho varones morirá antes de los 65 años por problemas cardiacos"*
* *"Fumar, tener la tensión alta, la obesidad, la diabetes y el sedentarismo son factores de riesgo para sufrir infartos y anginas de pecho"*
* *"La cardiología es una especialidad barata: con el fonendo, las manos y un electrocardiograma se hacen diagnósticos"*

El caballero que sonríe en la fotografía, delante de la iglesia de su pueblo, podía haber sido un agricultor. Como lo fue su padre y lo son algunos de los compañeros con los que compartió pupitre en la desaparecida escuela de Torres y Zabalegui (Valle de Elorz), en la Navarra rural de mediados de los cincuenta. Pero el afán y el esfuerzo de sus padres, Antonio Lezáun Elia y María Burgui Zozaya, que querían ofrecer a sus hijos "un futuro mejor" cambiaron su destino. Y sustituyó la cosechadora por los libros de anatomía en los setenta; y por el fonendo y los catéteres, en la década siguiente. Román Lezáun Burgui cumplió 66 años el pasado febrero y desde entonces está jubilado "a la fuerza". Pero durante más de cuatro décadas, ha sido un referente en la cardiología a nivel nacional y conoce bien el corazón de los navarros. Por sus manos han pasado miles de pacientes que han sufrido infartos, anginas de pecho, que han precisado válvulas en las arterias u otras intervenciones. Y que recuerdan al doctor Lezáun con afecto.

Licenciado en Medicina por la Universidad de Navarra, especialista del Servicio de Cardiología del Hospital de Navarra desde

1980 y director del Área del Corazón del CHN en la última década, Lezáun es un cardiólogo intervencionista que ama su profesión y se resiste a jubilarse. De hecho, hace dos semanas recibió dos premios en un congreso internacional de cardiología en Frankfurt (Alemania) y recientemente ha impartido cursos sobre nuevas técnicas de intervención en Chicago (Estados Unidos). En su nueva etapa, alterna los paseos por Zabalegui ("me gusta más el campo y el monte que el asfalto") con la lectura y ahora tiene entre manos Momentos estelares de la humanidad de Stefan Zweig. Tras residir en Madrid y Holanda, regresó a su pueblo, a sus raíces, y ahora preside este concejo que roza los cincuenta habitantes, a 12 kilómetros de Pamplona. "Tengo muchas ganas de emprender el Camino de Santiago y recorrer junto a mis amigos Heradio y Pablo, al menos, las etapas de Navarra.

¿Siempre quiso ser médico?

No lo sé. También pensé en estudiar Químicas, pero finalmente me decanté por la Medicina porque iba a estar más en contacto con las personas. A los 18 años, por lo menos en mi caso, no tenía las ideas muy definidas. Después hice la especialidad en Cardiología por la Universidad Autónoma de Madrid (Clínica Puerta del Hierro) y la de Medicina Interna en la Clínica Universidad de Navarra. Estoy tremendamente agradecido a esta institución. De no haber existido, ni yo ni otros navarros de familias sencillas habríamos podido estudiar. Por eso, no entiendo por qué el actual Gobierno tiene un problema con la UN y la CUN, instituciones a las que toda Navarra, como comunidad, debería estar agradecida.

En estas cuatro décadas ha sido testigo de cómo ha evolucionado el corazón de los navarros. ¿Qué diagnóstico hace?

Desde el punto de vista organizativo, el Área del Corazón ha puesto en marcha una visión integral de la asistencia cardiológica, abarcando la atención primaria, el 112 y las urgencias, las consultas, la hospitalización y las técnicas de intervención más vanguardistas. También ha habido una evolución espectacular gracias a los avances tecnológicos, lo que permite resolver muchas patologías con técnicas poco agresivas. Por eso, se puede disfrutar de una buena calidad de vida, aunque se padezcan alguna enfermedad cardiaca.

¿Cuáles son las patologías más frecuentes?

La cardiopatía isquémica, como la angina de pecho o el infarto de miocardio, que se producen al obstruirse las arterias que llevan la sangre al músculo del corazón. Existen unos factores de riesgo (edad, sexo, hipertensión arterial, obesidad, diabetes, sedentarismo y tabaquismo) que hacen que las personas que los reúnen tengan más posibilidades de sufrirlos. Se estima que uno de cada ocho varones morirá antes de cumplir los 65 años por algún problema cardíaco. Una cifra que, en las mujeres, desciende a una de cada 17. Pero a partir de los 65 años, la prevalencia en las féminas asciende y estas patologías tienden a igualarse. El número de infartados crece por el aumento de la esperanza de vida pero la mortalidad ha descendido en Navarra, sobre todo porque el transporte de un infartado a las urgencias de los hospitales es muy rápido. Y también porque muchos se someten a una intervención (angioplastia) para dilatar las arterias obstruidas o toman fármacos para disolver los coágulos de sangre que se forman y que provocan la obstrucción de las arterias coronarias y la muerte del músculo cardiaco.

¿La genética influye para sufrir un infarto o una angina de pecho?

Sí, pero son más importantes los factores de riesgo. Es decir, si tu padre ha muerto de un infarto, pero tú ni fumas, ni tienes la tensión alta, ni obesidad... reúnes menos probabilidades de sufrirlo que una persona con estos factores.

Todos conocemos a alguna persona que sufre arritmias o soplos al corazón. ¿En qué consisten?

Las arritmias se dan por la pérdida del ritmo cardiaco, pero no todas tienen la misma trascendencia. El soplo es un fenómeno acústico, que se produce cuando la sangre que atraviesa las distintas partes del corazón (aurículas y ventrículos) pierde las características del "flujo laminar" (igual por todas las partes de la arteria) y pasa a turbulento (como un río a borbotones). El soplo no es una enfermedad sino un signo de que puede existir alguna anomalía en las válvulas o la estructura del corazón. Y se detecta con un fonendoscopio. La cardiología, en origen, es una especialidad barata: basta con un fonendoscopio, las manos para explorar y un electrocardiograma. Con todo, y una historia clínica minuciosa, se pueden hacer muchos diagnósticos de forma bastante precisa.

En 2010, puso en marcha la unidad de Cardiopatías Familiares en el CHN. ¿Cuál es su función?

Dirigida por la doctora María Teresa Basurte Elorz, sirve para detectar un grupo de enfermedades hereditarias, que pasan de padres a hijos, y una de cuyas manifestaciones puede ser la muerte súbita a cualquier edad. Cuando se detecta a un individuo con una patología, se estudia a los familiares directos (se hace un estudio clínico y genético) y así, podemos identificar si esa enfermedad se ha heredado. Se puede detectar la patología en una fase que no da síntomas y se puede tratar a tiempo. Esto es muy importante para implantar un desfibrilador (si se ve necesario) o para ayudar a un adolescente o un joven a reorientar su vida profesional. Por ejemplo, si quiere ser bombero, policía o piloto, le decimos que es mejor que se dedique a otra cosa porque, aunque ahora no tenga ningún síntoma, en unos años puede desarrollar la enfermedad y ser incompatible con la profesión elegida. Lo mismo ocurre si quiere ser deportista profesional. Se le aconseja que no lo sea y el tipo y nivel de ejercicio que puede hacer en su vida habitual.

Cirugía cardiaca

La cirugía cardiaca está muy ligada a la cardiología.
Sí, una sin otra no pueden convivir. Se necesitan. Generalmente, el itinerario que siguen los pacientes cardiológicos suele ser: médico de familia-cardiólogo-cirujano cardiaco. Los "procesos" son esas patologías que integran a diferentes médicos.

Y aquí es donde se ha producido el mayor cambio en los últimos años. De operar "a corazón abierto" se ha pasado a unas intervenciones a través de incisiones en las ingles o brazos (el intervencionismo estructural percutáneo) por las que se introducen catéteres hasta el corazón. ¿Qué ventajas tiene esta técnica?
Es mucho menos agresiva que la cirugía convencional. La mayoría de los procedimientos se hacen con anestesia local o sedación superficial, se reducen la complicaciones y las estancias hospitalarias de los pacientes. Si todo ha ido bien, que es lo más frecuente, en tres o cuatro días, el paciente será dado de alta.

¿Para qué patologías está aconsejada esta técnica?
Sobre todo para pacientes con enfermedad coronaria, con alteraciones en las válvulas cardiacas o con defectos congénitos. Para poner *bypass* (sustituir una arteria dañada del corazón por un fragmento de arteria o vena de otra parte del cuerpo) o reemplazar válvulas cardiacas es preferible la cirugía convencional. La decisión de utilizar una técnica u otra depende de muchos factores (riesgo, pronóstico, complicaciones...). Los procedimientos percutáneos son muy complejos, requieren que el cardiólogo tenga una

visión tridimensional del corazón y la colaboración de cardiólogos eco grafistas.

¿Desde cuándo se utiliza esta técnica de intervenir a través de la piel y sin abrir?
En el Hospital de Navarra desde finales de los años ochenta. Antes, se usaban los cateterismos pero solo como método diagnóstico. No para intervenir. Fue el cardiólogo y radiólogo alemán Andreas Grunzig quien llevó a cabo el primer cateterismo con balón a finales de los setenta. En 1980 (el 8 de julio, en plenos sanfermines) se creó el Servicio de Cardiología del Hospital de Navarra, que acaba de cumplir 37 años. Estuvo dirigido por Enrique Los Arcos (jefe de servicio) y cinco médicos adjuntos: Aleu, Carmona, Imízcoz, Idoate y yo.

Usted puso en marcha un sistema de asistencia cardiológica global en toda Navarra.
La organización de asistencia al infarto es probablemente el ejemplo más visible. Yo lo impulsé, pero ha habido mucha gente que ha contribuido a su éxito. El sistema pretende conseguir una asistencia igual para todos los navarros, vivan donde vivan. En 2000, se creó el Área del Corazón (Miguel Ángel Imízcoz fue el primer director). En 2007 fui nombrado director y entre todos hemos avanzado en un modelo organizativo que permite trabajar de forma coordinada con los hospitales de Estella y Tudela y Atención Primaria. Las enfermeras y todo el personal, con su entusiasmo y profesionalidad, han contribuido a su eficacia y seguridad.

En su familia, ¿ha habido o hay alguna persona que sufra de enfermedades cardiacas?
No, ninguna. A mi madre, que murió con 96 años, le pusieron una válvula a los 92 y vivió cuatro años con una calidad de vida estupenda y una cabeza privilegiada. Yo no la operé. Lo hizo un compañero y amigo de Málaga.

¿Qué aconsejaba a sus pacientes?

Siempre he intentado ser muy preciso y didáctico. Les decía que tienen que andar entre 10.000 y 15.000 pasos al día, lo que ahora es muy fácil de contabilizar con los dispositivos móviles; y que deben llevar una dieta variada; comer de todo (fruta, verdura, carne, pescado, legumbres...). Se deben evitar alimentos con un alto contenido de azúcar (refrescos, bollería industrial...), hay que hacer cinco comidas al día, no muy copiosas, y controlar el sobrepeso.

¿Usted se aplica el cuento?

Sí, sí. Camino mucho por Zabalegui e intento comer bien con una copa de buen vino.

Como está jubilado...

Yo no me quería jubilar. En febrero de 2016, cuando cumplí los 65 años, pedí una prórroga de un año y en este tiempo he estado formando a otras personas en intervencionismo estructural. Este año no me dejaron continuar y, paradojas de la vida, vienen profesionales de otros hospitales a resolver los casos complejos. Creo que yo podría aportar mucho y que la decisión de no prorrogarme ha sido totalmente arbitraria. Tampoco me parece bien que, por estar jubilado en la sanidad pública, no pueda trabajar en la privada a no ser que renuncie a mi pensión. Esto es algo que tendrían que modificar los políticos. Seguramente, alguna lista de espera mejoraría.

"La tecnología ha dado un giro a la cirugía cardiaca"

Como los Óscar de la cardiología. Así son los premios que se entregan en Frankfurt (Alemania) todos los años y en los que participan unos 300 especialistas de todo el mundo, sobre todo asiáticos. Y este año, dos de los galardones han recaído en el cardiólogo navarro Román Lezáun Burgui, de 66 años, recién jubilado y que fue director del Área del Corazón del Complejo Hospitalario de Navarra (CHN) en la última década. Los premios se entregan en el transcurso del congreso de CSI (intervenciones cardiovasculares y estructurales, sus siglas en inglés) a finales de junio. Las ponencias presentadas trataban sobre distintas técnicas del llamado "intervencionismo estructural percutáneo" (a través de la piel), un tipo de técnica quirúrgica para abordar lesiones del corazón de una forma menos agresiva que la cirugía convencional. En lugar de "abrir" directamente el pecho, se introducen catéteres (sondas), a través de punciones en inglés o brazos, para llegar al corazón a través de las arterias o venas. "Así, se pueden implantar válvulas u otros dispositivos. Al no tratarse de una cirugía convencional, los procedimientos son mucho menos agresivos, con lo que disminuyen las complicaciones e ingresos hospitalarios de los pacientes y, en consecuencia, el coste sanitario". El de hace dos semanas no ha sido el único galardón que ha recibido Lezáun este año. El pasado febrero, también recibió el primer premio en un congreso internacional celebrado en Salamanca por su trabajo (que presentó junto a los médicos residentes del área del corazón Pablo Bazal y Adela Navarro) sobre una técnica por la que se implantan válvulas en el corazón.

Contexto

Teresa Marcellán. *Me llegó una nota de prensa al periódico anunciándome que esta geriatra de la Casa de Misericordia de Pamplona (residencia de ancianos) había sido elegida nueva presidenta de la Sociedad Navarra de Geriatría y Gerontología (SNGG). Le hice la entrevista por teléfono porque fue durante la época del COVID-19 e intentábamos quedar con la gente cara a cara lo menos posible pero la foto sí que se la sacamos en la puerta de la Misericordia (sin mascarilla). A los pocos días me enteré de que su hijo mayor jugaba a balonmano con el mío y de que su sobrino iba a clase con mi hijo pequeño. Pamplona es un pañuelo.*

7 de marzo de 2021

Teresa Marcellán Benavente | Nueva presidenta de la Sociedad Navarra de Geriatría y Gerontología

"Los mayores tienen miedo al contagio y a morir, pero se aferran a la vida"

- *"Hay mayores que cuidaron de sus padres y quieren una residencia. No desean que sus hijos vivan su misma experiencia"*
- *"Hay que ver la muerte como algo natural. En medicina hay momentos para curar y otros para paliar. Y siempre, para acompañar al enfermo"*
- *"Los mayores se han vacunado con la ilusión de poder salir a la calle sin mascarillas. Pero, de momento, no es posible"*
- *"Han muerto personas de 90 años con buena calidad de vida que podían haber vivido más tiempo"*

Que les están robando años de vida. Que si no celebran su cumpleaños o el de su hijo, el próximo puede ser demasiado tarde. Que ya no saben qué canal poner en la televisión porque en todos hablan de lo mismo: de los muertos e ingresado en la UCI por la COVID-19. Que cuando bajan al comedor de la residencia no ven al compañero de la mesa de enfrente. ¿Se habrá contagiado? ¿Estará en el hospital? O, peor aún, ¿habrá muerto? Son las reflexiones y los pensamientos que martillean, o incluso taladran, la cabeza de las personas mayores. De todas. Pero, en especial, de las que viven en residencias de ancianos. Y ya van para un año de incertidumbre desde que empezó la pandemia.

Muchos se han contagiado y recuperado. Otros arrastran secuelas o lloran aún a su marido, su mujer, su hermana, ese compañero tan simpático con el que jugaban todas las tardes al dominó o esa mujer tan agradable con la que compartían puntos de ganchillo. Y Teresa Marcellán Benavente sabe muy bien de lo que hablan. Porque a ella se lo cuentan. Porque ella, sonrisa permanente y profesionalidad médica a partes iguales, les escucha y comprende. Geriatra de la Casa de Misericordia de Pamplona desde hace quince años, acaba de ser nombrada nueva presidenta de la Sociedad Navarra de Geriataría y Gerontología, una entidad multidisciplinar de 175 socios (médicos, enfermeros, psicólogos, trabajadores sociales...) que aboga por el bienestar físico, mental y social de los mayores.

Nacida en Ejea de los Caballeros (Zaragoza) hace 53 años, Teresa supo desde niña que quería ser médico, a pesar de criarse en una familia de agricultores y del mundo de la empresa. Primera universitaria de su "clan", descubrió años después que le atraía el mundo de la geriatría y el contacto humano, no solo con los enfermos sino también con sus familias. Y así es su día a día. Ese en el que se enfrenta con roturas de cadera, Alzheimer o deterioros cognitivos. Y así lo cuenta en estas líneas. Casada con un ingeniero pamplonés, tiene dos hijos de 15 y 16 años que, de momento, no sueñan con estudiar Medicina. Esta entrevista inaugura hoy un congreso de "Familia y salud" organizado por *Diario de Navarra*. Desde hoy y hasta el domingo 14 se publicarán (en papel, web y en vídeo) entrevistas con expertos.

La pandemia lleva un año afectando de lleno a los mayores. Tanto física como psicológicamente. ¿Cómo viven ahora?

Yo veo que, como los niños, se adaptan a todo. Más de lo que parece. Viven este momento con resignación y expectantes, pero cumplen siempre las normas. El confinamiento lo vivieron con mucha tristeza y miedo, por contagiarse, enfermar, morir. Saben que si el virus les ataca, la probabilidad de enfermar es mayor para ellos. Pero además de la física, se ha agudizado la parte psicológica. Y sufren más la soledad.

Además, será muy duro ver que, aunque ellos siguen vivos, muere gente de su alrededor...

¡Claro! Pero aún ha sido peor estar oyendo continuamente en los medios de comunicación noticias negativas sobre el CO-VID-19 y los mayores. Yo iba a sus habitaciones y me decían que ni sabían qué ver porque todo era descorazonador... Es cierto que se enfrentan a los vacíos, ver que alguien no baja al comedor, y los viven con pena, pero también con naturalidad. Sin embargo, sienten que, aunque otros hayan muerto, ellos están vivos y quieren seguir viviendo. ¡Siempre nos aferramos a la vida! Respecto de las malas noticias, hay que darlas, claro que sí, pero de manera dosificada.

Después de vacunarse en enero y febrero, ¿ahora están más optimistas? ¿Cómo han vivido el proceso de vacunación?

Con ilusión y esperanza. De los 455 residentes, solo diecisiete no se han vacunado por diversos motivos. Y además no hemos tenido reacciones adversas con las vacunas, más allá de un poco de fiebre o más cansancio. Pero todo, pasajero. Los mayores estaban esperando la vacuna como "el maná" para ver si se podían quitar las mascarillas y salir a la calle. Pero ya les hemos explicado que, de momento, no pueden quitárselas porque, aunque están protegidos, ellos sí que pueden contagiar. Lo han entendido bien. Desde hace unas semanas ya pueden salir a la calle y están viendo sus frutos al encierro tan largo...

Mayores y sus familias saben que deben aprovechar tiempo juntos. ¿Cómo se vive con esa urgencia? ¿Qué les aconseja?

Los mayores, como digo, se adaptan más fácilmente a la situación. Son las familias las que peor lo llevan y las que quieren verles. En la Casa de Misericordia, como en otras residencias, cumplimos las normas que nos llegan desde Derechos Sociales. Y hemos habilitado una zona de visitas, con compartimentos separados, como si fueran boxes. Aunque ya pueden salir a la calle, hay personas que no se atreven y se pueden ver ahí.

Esta imagen me recuerda, salvando las distancias, a aquellas fotos que corrían durante el confinamiento en las redes sociales, de ancianos abrazando a sus familiares con plásticos...

¡Qué horrible y deshumanizado! Esta pandemia nos ha enseñado que el ser humano necesita de todos sus sentidos. Los abrazos son necesarios. Es lo que más nos hace falta porque precisamos tocarnos.

El hecho de que el coronavirus se haya "cebado" con los mayores y no con los niños nos ha hecho ver la realidad desde otra perspectiva. ¿Nos importa menos que mueran los ancianos?

Si esta enfermedad hubiera incidido en los niños con la misma crueldad que lo ha hecho con los mayores, hubiéramos vivido una situación caótica. Porque no estamos preparados para la muerte de los niños, que son nuestro futuro. Si la pandemia, no solo matara, sino que dejara discapacidad en los menores, estoy casi segura de que las medidas de aislamiento y confinamiento habrían sido muchísimo más severas y exigentes. Habría habido más implicación social. Pero estamos anestesiados y, como los que mueren tienen más de 80 años, pensábamos que ya les tocaba.

Pero no siempre es así... Han fallecido personas que aún podían haber vivido más años...

¡Claro! No solo hay que tener en cuenta la edad sino cómo estaba esa persona. Los primeros mayores que fallecieron en la Misericordia al principio de la pandemia ya sabíamos que iban a fallecer a lo largo del año por cualquier proceso infeccioso que no superaran. Pero también había personas de 90 años, con buena calidad de vida, a las que les ha afectado el virus y ¡no era su momento! Si no se hubieran contagiado, habrían vivido más años. Pero está claro que el sistema inmune de los mayores no estaba preparado para hacer frente a esta enfermedad. Aunque otros la han desarrollado de manera asintomática.

Caídas y demencias

Además del COVID-19, los mayores siguen teniendo enfermedades propias de su edad. ¿Cuáles son las más frecuentes?

En geriatría, hablamos mucho del "Síndrome de las caídas". Cualquier enfermedad (anemia, neumonía...) se puede manifestar con una caída. Y después ya vienen los problemas (fracturas, deterioro funcional...). Hay que trabajar para recuperar la autonomía. También son frecuentes enfermedades cardiovasculares, obesidad, artrosis... Pero no a todos les ocurre lo mismo. Un anciano robusto manifestará las enfermedades como un adulto. Y uno frágil, con estos síntomas.

¿Y de qué depende?

Del tipo de vida que hayas llevado (alimentación, ejercicio...). Hay que prevenir para vivir los años de vejez en las mejores condiciones posibles. Hay que cuidarse toda la vida. Pero, sobre todo, a partir de los 70.

> ### "La soledad del mayor aboca a ir a la residencia"
>
> *La decisión de ingresar a los padres, los suegros, los tíos o los abuelos en una residencia de ancianos es uno de los momentos más duros en la vida de una persona. Quienes lo hacen, aunque sean conscientes de que "no quedaba más remedio", coinciden los expertos, sufren un sentimiento de culpa, de abandono, de desgarro. Así lo explica también la geriatra de la Casa de Misericordia de Pamplona Teresa Marcellán Benavente.*

Le habrá tocado vivir esta situación muchas veces. ¿Qué les dice a los hijos o familiares?

En geriatría, además de cuidar a la persona mayor, debemos atender también a su familia y ayudarles en la toma de decisiones difíciles, como el ingreso en una residencia de ancianos.

A veces, la residencia es la única solución. Aunque duela...

¡Claro! Pero hay que estudiar cada situación concreta. Antes de optar por el ingreso, hay que agotar todos los recursos posibles (ayuda a domicilio, centros de día...). Pero, es verdad que hay ocasiones en las que es inviable cubrir las necesidades en casa. Aunque no nos guste, yo siempre les digo a las familias que cojan un espejo y se miren ahí. "Tu realidad es esta y hay que darle cara, te guste o no", les digo muchas veces. A veces, los problemas sociales (el domicilio no es adecuado) o de salud (se precisa un control de insulina que una persona que viva sola y vea mal no puede acometer en su casa) abocan al ingreso en una residencia.

Pero no todos los miembros de la familia lo ven del mismo modo...

Así es y, en ocasiones, hay desavenencias entre hermanos. Y esta situación es la peor. Aunque la realidad es la misma, cada hijo la ve desde una perspectiva diferente porque se pone distintas gafas. Pero el hijo que rechaza llevar a su padre a una residencia no se involucra ni se hace cargo de la situación. Por eso, es muy importante que sea el propio anciano el que tome la decisión de ingresar o no en una residencia. Siempre que sea posible.

Muchos mayores tienen una idea antigua de la residencia y la ven como un asilo. ¿Esta percepción les hace rechazar el ingreso?

Es cierto que el mundo de la residencia procede del concepto de asilo, al que iban las personas sin recursos hace unas décadas. Lo que ocurre es que, como cada vez se viva más, no todo el mundo puede hacerlo en su casa. Además, la realidad social no tiene nada que ver con la de hace unas décadas en las que los mayores eran cuidados por los hijos en el domicilio. Generalmente, por las mujeres, que atendían a sus padres, sus suegros... ¡Fíjate si esto ha cambiado que ahora estamos recibiendo en las residencias a muchos de aquellos cuidadores! Hay personas que tuvieron que cuidar de sus mayores y la experiencia les dejó tan marcados que no quieren que ahora sus hijos pasen por algo parecido. Además, esta situación del cuidado en casa ya es muy difícil por el cambio del papel de la mujer. Si ella trabaja fuera, como suele ocurrir, casi tiene que montarse una empresa (con varios cuidadores y en diferentes turnos) para atender al mayor en casa. Esta situación se puede mantener un tiempo, pero se vuelve insostenible a largo plazo.

Una vez que ya se ha decidido el ingreso, ¿cómo se adaptan?

Para todo en la vida, hasta para las situaciones buenas, se necesita un periodo de adaptación. Y a estas personas, los profesionales les debemos apoyar. Al principio, puede haber un rechazo, pero hay que hacerles ver, a los mayores y a sus familias, que han salido ganando. Porque sus necesidades están cubiertas. Nunca digamos a nada que no porque no sabemos qué nos va a tocar.

Será diferente ingresar con el cónyuge que hacerlo solo...

La situación no tiene nada que ver. Si una persona vive en pareja, es mucho más fácil que pueda permanecer más tiempo en el domicilio que si vive sola, por viudedad o soltería. La soledad aboca más fácilmente a una residencia.

Llegados a este punto, ¿no pueden interferir componentes morales, éticos, religiosos...?

No. Porque hay que entender la medicina sabiendo que hay un momento para curar; otro, para paliar; y siempre, para acompañar. No sirve el encarnizamiento terapéutico.

¿A qué se refiere?

Entendemos este concepto como seguir insistiendo en aplicar tratamientos y técnicas para que no llegue el final. Una situación que los médicos catalogamos como mala praxis. A veces, es complicado saber cuándo hay que dar el giro, pero los geriatras debemos saber cuándo hacerlo. Si hay empeoramientos agudos, hay que ayudar al final. Pero siempre en comunicación con las familias.

¿Y usted cómo vive personalmente la muerte de sus pacientes? Una realidad a la que se tiene que enfrentar casi a diario...

Hay que buscar un término medio para no ser un témpano de hielo ni llevarme esa muerte a casa para que no me repercuta en mi vida. Obviamente, hay personas que te dejan más huella que otras. Pero el proceso de la muerte lo tengo bien integrado.

"El final de la vida debe atenderse bien con los cuidados paliativos"

La vida y la muerte son dos realidades cada vez más próximas en el mundo de la geriatría y la gerontología. La especialidad médica que se dedica a las enfermedades de los mayores y los aspectos más amplios, psicosociales, que rodea esta realidad, respectivamente. Por este motivo, los geriatras y gerontólogos hablan del "final de la vida" con la naturalidad y el respeto que da enfrentarse a ella, cara a cara, y a diario.

Se acaba de aprobar en España la Ley de la eutanasia. Un tema controvertido siempre pero más al hablar de mayores...

Hay que entender que el paso del tiempo y el envejecimiento llevan a una disminución de las funciones del organismo. Si se alcanzan edades muy extremas, se llegará pronto al final de la vida. Pero hay que entender la muerte como algo natural y bien atendido dentro de los cuidados paliativos.

¿Aplicar los paliativos es siempre sinónimo de muerte, de que no hay nada más que hacer?

No necesariamente. Se pueden aplicar durante dos o tres años, cuando surgen síntomas sin curación pero que hay que tratar. Sin embargo, llega un momento en el que la enfermedad ha evolucionado de tal manera que el final de la vida ya está próximo. Y los geriatras debemos saberlo detectar para que sea lo menos doloroso posible. Así lo recuerda el escritor David Callahan: "Los objetivos de la medicina del siglo XXI deben ser dos: luchar contra la enfermedad y, cuando llegue la muerte, conseguir que los pacientes mueran en paz".

Capítulo 2

Vivir con salud mental

Contexto

Emilio Garrido es un psicólogo muy popular en Navarra. *Yo le conocía porque estudió los primeros años de carrera en la Universidad de Navarra (Filosofía y Letras) con mis padres y porque atendió a una amiga mía en su adolescencia. Profesionalmente, le había entrevistado con motivo de la publicación de un libro sobre menores con TDAH años atrás. Pero esta entrevista se la hice cuando publicó uno de sus libros estrella,* La ciencia de la felicidad. *Él me había propuesto organizar cursos en el periódico sobre esta temática, una realidad que no cuajó. Sin embargo, cuando publicó su libro, le entrevisté (para el papel y vídeo) y le presenté el libro en Pamplona (dos veces, debido al éxito que tuvo) y Tudela. Aquella entrevista comenzó a forjar entre nosotros una bonita amistad, que continúa hasta la actualidad. Con Emilio, publiqué durante la pandemia unas "píldoras" para ser feliz. Tres días a la semana publicaba en Facebook algunas de las "recetas" que él me pasaba (cantar en un coro, pintar, escribir un diario, salir a pasear…) a las que yo ponía una forma y palabras bonitas.*

25 de septiembre de 2019

Emilio Garrido | Psicólogo y autor de *la ciencia de la felicidad. ¡Cien herramientas para ser feliz!*

*"Se aprende a ser feliz y un 40% de nuestra
felicidad depende de nosotros"*

• *"Cada uno vive la felicidad a su manera, pero también es una ciencia objetiva. ¡No se vende humo, sino que se estudia qué nos aporta placer y qué no!"*

• *"No es suficiente conocer las teorías de la felicidad. Es necesario practicar y trabajar todos los días"*

¿Eres feliz? ¿Te gustaría serlo más? ¿El día a día te come y no tienes tiempo ni para respirar? Todos los seres humanos desde hace miles de años perseguimos un solo objetivo: la felicidad. Pero, muchas veces, no sabemos cómo conseguirla. ¿Haciendo deporte? ¿Con una cena romántica en pareja? ¿Si mis hijos sacan buenas notas? ¿Si consigo un aumento de sueldo? "La felicidad es subjetiva y cada uno la vive a su manera. Pero también es una ciencia objetiva que estudia qué nos aporta placer y qué no. No vendemos humo". Así de tajante se muestra el psicólogo clínico Emilio Garrido Landívar. Y aún va más allá: "A ser feliz se aprende, igual que a montar en bicicleta. Aunque no tengamos el 'gen de la felicidad', con esfuerzo y constancia podemos ser un 40% más felices porque ¡depende solo de nosotros!".

Marcillés de 72 años, casado, padre de tres hijos y abuelo de seis nietos (y otros tres en camino), Emilio Garrido Landívar ofrece estrategias para lograrlo en su último libro *La ciencia de la felicidad. ¡Cien herramientas para ser feliz!* (Ediciones Eunate, 21 euros). Lo presenta mañana en *Diario de Navarra* (calle Zapatería 49, a las 19.30 horas) dentro del ciclo *Expo family, mes a mes*, en el que se ofrecen actividades de interés para las familias (presentaciones de libros, mesas redondas, talleres...). La asistencia es gratuita previa inscripción en Mundo DN.

Alcanzar la felicidad es el "Santo Grial" de todas las generaciones, lo que más nos preocupa a todos los seres humanos. Pero, muchas veces, no sabemos cómo lograrla... ¿Alguna idea?

340 años antes de Cristo, Aristóteles ya decía que todos queremos ser felices y que no sabemos cómo; y un poco después, Sócrates dijo: "Ser feliz es conocer". Pero ahí se equivocó (risas). Porque no solo hay que conocer las teorías de la felicidad sino hacer, actuar... Porque a ser feliz se aprende, aunque requiera esfuerzo y hay que ser constante. Por eso, la ciencia de la felicidad ha sido un descubrimiento porque con el método científico podemos llevar una vida más fácil.

Hablamos de muchas ciencias (biología, geología, física...), pero resulta extraño atribuir a la felicidad este estatus. ¿No es algo más subjetivo y que depende de los sentimientos de cada uno?

Es innegable que la felicidad tiene un componente subjetivo sobre verdades y valores, pero también es una ciencia. Es el estudio científico de lo que hace que la vida merezca la pena.

Me ha convencido. Parece interesante esta "nueva" ciencia de la felicidad. Pero bajemos al día a día. ¿Qué nos hace felices?

En el libro doy cien y destacaría cuatro, que son gratis. Y si las practicamos seremos más felices porque nuestro cerebro estimula la generación de los neurotransmisores (dopamina, endorfinas, oxitocina y serotonina).

¿A saber?

Hay que cultivar las relaciones sociales con los amigos, los compañeros de trabajo y, por supuesto, con la pareja, los hijos, los padres... Al hacerlo, generamos oxitocina, un neurotransmisor que nos hace felices. ¿No te ha pasado que después de reírte un rato con los amigos estás más contenta? También es muy importante ser agradecido con los demás y no dar por hecho que lo que nos ocurre debe ser así. Algunos de los genios de la ciencia de la felicidad, como Diener y Tal Ben Shahart (un judío de Tel Aviv que, buscando la felicidad, dejó su trabajo como ingeniero y ahora imparte cursos sobre esta disciplina en la Universidad de Stanford) lo dicen: la gratitud estimula los neurotransmisores, especialmente la serotonina, esa industria cerebral que nos eleva el ánimo cuando somos agradecidos. Cuando le decimos a nuestra mujer: "Gracias por estos hijos tan maravillosos que me has dado" o a nuestro marido: "Gracias porque con el trabajo de los dos, somos un gran equipo para esta familia". Como decía el científico e inventor estadounidense Benjamin Franklin en 1780: "La felicidad no se logra con grandes golpes de suerte, que pueden ocurrir pocas veces, sino con pequeñas cosas que suceden a diario y de las que no nos enteramos".

El cerebro nos engaña

Efectivamente, así suele ocurrir. ¿Y las otras tres claves?

Es muy importante hacer ejercicio. Cualquier deporte, pero, como mínimo, caminar media hora tres días por semana. Es más beneficioso que cualquier antidepresivo en una depresión severa. También debemos amar y hacer el amor con la persona amada, que se nos olvida por ir tan rápido. Y, sobre todo, "reprogramar" el cerebro, que es un "gran falsificador" que nos vende billetes falsos. ¡Pero nos creemos que son verdaderos y le devolvemos cambios buenos! El cerebro es un músculo fácil de engañar. Si sonríes, cree que estás contento y si le dices cosas negativas ("soy un inútil", "no sirvo para esto", "estoy muy estresado"...) hace colapsar a nuestro organismo en forma de malestar, preocupaciones, enfermedades...

e incluso la muerte. Debemos controlar al cerebro porque aquello que queramos ser lo seremos.

¡Vaya responsabilidad!

Es que es así, pero no hay que agobiarse. La psicóloga e investigadora Sonja Lybomirsky lleva veinte años investigando en el campo de la felicidad y ha llegado a una conclusión: nuestra capacidad genética influye en un 50% (somos más o menos felices "de serie"), los factores externos (situación laboral, familia, economía...) nos afectan un 10% y el otro 40% depende solo de nosotros.

¿Algún truco para incrementar ese porcentaje?

Vivamos el presente y no lamentemos tanto el pasado ni nos amarguemos con el futuro. Para eso es muy útil la meditación, pero no con un componente religioso. Es lo que se conoce como *mindfulness*, que consiste en parar lo que estás haciendo y meterte dentro de ti y respirar. Basta con hacerlo durante cinco minutos dos veces al día. Así creamos "colchón psicológico", una hormona que se llama DAE y que provoca que te creas lo que piensas durante la meditación. Si te crees: "No estoy estresada" durante la respiración, lo grabas en tu cerebro. No es suficiente conocer las teorías de la felicidad. Hay que trabajarlas todos los días.

Hasta ahora hemos hablado de qué nos ayuda a ser más felices, pero ¿cuáles son nuestros enemigos?

Hay tres elementos que deberíamos evitar: el estrés (físico y psicológico), no saber decir que "no" y la culpabilidad...

... tan presentes en la vida...

El estrés es un beneficio si lo sabemos gestionar. Si no, nos hunde. Se hizo un experimento con pollos en una granja de Kansas: los que estaban estresados contrajeron antes el ántrax que los que no. Además, debemos ser asertivos, saber decir que no, aunque sean nuestros amigos del alma. Porque tu amigo más importante eres tú y antes es tu calidad de vida. ¿Y qué decir de la culpabilidad? Pues que es una palabra que deberíamos retirar del diccionario. Vivamos y exprimamos el presente y seremos más felices.

¿Y usted lo es?

¡Por supuesto! Aunque no al 100%, porque eso es imposible, pero diría sin dudarlo que lo soy entre 70% y el 80%.

Plátano y chocolate, "dieta de la felicidad"

El plátano, el aguacate, los frutos secos, las legumbres, la clara de huevo, el pollo, el pavo, la leche y el chocolate. Son algunos de los alimentos que, según la ciencia, componen la "dieta de la felicidad". Se trata, explica Emilio Garrido, de frutas, carnes y otros productos que contienen triptófano, un aminoácido esencial para que nuestro organismo fabrique endorfinas y serotonina, las hormonas de la felicidad. Ayudan a reducir el estrés, a conciliar el sueño y a aumentar la sensación de bienestar. "Como nuestro organismo no lo segrega suficientemente, tenemos que obtenerlo a través de la comida". Además, recuerda la importancia de una dieta equilibrada porque "comer cualquier cosa de la nevera es una de las causas de nuestra infelicidad".

Cinco claves para ser más feliz

- Cultiva las relaciones sociales con la pareja, hijos, amigos, compañeros de trabajo... "Es gratis y generamos oxitocina, un neurotransmisor que nos hace más felices"
- Sé agradecido con los demás. Dar las gracias estimula la serotonina, otro neurotransmisor que nos eleva el ánimo.

- Haz ejercicio físico, por lo menos, tres días por semana. "Es mejor antidepresivo que cualquier pastilla".
- Reprograma tu cerebro y reinícialo. "Es como un músculo que hay que entrenar; y como un ordenador, en el que hay que grabar mensajes positivos". Para ello, recalca, es necesaria la meditación diez minutos al día.
- Ama y haz el amor con la persona que amas. "Es gratis y no lo practicamos porque vivimos con prisas".

Contexto

Garikoitz Mendigutxia. *En mayo de 2022, la asociación* Suspertu *(que aborda el tema de las adicciones en adolescentes y jóvenes dentro de* Proyecto Hombre*), cumplía 25 años y organizaron una rueda de prensa para aportar datos de atendidos (su perfil, principales adicciones…) y cómo habían cambiado en el último cuarto de siglo. Al terminar la rueda de prensa me pareció tan interesante todo lo que habían contado, que le pregunté al responsable si le podía entrevistar otro día con motivo del aniversario. Y así fue. Quedamos en su despacho y hablamos de su profesión y de su labor como padre. Coincidimos en que la práctica es siempre mucho más complicada que la teoría.*

8 de mayo de 2022

Garikoitz Mendigutxia | Director del programa *Suspertu*

"*No es normal ni habitual que los adolescentes fumen porros*"

- "*Se empieza a beber alcohol a los 13 o 14 años y hay un consumo compulsivo de bebidas de alta graduación, como ron o ginebra*"
- "*El ver pornografía* online *desde los 11 años puede suponer una distorsión de qué es la sexualidad y generar graves problemas*"

Hay familias que sufren y buscan ayuda. Porque han descubierto que sus hijos fuman porros, que llegan borrachos a casa los fines de semana, que suspenden y repiten curso. Y, lo peor de todo, que muestran un comportamiento agresivo con sus padres y hermanos. Por lo que la convivencia familiar se ha tornado en una guerra sin cuartel. Muchos de estos padres y madres acudían a la *Fundación Proyecto Hombre* (de ayuda a la drogadicción) en la década de los noventa implorando una solución. Y así fue cómo en 1997 surgió el programa *Suspertu*, de apoyo a adolescentes con conductas adictivas y a sus familias. Desde entonces han sido más de 3.000 los menores entre 13 y 20 años y 7.000 los adultos que han pasado por él. Desde 2010 está al frente de esta iniciativa el psicólogo sanitario Garikoitz Mendigutxia Sorabilla (Pamplona, 1972), casado y padre de dos hijos, precisamente, adolescentes de 16 y 14 años. Con motivo del primer cuarto de siglo del programa, reflexiona en las siguientes líneas sobre el perfil de los menores que acuden a *Suspertu* y sobre el estado de salud de las adicciones, en general, a estas edades.

¿Quiénes buscan ayuda en este programa de apoyo a las adicciones en adolescentes?

El perfil no ha variado en los últimos veinticinco años. Y es el de un varón de 17, que estudia y vive con sus padres. Sobre todo, llega porque ha comenzado a consumir cánnabis o abusa del alcohol. Ingerir otras drogas es algo más residual. Además de estos consumos más clásicos, en los últimos cinco o seis años, hemos detectado problemas asociados a un mal uso de las tecnologías (videojuegos, uso incorrecto de Internet y problemas derivados de los juegos de azar y las apuestas deportivas).

Dice que más del 60% de las familias que llegan a Suspertu lo hacen porque han detectado que sus hijos fuman porros. Una situación que, sin embargo, no es tan habitual entre el conjunto de adolescentes...

Así es y el porcentaje de menores de estas edades que consumen cánnabis no llega al 20%. Por eso, no sirve el discurso de: "total, todos fuman" o "es lo normal". Porque no lo es. La inmensa mayoría de adolescentes entre 14 y 16 años no fuman porros ni consumen otras drogas. Pero es importante detectarlo a tiempo y tomar medidas pronto porque iniciarse temprano en el consumo aumenta la probabilidad de que en el futuro surjan problemas más graves con las drogas.

¿Lo mismo ocurre con el alcohol? ¿Cuál sería la "radiografía" del "botellón" ahora?

La edad de inicio en el consumo de alcohol no ha cambiado. Siguen siendo los 13-14 años. Lo que sí ha variado es la forma de consumirlo y ahora hay consumos más compulsivos, los llamados "atracones de alcohol" para conseguir un efecto más rápido. Además, los adolescentes optan por bebidas de alta graduación (ron, ginebra, whisky...) No es como en nuestros tiempos, en los que tomábamos kalimotxo (se ríe). Con las bebidas de alta graduación en cuerpos aún por hacer se ocasionan más fácilmente comas etílicos e ingresos hospitalarios.

¿La pandemia ha cambiado en algo la relación de los adolescentes con el alcohol?

Había cierto temor y riesgo a que, tras el confinamiento y la desaparición de las fiestas, los jóvenes se incorporen a los botellones de una manera más explosiva. Pero no ha sido así. Lo que sí ha ocurrido es que entre los adolescentes que tenían 13-14 años en 2020 se ha retrasado la edad de inicio. Están más protegidos porque, si están empezando ahora, tienen un mayor desarrollo físico, intelectual y evolutivo.

¿Y cómo debemos afrontar los padres los "botellones" y el consumo de alcohol? Parece erróneo mirar hacia otro lado pensando que nuestros hijos son los únicos que no van a ir y no van a beber...

Exacto. Resulta muy difícil plantear el consumo cero porque el alcohol, en nuestra cultura, está muy relacionado con la manera de socializar. Plantearse que nuestros hijos no van a beber es falso. Además, los jóvenes de ahora tienen mucha información sobre las drogas. Por eso, no hace falta darles un montón de datos, sino supervisar. Deben existir unos límites asociados a las horas de llegada a casa. Será más difícil que consuman o abusen si tienen horarios que si no los tienen. Hasta ahí podemos llegar. Si además ofrecemos a nuestros hijos otras actividades de ocio que no tengan que ver con salir, como el deporte, los partidos, excursiones... los estaremos protegiendo. Pero tenemos que asumir que los jóvenes, como la gente de nuestra generación, van a consumir alcohol.

Las chicas consultan antes

Insiste en que tres de cada cuatro adolescentes que llegan a Suspertu son varones. ¿A qué se debe?

Habría muchas explicaciones y no significa que las chicas no beban ni consuman drogas. Las edades de inicio son parecidas pero ellas suelen venir al programa algo antes (a los 15-16 años, en lugar de a los 17 de los chicos). ¿Por qué? Porque los padres se alarman antes. Los "roles" de género y la educación siguen afectando. Y en el caso de las chicas, muchas empiezan a consumir si su pareja lo hace. Los varones son víctimas también del género, el machismo y las masculinidades. Si entienden la masculinidad como esa situación en la que deben demostrar su valentía y autoridad respecto de los demás; si forman parte de una mala masculinidad, se explica por qué se incorporan antes a los consumos que las chicas.

¿Y qué ocurre con las familias? Visto desde fuera, podríamos pensar que estos adolescentes que consumen droga y abusan del alcohol proceden de entornos desestructurados pero no es así...

En general, proceden de familias en las que los padres viven juntos (con una edad media de 47-50 años, la madre y el padre) y tienen estudios medios. A veces, las separaciones sí que pueden ser un factor de riesgo. No por la separación en sí, sino por los conflictos que repercuten en los hijos.

¿Existe una relación directa o genética entre padres e hijos? Es decir, ¿de un padre o madre alcohólicos, hijos alcohólicos?

En salud, en general, no hablamos de relaciones directas ni de causa-efecto sino de factores de riesgo. Y está claro que el que haya antecedentes familiares de consumo de drogas aumenta la probabilidad de que los hijos también las consuman.

¿Y lo mismo ocurre con las pantallas? Porque hay progenitores que no dejan de mirar su wasap o sus cuentas de Facebook e Instagram y después instan a sus hijos a que dejen sus teléfonos móviles...

¡Así es! La educación tiene que ver con el modelado, con lo que los hijos ven en su entorno. Por eso, deben existir algunas normas. Cuando un menor empieza a beber, no lo hace tras una sesuda reflexión, sino porque lo ha visto entre los que son un poco mayores que él. Los padres somos modelos de nuestros hijos. Les criticamos por estar todo el día con el móvil pero, ¿nos hemos mirado a nosotros mismos? Y aquí hay una controversia entre qué es y qué no una adicción.

Porque con las pantallas no se habla de adicción sino de uso inadecuado...
Clínicamente no está categorizado como una adicción. Lo que no quita que haya que plantearse qué es lo normal y qué no. Podemos hablar de problemas asociados a las pantallas cuando el resto de las esferas de la vida se ven afectadas. Porque perdemos horas de sueño, baja el rendimiento académico, nos aislamos y dejamos de tener relaciones sociales con iguales (o solo las mantenemos *online*), abandonamos actividades de ocio... Vaya, cuando afecta a nuestra vida normal o a la que llevábamos antes.

¿Hay diferencias entre chicas y chicos?
Ellas participan mucho más en las redes sociales y ellos, en los videojuegos. Que niños de 11 y 12 años tengan acceso a la pornografía *online*, evidentemente, puede suponer una distorsión de qué es la sexualidad y generar graves problemas. El abuso de redes sociales también conduce al aislamiento y a un concepto equivocado de qué es la amistad (porque se asocia al número de seguidores o de *likes*). Lo que no quiere decir que las redes siempre supongan un problema.

Además de la aparición y del abuso de las pantallas, ¿qué otros cambios han percibido en los últimos veinticinco años entre las familias que llegan a Suspertu?
Sobre todo, el estilo educativo. Ha habido un cambio muy marcado. Antes predominaba el estilo autoritario, el "porque lo digo yo" y en el que no existía comunicación entre padres e hijos. Ahora, sin embargo, predomina un estilo muy permisivo, servicial, en el que hay ausencia de límites y consecuencias. Y en el que los padres se convierten en prestadores de servicios a sus hijos: les despertamos para que vayan al instituto, les llevamos a ellos y a sus

amigos a donde quieren, les tenemos la ropa preparada y un menú adecuado para cada hijo. Lo que trae aparejadas consecuencias muy negativas.

¿Cómo cuáles?

Se podría pensar que si no hay normas se evitarían los conflictos familiares. Pero ocurre precisamente lo contrario, porque los hijos no están preparados para ninguna frustración. Si las cosas no les salen como quieren o surge alguna situación que no preveían, enseguida estallan y los conflictos suelen ser mayores. Entonces, los que se frustran son los padres porque dicen: "Si les doy todo y les trato de maravilla y tengo en casa a un tirano que me habla mal, me insulta, no me respeta...". Los chicos con padres de este tipo nos suelen decir que sus progenitores son unos "pelaos". Así los ven. Y los hijos son adolescentes con una autoestima muy baja, desorientados y que esperan que les sigan haciendo absolutamente todo.

Habría que tender a un término medio...

Al estilo democrático. Con normas y límites, muchas veces consensuados (porque no vamos a permitir que fumen porros en casa) pero siempre educando desde el afecto. Haciendo actividades con ellos y educando en función del momento evolutivo en el que están, que no tiene por qué corresponderse con su edad. En resumen: límites, normas, afecto y espacios para hablar y compartir.

"He evolucionado como padre a la vez que mis hijos"

Garikoitz Mendigutxia siempre tuvo interés por la educación. "Creo que es la clave para todo. Y me parece que más importante que las patologías y los diagnósticos son las conductas". Y así, decidió estudiar Psicología y especializarse en temas relacionados con la educación. Trabajó en Fundación Ilundáin (con jóvenes en riesgo de exclusión social) y la Asociación Nuevo Futuro (menores en acogida).

¿Por qué asegura que no cree demasiado en los diagnósticos?

Porque, por ejemplo, con el Trastorno por Déficit de Atención e Hiperactividad (TDAH) hay un exceso de diagnósticos y de medicación. Y no digo que en ocasiones no haga falta, pero no siempre.

Como experto en educación de adolescentes, ¿cómo actúa como padre de dos hijos de 16 y 14 años?

Intento empatizar con ellos pero es más fácil educar a los hijos de los demás (risas). Con los propios, no se puede obviar la parte emocional que nos limita. Seguro que, con mis hijos, me equivocaré ocho millones de veces. Pero hay que dignificar mucho el error.

¿A qué se refiere?

A que existen padres que vienen hechos polvo porque se han equivocado con los hijos. Pero les decimos que está bien que esto suceda y que no pasa nada por pedirles perdón.

En dieciséis años, ¿ha evolucionado como padre? Antes vería a los adolescentes como lejanos, pero ahora tienen la edad de sus hijos...

¡Claro! He evolucionado desde el primer día y a la vez que mis hijos. La educación tiene que estar presente desde que son pequeños. No basta con hacerlo cuando llegan a la adolescencia. Intento educar con normas, límites y desde el afecto.

¿Qué situaciones son las que más le han afectado en su vida laboral?
Las de los menores con daños irreversibles (con psicopatologías graves que provocan problemas de conducta). Son situaciones muy complicadas. Tienen poco recorrido y chocas con la realidad.

Contexto

Javier Urra, el psicólogo más mediático de España. *Había entrevistado muchas veces antes a Javier Urra porque viene habitualmente a Pamplona a presentar sus libros, invitado por universidades u otras instituciones. Pero aquel verano de 2018 pensé que sería interesante hacerle una entrevista larga y en profundidad con motivo de la reciente publicación de un nuevo libro. Él estaba de vacaciones en Alcolea del Pinar, un pueblo de Guadalajara en el que tiene una casa, y quedamos a medio camino entre esa localidad y Pamplona. El lugar elegido para la cita fue la cafetería de un hotel en Cintruénigo, un pueblo de la Ribera de Navarra. Hasta allí conduje y también lo hizo mi compañera, la fotógrafa de Tudela, que le sacó unas fotos en la terraza del hotel. La entrevista tardó unas semanas en salir publicada y él (me contó después) viajaba todos los domingos hasta Cintruénigo para comprar el periódico por si aparecía. Después, le he entrevistado tres veces más y le he presentado otros tantos libros en el club de lectura de* Diario de Navarra.

2 de septiembre de 2018

Javier Urra | Psicólogo forense

"El 99% de la gente no seríamos capaces de matar a martillazos"

- *"Un tercio de los hombres que matan a sus mujeres se suicida, pero no por arrepentimiento sino para no ir a la cárcel"*
- *"El 75% de las parejas se va a separar, pero hay que enseñar a romper. Es muy fácil pasar del amor al odio, pero no al revés"*
- *"La violencia de hijos a padres es una patología del amor porque todos quieren quererse"*

"¿Vas a fiestas de tu pueblo?" Javier Urra disfrutaba de una cerveza en la cafetería del hotel Alhama de Cintruénigo cuando un vecino se acercó para saludarle. "No, este año no puedo ir. Vengo por trabajo". Eran las 11 horas del miércoles 8 de agosto y el psicólogo estellés había conducido en su Nissan Juke "rojo foral" los 161 kilómetros que separan Alcolea del Pinar, el pueblo de Guadalajara donde tiene una casa de vacaciones, de la localidad ribera. Solo para responder a las preguntas de esta entrevista. "Me encanta conducir. Me relaja. Escucho la radio y pienso en lo que voy a escribir. Además, aquí aprovecharé para comprar vino navarro".

Javier Urra tiene 60 años, un currículum que ocupa el reverso completo de una tarjeta de visita y decenas de libros sobre educación, familia y filosofía a sus espaldas. El último que ha publicado, *Pensar, sentir, hacer* (Arpa, 16 euros), lleva por título el eslogan de la Academia de Psicología de España y es una recopilación de sus frases que condensan toda una vida dedicada a la psicología infantil. Primer defensor del menor de la Comunidad de Madrid, psicólogo forense (en excedencia voluntaria) del Tribunal Superior de Justicia y de los Juzgados de Menores, es profesor en la Universidad Complutense de Madrid, responsable de un centro residencial para menores en conflicto con sus padres y otros problemas (RecUrra GINSO) y contertulio habitual en radio y televisión. Casado y padre de dos hijos; Javier, politólogo de 39 años que vive en Barbados (Caribe); y Beatriz, psicooncóloga, de 33; es abuelo de dos nietos (Catalina, de 3 años, y Javier Ignacio, de 18 meses). Conversar con él durante hora y media es como asistir a una clase magistral y acelerada de muchos de los temas que ahora preocupan a las familias y, en general, a la sociedad. Vitalista y entusiasta a pesar de haber sufrido un infarto de miocardio en 2007, en su discurso apenas sin pausa, hilvana las respuestas a preguntas sobre el reciente crimen del barrio pamplonés de San Jorge, la violencia de género, acoso escolar, la felicidad de los hijos o su vida personal. Sin pelos en la lengua.

Hace dos semanas, un caluroso domingo de agosto, un vecino de San Jorge mató a martillazos a su suegro tras una discusión de pareja. La pregunta que se hace mucha gente es: ¿por qué?

Hay personas que actúan desde una falta total de autodominio. En este caso, además, el entorno del asesino es criminógeno y matar a martillazos supone una violencia extrema. No es lo mismo que un mal golpe o un disparo. Además, su conducta era desafiante. Acababa de salir de prisión y contemplaba la calle desde la ventana, fumando porros. La pregunta es: ¿debería haber salido de la cárcel? Fue la discusión con su pareja la que motivó el desenlace. ¿Ella quería romper? Muchos hombres no encajan una ruptura y no aceptan el no.

Usted ha intervenido en el Senado como experto sobre violencia de género, lo que llama "la huella del dolor". ¿Va a más?

El feminicidio cada vez es mayor y en España, mueren al año entre 50 y 60 mujeres a manos de sus parejas. La mayoría están en proceso de ruptura. Hay hombres que piensan que la legislación es muy injusta y que ellos van a salir perdiendo (les van a dejar sin la custodia, van a perder la casa...). Un tercio de los hombres que matan a sus mujeres se suicidan, pero no porque se arrepientan, sino para no ir a la cárcel. Además, algunos hombres matan a sus hijos para hacer daño a sus mujeres y en los últimos cuatro años han muerto cuarenta menores. La mayoría de los asesinos no son enfermos mentales. ¡La maldad existe y es muy fácil pasar del amor al odio! Pero no al revés.

Educar en la empatía

Ante este diagnóstico y pronóstico nada esperanzador, ¿qué deberíamos hacer?

Hay que enseñar a romper porque el 75% de las parejas jóvenes se van a separar. Es lo que ha ocurrido en el caso de Juana Rivas (la mujer que ha sido condenada a cinco años de cárcel por llevarse a sus hijos). Coincidí con ella en un programa de televisión y ya le advertí que si seguía así iba a perder la custodia. ¿Por qué quieres meter al padre de tus hijos en la cárcel? Hay que educar a los niños varones en la empatía, en ponerse en el lugar del otro.

¿Y los padres no educan así?

Se va avanzando, pero aún queda mucho por hacer. Muchos padres aún educan a los niños para sí mismos y a las niñas, para los demás. Aún se sigue diciendo "médicos y enfermeras", la mayoría de las maestras de Infantil son mujeres, casi todas las cuidadoras de dependientes, también...

¿Qué ha pasado con La Manada?

Es un caso muy claro de "juzgar al juzgador" y en el que todo el mundo opina. Los señores de *La Manada* son incalificables, escoria social. Y tengo la impresión de que no se van a enderezar porque se meten en problemas ellos solos. Son una bronca de personas.

Esta violencia de género se da cada vez desde edades más tempranas, en la adolescencia. ¿Por qué pasa? ¿Por el control a través de las redes sociales?

Puede ser un motivo, pero siempre ha ocurrido. Todas las chicas prefieren irse con el "malote" antes que con el buenazo porque, como las buenas samaritanas, creen que lo van a cambiar. Y nunca es así. Muchas chicas de las que vienen a mi centro me cuentan que si su novio les dice que se desnuden lo hacen y si les prohíbe salir, también se quedan en casa. Las niñas cada vez son más machistas. Ha vuelto la idea de la media naranja y creen que los celos son una prueba de amor.

¿Esta violencia de género guarda relación con el maltrato de los hijos a los padres? ¿Crece?

A veces guarda relación pero no siempre y es una realidad que se mantiene. Antes, la gente tenía muchos hijos y ahora, menos. Y para muchos padres su principal objetivo en la vida es que sus hijos sean felices. ¡Pero están equivocados! No siempre van a ser felices: igual este sábado sus amigos no lo llaman para salir o el chico que les gusta no les va a hacer caso. ¡El objetivo debe ser que los hijos hagan felices a los demás! Con la violencia filioparental lo que ocurre es que muchos padres son sobreprotectores y no saben sancionar. No podemos actuar así si queremos hijos fuertes como árboles y no bonsáis.

¿Cuál es el perfil de los hijos que agreden a sus padres?

Desde que creamos el centro en 2011, han pasado 650 menores y, entre ellos, hay de todo. Pero casi un cuarto (24%) son niños y adolescentes adoptados en países del este de Europa que sufren el Síndrome de Alcoholismo Fetal (SAF), en el que sus madres bebieron alcohol durante el embarazo. Otros tienen enfermedades mentales (obsesivo-compulsivos, con depresiones poco diagnosticadas, psicóticos...) y un gran porcentaje son hijos de padres desquiciados. Este tipo de violencia es una patología del amor porque todos quieren quererse y lloran mucho.

En su último libro habla sobre emociones, sentimientos y acciones. ¿Qué diferencia hay?

Todos somos seres emocionales y los sueños alimentan el alma. No creo que llegue el día en que las pasiones se puedan ver en un TAC. La emoción es algo que nos llega del exterior. Por ejemplo, ver a alguien que nos gusta y ponernos colorados. El sentimiento viene de dentro (tener sentimiento de culpa, de inferioridad...). Pero lo realmente importante es lo que hacemos. En general, la gente hace lo que quiere hacer. Y el 99% de las personas no seríamos capaces de matar a martillazos. La gente que bebe, coge el coche y mata a dos ciclistas o que quema un monte porque le produce placer es porque quiere. ¡El ser humano es mucho más libre de lo que nos creemos! Por ejemplo, si yo tomara menos cervezas estaría más delgado (se ríe mientras señala su vaso ya vacío).

Usted habla también habla sobre la importancia de ser coherente.

¡Claro! Por ejemplo, yo no puedo ir borracho por la calle. A mí nadie me ha obligado a ser una persona mediática pero si me ven dirán: "Mira, el exdefensor del menor iba borracho". Hay escritores que van a la feria del libro y no quieren dar la mano. ¡Pues para eso no vayas! Vida personal y profesional no son dos ámbitos separados, sino que van unidos.

"El acoso escolar es la primera causa de suicidio infantil"

Dice que los niños y adolescentes tienen un "déficit de naturaleza", poco contacto con la realidad y llevan una vida "muy virtual". ¿Qué debemos hacer los padres con el uso de pantallas?

No cabe duda de que son muy atractivas y de que los niños aprenden rápido. En el pasado, los adultos eran los que sabían y enseñaban a los menores. Hoy, son los niños los que explican a sus padres y abuelos a instalar una aplicación en el móvil o en la *tablet*. Lo que hay que hacer es regular este uso.

¿Y qué propone?

A los chicos que vienen a nuestro centro (se refiere al campus de *RecUrra Ginso*, que ha impulsado en Madrid para menores en conflicto con sus padres) les prohibimos usar el móvil. Como tampoco les permitimos fumar porros y eso que el 40% fuma. Hay veces que hay que cortar de raíz y no pasa nada.

¿Y sin llegar a esos extremos?

Antes de los 3 años, un niño nunca debe estar delante de una pantalla, ni siquiera de la televisión. Y, cuando son mayores, tienen que aprender a autodominarse. ¡Les cuesta mucho hablar y comunicarse porque funcionan con emoticonos!

Hay muchos menores con adicción a las tecnologías...

Bueno, y adultos también...

Ligado a las tecnologías surge el cyberbullying o acoso escolar a través de las redes.

¡Claro! Antes, el niño sufría acoso en el patio del colegio pero ahora, a través de las redes, es tremendo y puede prolongarse las 24 horas. Según la Asociación Nacional de Pediatría, el acoso escolar es la primera causa de suicidio entre niños y adolescentes. Y el suicidio, el segundo motivo de muerte entre los jóvenes de ambos sexos de 18 a 24 años; y el primero, entre las chicas.

Además de por el acoso, ¿por qué se suicidan los jóvenes?

Por depresiones que no se diagnostican o porque piden a la vida más de lo que puede ofrecerles. Algunos son como el cristal: duros por fuera pero frágiles. Solo cuelgan *selfies* en

Instagram para que los demás vean qué bien lo han pasado, aunque en el fondo no se hayan divertido. Hay que motivarles a buscar su proyecto de vida porque muchos no piensan en el futuro, son "presentistas". Aunque la situación económica tampoco se lo ha puesto fácil, la verdad.

Hace dos meses se presentó en el Senado el libro Novatadas, un desafío para nuestra sociedad, *en el que usted ha colaborado junto con otros autores. ¿Es un tema preocupante?*

Siempre ha habido "novatadas" entre los estudiantes universitarios. Lo que ocurre es que ahora están llegando a unos límites incluso vejatorios. La víctima que sufre las "novatadas" se convertirá más adelante, probablemente, en verdugo. Entre los chicos de mi centro, el 40% ha sufrido acoso escolar. Y luego, maltratan a sus padres. Pero, sobre todo, a sus madres.

"Me levanto a las 4.30 a diario para escribir y no pierdo el tiempo"

Escribe una media de tres o cuatro libros al año, imparte clases en la Universidad Complutense y es el director de su centro residencial para menores en conflicto con sus padres. ¿Cómo se organiza?

Todos los días me levanto a las 4.30 para escribir y no pierdo el tiempo. Escribo a mano y yo mismo corrijo los textos. Mi secretaria después los pasa al ordenador. Siempre estoy escribiendo, en el avión, en el aeropuerto... Incluso mientras conduzco, voy pensando en mis libros.

Precisamente cuando iba conduciendo sufrió un infarto de miocardio hace once años, con 49. Como cuenta, ahora lleva un "andamio" en el pecho (tres stent, *dispositivos en forma de muelle que corrigen el estrechamiento de las arterias).*

Sí, iba en el coche con mi mujer, Araceli, desde Alcolea del Pinar (Guadalajara) a Madrid. Sentí una presión tremenda en el pecho y sudor frío... Cogió ella el volante y fuimos al hospital Gregorio Marañón. En un momento, pasé de ser una persona conocida que sale en la tele a llevar una bata verde e ir con el culo al aire. Así somos.

Fruto de esa experiencia escribió SOS... Infarto de miocardio. Vivir es poder contarlo. Usted habla muchas veces de que lo importante es responder a la pregunta: "¿ha merecido la pena vivir?", ¿qué contesta?

En ese momento, sentí que me iba a morir y me estaba muriendo muy a gusto. Había hecho lo que quería. Pero mi hija Beatriz me criticó que esa era una actitud muy egoísta. "¿Y los que te queremos?", me preguntó.

Ha dicho que, para usted, lo esencial no es su familia...

Sí y ellos lo saben. Los quiero mucho, pero creo que mi principal misión en el mundo no son ellos, sino otros niños. Hay muchas familias que me necesitan.

Contexto

Irina Matveikova, la doctora que vino del frío. *La conocí porque intervino en un congreso de educación emocional organizado por una pedagoga navarra a la que yo conozco. Me ofreció cubrir algunas ponencias y el tema de la de Irina me pareció muy interesante: la inteligencia digestiva. Después, descubrí que esta médico endocrino rusa había escrito un libro con este título que había venido más de veinte ediciones. Al año siguiente de aquel congreso publicó nuevo libro y la invité a presentarlo a* Diario de Navarra. *De una entrevista siempre puede salir otra.*

26 de diciembre de 2016

Irina Matveikova | Médico y autora de *Inteligencia digestiva*. *Una visión holística de tu segundo cerebro*

> *"El 95% de los niños con trastornos mentales tienen problemas digestivos"*
> - *"Los niños que nacen por cesárea y no toman pecho son más frágiles porque no reciben tantas bacterias de la madre"*
> - *"Hay que variar los antibióticos que se recetan. Si no, el cuerpo se hace resistente"*
> - *"El 90% de la serotonina, la hormona de la felicidad, se produce en el intestino delgado"*

¿Quién no ha sentido un "nudo" en el estómago tras una discusión con los hijos, la pareja o el jefe? ¿O unas ganas tremendas de ir al baño y sufrir descomposición antes de hacer un examen o asistir a una importante reunión en la empresa? ¿O un mal humor tremendo porque hace días que sufre estreñimiento y se siente "hinchado"? El intestino es "nuestro segundo cerebro" y no es una metáfora. "No es glamuroso hablar de estos temas pero se ha descubierto que dentro de nuestras entrañas tenemos un cerebro y una red muy inteligente de neuronas, idénticas a las cerebrales. Por eso, emoción y digestión van unidas". Así de tajante se explica la doctora Irina Matveikova. Nacida en Rusia hace 50 años, médico de familia, especialista en endocrinología y nutrición clínica, ejerce desde hace quince en el Hospital Nisa Pardo de Aravaca (centro público) y en una clínica privada, ambos en Madrid. Autora del *best seller Inteligencia digestiva. Una visión holística de tu segundo cerebro* (La Esfera de los Libros, traducido a seis idiomas) y otros títulos, como *La inteligencia digestiva para niños* o *Salud pura*, pronunció recientemente una conferencia en Pamplona. Lo hizo en el Colegio de Médicos de Pamplona, en el II Congreso de Educación Emocional, organizado por el equipo de *Padres Formados*, y al que asistieron más de 250 personas.

¿Cómo es eso de que en nuestras "tripas" tenemos un cerebro?

El tubo digestivo mide doce metros de largo y, si lo abriéramos en dos dimensiones, veríamos un campo de fútbol de 300 metros cuadrados escondido en las entrañas. Y ese tubo es un centro de inteligencia que nos suministra la vida; hay una red muy inteligente de neuronas idénticas a las cerebrales. De hecho, el 90% de la serotonina, la llamada hormona de la felicidad, se produce en el intestino delgado. Todas nuestras necesidades (los movimientos intestinales, la memoria, el sueño, la vigilia...) dependen de ella. Y los dos cerebros están conectados. Si estamos estresados, nos duele el estómago; y si sufrimos una mala digestión (ardor de estómago, estreñimiento), estamos irritables. La relación entre el sistema digestivo y el sistema nervioso central se descubrió de manera científica en 1999.

Usted insiste en que ese intestino tan "inteligente" alberga dos kilos de bacterias. No podríamos vivir sin bacterias.

Nos curan pero también nos hacen daño. Y son importantes desde el momento de nacer.

¿Cómo nos benefician?

El bebé, al pasar por el canal del parto, entra en contacto con las bacterias de la madre que le van a ayudar a inmunizarse. Además, durante el último trimestre de embarazo, más de 500 bacterias viajan desde el intestino hasta los conductos mamarios para que el niño las tome en la leche. Por eso, los bebés que nacen por cesárea (y en España el 30% de los partos son por esta vía) y los que no toman pecho son más frágiles. Son más propensos a sufrir alergias, asma, intolerancias alimentarias, pieles atópicas... En Estados Unidos y en Costa Rica se está aplicando un método sencillo para inmunizar a los niños que nacen por cesárea; consiste en aplicar una gasa estéril por la vagina de la madre y después, por la carita del niño. Es algo sencillo y que no cuesta dinero. A los niños nacidos por cesárea habría, además, que suministrarles algún probiótico (alimento que contiene bacterias vivas y potencia el sistema inmunológico).

Hablaba también del abuso de los antibióticos en los niños.

Hace poco, vi en mi consulta a un niño de 4 años que había tomado ¡dieciséis ciclos de amoxicilina! por otitis y amigdalitis recurrentes. ¡Es una barbaridad! Habría que cambiar el tipo de antibiótico porque, si se receta siempre el mismo, el cuerpo se hace resistente y no surte efecto.

Además, habría que esperar dos o tres días antes de recetar un antibiótico, hacer un cultivo y ver si lo que está produciendo esa fiebre es un virus o una bacteria. ¡Ningún antibiótico mata a los virus! Además, los antibióticos muchas veces provocan diarrea en los niños y los adultos. Se dice que "barren" la flora intestinal.

Pero eso no ocurriría si se tomara el antibiótico y, a la vez, el probiótico. Es un asunto de educación y la gente debería saberlo. Después de tratada esa infección, hay que mantener la flora con los bífidus de los yogures.

Obsesión por la higiene

Dice que no tenemos que obsesionarnos con la higiene.

En los últimos años se está investigando sobre la inteligencia bacteriana, el macrobiota humano, y se ha descubierto que el 70% de nuestro cuerpo son bacterias y solo el 30%, es humano. Cuanta más información sobre bacterias reciba el niño en los tres primeros años de vida, más sano estará física y emocionalmente. Se ha demostrado que los niños de campo, que están en contacto con animales, son más sanos que los que han vivido en una burbuja. No hace falta esterilizar los biberones de bebés ni castigar a los niños por no lavarse las manos.

En el caso de los niños, habla de una estrecha relación entre los trastornos emocionales y mentales y los problemas digestivos.

No se sabe qué es primero, si el huevo o la gallina, pero lo cierto es que el 90% de los niños que sufren trastornos mentales (déficit de atención, hiperactividad...) o neurológicos (trastornos del espectro autista...) tienen problemas digestivos. Cuando se dan estos diagnósticos rara vez se mira alrededor, pero yo recomendaría a los padres que pidan un análisis de sangre completo para sus hijos. Quizá ahí se vea que tienen problemas de tiroides, de azúcar... y eso afecta a su ánimo. El análisis de sangre nos daría una pista para completar el tratamiento que lleven esos niños con una dieta o con suplementos de omega tres, vitaminas, minerales... Se ve que mejoran mucho. También se ha observado que algunos niños sufren el Síndrome del Intestino Permeable, por el que algunas bacterias pasan a la sangre. Y esa es la razón número uno por la que los niños sufren autismo y se aíslan.

"No hay que aceptar el estreñimiento. Se cura"

El 15% de la población adulta, sobre todo mujeres, sufre el síndrome del intestino irritable (cólicos, diarreas, estreñimiento...). ¿A qué se debe?

Por desgracia, es una cifra muy elevada. Y hay una gran relación entre la emoción, el estrés y estos problemas digestivos. Hay que tratarlos desde un punto de vista físico, pero también psicológico. Se mejora.

¿Y se llega a curar?

Sí, y esto hay que dejarlo muy claro. Hay gente que no toma picante o chuletón porque asume que tiene el estómago delicado y no es así. Quizá pueda tener mayor sensibilidad a algunos alimentos pero casi todos podemos comer de todo.

¿Qué pasa con el estreñimiento? Mucha gente lo sufre de manera crónica.

¡Pero no se puede aceptar! Se ha observado que las personas con estreñimiento crónico son muy irritables, rígidas en sus ideas y de convivencia difícil. Este problema influye incluso en el rendimiento laboral. Son personas que no saben delegar, relajarse, tienden a la hipocondría, la depresión y pueden sufrir ataques de ansiedad. Los tratamientos naturales con probióticos (bacterias vivas) y una alimentación corregida son clave para curarlos.

Para todos estos procesos, los médicos deberían mirar al paciente como un todo.

En eso consiste la medicina holística. Los médicos están muy especializados, pero no en explorar al paciente en su conjunto.

Contexto

Azucena Díez. *La primera vez que escuché el nombre de esta psiquiatra infantil y de adolescentes fue de la boca de una alumna mía de Periodismo, que acudía a su consulta. Me hablaba siempre maravillas de ella. Conocía a Azucena en diciembre de 2019, cuando escribió con otros dos autores (una antigua paciente suya que sufrió anorexia y que ya se recuperó y su padre) un libro sobre trastornos de la conducta alimentaria. Pero fue en el verano de 2020, recién salidos del confinamiento, cuando pensé que sería buena idea hacerle una entrevista larga con motivo de los problemas que la pandemia iba a acarrear (como ya se ha demostrado después) para la salud mental. Desde aquel momento, he entrevistado a Azucena en otras dos ocasiones más: con motivo de la publicación de otro libro y del premio Federico Soto que le han concedido por su investigación para prevenir el suicidio. La primera entrevista se la hice en la terraza de una cafetería de un barrio residencial de Pamplona, una tarde de verano. Mientras nosotras hablábamos sobre ansiedad y depresión en una mesa, nuestros hijos pequeños, que se conocieron aquella misma tarde, apuraban un refresco en la de al lado. Un claro ejemplo de conciliación en ambos casos.*

30 de agosto de 2020

Azucena Díez | Pediatra y psiquiatra de infancia y adolescencia en la CUN

"Los padres no tienen la culpa de que su hijo tenga una enfermedad mental"

- *"Una de cada cuatro personas desarrollará depresión, ansiedad, obsesiones... en algún momento de su vida"*
- *"El 10% de los niños sufre ansiedad cuando tiene miedos desproporcionados. Si se diagnostica a tiempo y se trata, se cura"*
- *"¿Por qué se dice que el asesino era esquizofrénico y no diabético? No hay que ligar enfermedad mental con violencia"*

John Nash era un matemático esquizofrénico. Que veía a amigos que no existían y escuchaba voces que no eran reales. Pero también fue un genio que ganó el Premio Nobel en su disciplina. A este personaje, famoso por la película basada en hechos reales *Una mente maravillosa*, se refiere la psiquiatra Azucena Díez Suárez cuando intenta eliminar, o al menos reducir, el estigma de los enfermos mentales. De hecho, insiste, las patologías psiquiátricas son más frecuentes que las físicas y una de cada cuatro personas (el 15% en caso de los menores) sufrirá una depresión, un ataque de ansiedad o una obsesión en algún momento de su vida. "Y eso no hace que sean más débiles, caprichosos ni peores personas".

Directora de la unidad de psiquiatría infantil y adolescente del departamento de Psiquiatría y Psicología Médica de la Clínica Universidad de Navarra y presidenta de la Sociedad de psiquiatría infantil de la *Asociación Española de Pediatría*, insiste en que las enfermedades mentales de menores y adultos las ocasiona una disfunción del cerebro (más pequeño en el caso de la esquizofrenia, con los lóbulos frontales afectados, en los TDAH...), por lo que "nadie es culpable" de tener una de estas enfermedades.

¿Qué signos de alarma deben tener en cuenta los padres para llevar o no a su hijo al psiquiatra o al psicólogo? ¿Y cómo se sabe a cuál de los dos especialistas? La inmensa mayoría de los padres tiene el sentido común suficiente para darse cuenta de que algo no va bien y de que su hijo precisa una ayuda específica. La clave para saberlo es que esa dificultad (miedo, tristeza, angustia...) afecte a la vida cotidiana. El niño no está feliz, pierde la capacidad de disfrutar, se resiste a hacer lo que se supone que es "normal" para su edad (ir al colegio, salir con amigos...). Esos son los que se llaman trastornos internalizantes, de sufrimiento interior. Pero, además, están los problemas externalizantes, un sufrimiento exterior que afecta al comportamiento. Son menores con dificultades para cumplir las normas, con comportamientos desafiantes o agresivos. Sobre el especialista al que deben ir, la decisión no es de los padres, sino de un profesional sanitario.

¿Y cómo se decide? El pediatra deriva al niño o al adolescente a un centro de salud mental. Allí, en el triaje, se decide si va a ser atendido por un psiquiatra o un psicólogo.

¿Casos graves, al psiquiatra? No necesariamente. Por ejemplo, un menor con Trastorno por Déficit de Atención e Hiperactividad (TDAH), que no es una patología grave, es atendido por un psiquiatra porque precisa medicación. Pero otro con un Trastorno del Espectro Autista (TEA) severo necesita un tratamiento psicopedagógico. Pero esta decisión, en ningún momento, la toman los padres. Sí que es cierto que existen servicios privados de psicología, a los que se puede ir. Pero se supone que ese profesional tiene que tener la formación suficiente para saber si él puede atender ese caso o si lo deriva a un psiquiatra. También hay pediatras de atención primaria, con

mucho interés y formación, que llevan de maravilla los trastornos leves (TDAH) y que recetan también la medicación.

¿A partir de qué edad van los niños al psiquiatra?

A cualquiera. Desde recién nacidos. Incluso, hay situaciones en las que existe la psiquiatría perinatal, muy relacionada con las psicopatologías de los padres (consumo de alcohol y drogas durante el embarazo). Hay recién nacidos con síndrome de abstinencia. Y bebés que se niegan a dejar la lactancia materna para comenzar con la alimentación complementaria. El pensamiento automático es: "Son padres poco capaces". Pues no. Hay niños muy difíciles a los que, tras haber descartado enfermedades físicas, se les deriva a psiquiatría. Sobre todo, con asuntos relacionados con el sueño y la alimentación. Se tratan de modificar las conductas con los padres (cambiar horarios, introducir nuevos alimentos...) o con medicación.

Entonces, ¿las enfermedades mentales son de nacimiento o se gestan con el tiempo?

Una inmensa mayoría tienen un componente neurobiológico. El cerebro no tiene un desarrollo habitual, lo que provoca síntomas en el comportamiento. Es importante recalcar esto para que los padres sepan que ellos no han hecho nada mal. Porque casi siempre se atribuyen las patologías psiquiátricas infantiles y juveniles a una crianza errónea y no es así. Si tu problema está en los pulmones, tienes tos. Y si se localiza en el cerebro, una disfunción de comportamiento (trastorno del espectro autista, esquizofrenia...).

¿Y cuáles son las patologías mentales más comunes en menores?

La más frecuente, con diferencia, es el trastorno de ansiedad, que afecta a un 10% de pacientes. Pero en este caso, los padres no siempre consultan porque, a veces, achacan ese comportamiento al temperamento. Por eso, hay menos diagnósticos que casos.

¿Cómo saber si un niño tiene ansiedad? ¿Es difícil identificarla?

Cuando los miedos son desproporcionados. Es decir, es normal que un niño de 3 años llore el primer y el segundo día de colegio al separarse de sus padres. Pero que siga llorando un año después, ya no lo es. Lo mismo pasa con los perros. Es habitual que los menores muestren temor. Pero no lo es tener que ir por otra calle para no encontrarlo. Eso ya es una fobia. Por eso, es muy recomendable que, ante estos casos, los padres lleven al niño al psiquiatra para que ese miedo no se enquiste y dure años.

Más patologías...

En segundo lugar, va el TDAH, que afecta a entre un 5% y un 7% de los menores. Lo que ocurre con este trastorno es que, a veces, el diagnóstico es erróneo. A cualquier niño que se mueve un poco más de lo normal, se le tilda de hiperactivo. O al que tiene una capacidad intelectual alta y se aburre en clase, de inatento. No siempre es así. En este caso, es el pediatra o el orientador escolar el que deriva al niño al especialista (psiquiatra, psicólogo clínico o neuropediatra). Al TDAH le siguen, a la par (con un 5%), depresiones y los trastornos de conducta alimentaria.

Hablar de depresión infantil resulta algo paradójico...

Sí, ¿verdad? Por eso, hay pocos diagnósticos. Porque nos parece imposible que un niño tenga depresión si no le falta de nada. Pero es que no es algo ambiental, sino biológico. Y un adolescente cuyo padre o madre han sufrido depresión tiene un riesgo de tenerla multiplicado por diez.

¿Cuáles son los síntomas de un adolescente con depresión? ¿Cómo lo diferenciamos de la edad?

Por la falta de disfrute. Si un adolescente está enfurruñado, llora por todo, pero le dices que va a ir con sus amigos y le das dinero, se pondrá feliz. El que tiene depresión, no. También se observa en las alteraciones de los ritmos biológicos de sueño y alimentación y porque aparecen pensamientos depresivos (de culpa, querer desaparecer, quitarse la vida...). Si los padres detectan alguno de estos síntomas, deben ir al psiquiatra. Un diagnóstico precoz es crucial. Y también poner un tratamiento (psicoterapia o medicación) con fecha de inicio y fin. ¡Nada de estar yendo siete años al psicólogo!

¿Y la anorexia y la bulimia?
Los trastornos de alimentación leves o moderados son muy frecuentes. La bulimia (darse atracones de comida y provocarse el vómito para no engordar) se consulta menos, porque la suelen llevan en secreto. La anorexia nerviosa, la enfermedad psiquiátrica por la que los enfermos se niegan a comer, afecta a un 1% de la población. En un porcentaje aún menor están las patologías graves.

¿Cuáles son?
La enfermedad bipolar (alterna episodios depresivos y maniacos), la esquizofrenia y otras psicosis (interpretación errónea de la realidad por alucinaciones, delirios...) y el TEA. Estas patologías se manifiestan en la adolescencia y afectan a un 1% de la población. El TEA merece mención aparte. Hay casos que se diagnostican de bebés (niños que no miran a sus padres) y otros, en la edad adulta. Estos últimos son los más leves. Y se conocen como autismo funcional o incluso hiperfuncional, como el Síndrome de Asperger. Son personas que de lo que les interesa saben mucho. Aunque las relaciones sociales para ellos son complejas.

La enfermedad bipolar, la esquizofrenia y la psicosis tienen, quizá por el cine y la literatura, mala fama. Incluso, dan miedo...
Pero es porque se hace una asociación errónea entre la enfermedad mental grave, la agresividad, la violencia o la delincuencia. ¿Por qué al escribir sobre un suceso se dice que el asesino era esqui-

zofrénico y no diabético? ¡La enfermedad mental no es la causa de la muerte! ¡Evitemos el estigma!

¿Qué papel deben desempeñar las familias?
Uno muy importante. Pero igual que en otras enfermedades físicas, como el asma, la diabetes o la obesidad... Los padres son claves pero no todo. Cuando empecé con esta especialidad, tenía el prejuicio de que los padres lo debían estar haciendo fatal para que sus hijos terminaran en el psiquiatra (se ríe). Pero me di cuenta de que no. De que la mayoría son majos, lo hacen muy bien, tienen mucha paciencia y mucho mérito para ponerse de acuerdo con unos hijos que tienen dificultades tremendas. Ahí se demuestra que es algo biológico y que estas enfermedades no son culpa de nadie.

"Si nos vuelven a confinar, habrá muchos más problemas de salud mental"

Es evidente que la pandemia en la que aún estamos y el confinamiento durante el estado de alarma ocasionaron y están generando problemas de salud mental en muchas personas...
La situación mundial que vivimos es un factor de riesgo importante que puede disparar enfermedades mentales latentes de ámbito obsesivo-compulsivo (por la limpieza, el lavado de manos, por ejemplo) y depresivo (porque nos quitan las fuentes de ocio...). Y, de hecho, muchas personas aparentemente sanas han desarrollado patologías. A todas las edades.

¿Cuáles están siendo las más frecuentes en niños y adolescentes?
Estamos viendo muchísimos problemas de alteraciones del sueño. En la mayoría de casos, generados por el abuso de

las pantallas, por la reducción de la actividad física y de la actividad en general. ¡Los padres tenemos que hacer algo para frente a esta situación! También están apareciendo muchos cuadros evitativos ansiosos (niños que dejan de salir a la calle, no quieren tocar las superficies...) por miedo a contagiarse. Y estamos viendo ahora un repunte de casos de restricción alimentaria que se iniciaron en el confinamiento. Son chicas que, ante el temor de engordar por no moverse de casa, dejaron de comer y empezaron a hacer mucho ejercicio. Algunas han perdido entre nueve y diez kilos en un mes. ¡Una barbaridad!

¿Y qué ocurre con los pacientes que ya tenían enfermedades psiquiátricas previas? ¿Han empeorado con la pandemia?

Ha habido de todo y se podría dividir la situación en tres grupos. Un tercio se ha mantenido como estaba. Otro tercio ha empeorado: sobre todo, los depresivos porque no podían salir ni relacionarse con otras personas, y la gente que tiene "gafas de ver negro", porque el ambiente que nos rodea (enfermedad, ruina económica...) es deprimente para cualquiera. Sin embargo, otro tercio de niños y adolescentes ha mejorado mucho con el confinamiento.

¿Sí? ¿Quiénes son?

Todos aquellos a los que el colegio les resulta un medio hostil. Y no necesariamente porque les hagan *bullying* sino porque son menores tímidos, temerosos... A los que les estresan las clases, los profesores, las multitudes... En estos casos, haciendo las tareas en casa y con la ayuda de sus padres, cuando han podido, han estado en la gloria. Como me contaban, muy cómodos en pantalón de pijama (se ríe). Es una metáfora que explica muy bien la situación de no tener que madrugar, desayunar corriendo, ir al colegio, correr a las extraescolares... De estos menores se va a hablar ahora porque van a ser muchas las familias que van a pedir la escolarización en casa.

¿Qué cree que pasará si hay un nuevo confinamiento este otoño? ¿Lo llevaremos mejor al estar más acostumbrados?

Al revés. Yo creo que será peor. Resultará más difícil encajar que hay que volver otra vez a estar metido en casa después de haber recuperado la libertad. Surgirían muchos más problemas de salud mental porque hay gente que ya lo ha pasado muy mal. Y una segunda vez sería más complicado.

Aunque la parte positiva de esta situación es que estamos aprendiendo a vivir más el presente, a disfrutar del famoso carpe diem. *Por lo que pueda pasar...*

Es verdad. Las personas tendemos a ser resilientes y a buscar la forma de disfrutar. Ahora tenemos una oportunidad de valorar lo que poseemos.

"El cardiólogo diagnostica con un 'electro' pero el psiquiatra, solo con la palabra"

El neumólogo hace una placa para ver si su paciente tiene neumonía. Y el cardiólogo, un electrocardiograma para diagnosticar las arritmias del corazón. Pero ¿y el psiquiatra? ¿Cómo sabe qué le pasa a ese enfermo mental que se sienta en su consulta en busca de una solución a su sufrimiento? "El cerebro está metido dentro del cráneo, que es muy duro, y apenas se pueden hacer pruebas diagnósticas ni biopsias. Pero lo que sí que está claro es que las enfermedades psiquiátricas se deben a una disfunción de este órgano (un cerebro más pequeño en los casos de la esquizofrenia; con los centros del control de la saciedad desregulados, en los trastornos alimentarios o los lóbulos frontales afectados, en los TDAH)". La pediatra y psiquiatra infantil Azucena Díez Suárez recuerda que ella y sus colegas estudian el comportamiento humano y diagnosticar con la palabra que escuchan y pronuncian.

¿Y cómo se llega a un diagnóstico solo hablando con el enfermo?

El comportamiento humano lleva toda la vida existiendo, por lo que se han elaborado categorías diagnósticas internacionalmente. Pero no se pueden basar solo en un cuestionario porque se interpretarían síntomas de manera errónea. Por ejemplo, por un test una persona puede parecer que tenga un Trastorno del Espectro Autista (TEA) y resulta que solo tiene una timidez excesiva. El tratamiento, por lo tanto, será completamente diferente. Con las entrevistas al paciente y sus familiares, los psiquiatras concluimos con que si tiene tales síntomas tendrá tal enfermedad y lo metemos, por así decirlo, en "un cajón". Por estudios, sabemos que las personas de ese cajón responden a unas medidas (fármacos, psicoterapia...).

¿Cómo se diagnostica a niños y adolescentes?

Se necesita un mínimo de dos horas. Si no, es imposible. Tenemos un sistema muy estructurado. Primero hablamos con el niño y sus padres; después, con el niño; y en tercer lugar, con los padres.

¿Dónde queda el derecho a la intimidad de los menores? ¿Los padres tienen derecho a saber?

Aunque la ley protege el derecho a la intimidad de un menor de 16 años, si los padres son competentes siempre quieren saber. Se les pueden decir las cosas dando un rodeo. Es decir, si su hijo no quiere que sepan que ha consumido drogas les pueden plantear lo siguiente: "¿Han hablado alguna vez con su hijo sobre drogas? Pues deberían hacerlo". También existen situaciones extremas, como los abusos sexuales, en las que los hijos no quieren que se enteren los padres.

Aunque siga sin haber pruebas diagnósticas, se ha avanzado mucho. Los psicofármacos no se descubrieron hasta los años cincuenta del siglo pasado...

¡Claro! Aunque nos parezca que no, en los últimos sesenta años se ha evolucionado muchísimo. En la concepción de la enfermedad mental, aunque aún queda mucho por avanzar, y en los fármacos, que ahora son de nueva generación. Hasta hace dos décadas, las personas con esquizofrenia o psicosis tomaban unas pastillas con muchos efectos secundarios. Es cierto que les desaparecían las alucinaciones pero, enseguida, se les reconocía por la calle por su rigidez, obesidad o porque estaban sedados. Lo mismo ocurría hace décadas con los antidepresivos, que sedaban totalmente a los pacientes. Ahora nadie nota si tomas psicofármacos y se puede hacer una vida completamente normal.

Igual que se ha avanzado en el tiempo, la psiquiatría no será igual ahora en todos los países...

No. En África, por ejemplo, a los enfermos mentales los tienen en jaulas, como animalillos. Quizá, por sus creencias tribales, piensan que están poseídos por el demonio. En Latinoamérica, sin embargo, no se les trata así. Por lo que no solo es cuestión de recursos sino, sobre todo, de mentalidad.

Capítulo 3

Conocer para vivir

Contexto

Luz Rello, defensora de la dislexia. *Conocí a Luz Rello con motivo de una conferencia que impartió en el Instituto de Cultura y Sociedad (ICS) de la Universidad de Navarra, invitada por la asociación navarra de Dislexia* (Disnavarra)*. La presidenta de dicha entidad me invitó a asistir, me documenté sobre esta experta y me pareció muy interesante cómo, a pesar de su dificultad por ser disléxica desde niña, había terminado dos carreras (Lingüística, entre ellas) y entonces se dedicaba a enseñar a niños con este trastorno a través de una aplicación* online*. Me encantó escucharla y la entrevisté después de la charla. Cuatro años después, en octubre de 2021 volví a entrevistarle para mi podcast* Dejáme que te cuente *con motivo del Día Internacional de la Dislexia. En aquella ocasión hablamos por teléfono durante más de media hora.*

17 de junio de 2018

Luz Rello | Lingüista disléxica e investigadora sobre esta dificultad

"La dislexia es dura, pero no debe ser una barrera en la vida"

* *"Los disléxicos son lectores 'todoterreno' y procesan las faltas de manera diferente"*
* *"Superar la dislexia es carísimo. Por eso, con mi investigación, ayudo de manera altruista"*

Luz Rello tenía 24 años y estaba haciendo su doctorado en Inteligencia Artificial, cuando su director de tesis se percató de que algo no marchaba bien. "Tardaba mucho en redactar y cometía faltas de ortografía si no me ayudaba a corregirlas". Siempre había llevado en secreto, dice, su "problema" pero al final se lo confesó. "Soy disléxica", le dije. Él le propuso entonces que convirtiera "el problema en solución" y ella empezó a investigar sobre la dislexia (un trastorno que dificulta la lectura y la comprensión de los textos) para ayudar a otras personas.

Luz Rello Sánchez, nacida en Sigüenza (Guadalajara) hace 33 años, descubrió a los 10 que tenía dificultades para leer. "Fue muy duro y estaba frustrada porque pensaba que era tonta. ¡Casi repito 3º de EGB!" Pero finalmente ha llegado muy lejos. Licenciada en Lingüística por la Universidad Complutense de Madrid y doctora en Informática por la Pompeu Fabra (Barcelona), ahora investiga en Carnegie Mellon University (Pittsburgh, Pennsylvania, EE UU) sobre dislexia. Y hace tres años fundó la empresa social *Change Dyslexia* para ayudar a niños, familias y profesores sobre esta dificultad. Recientemente impartió una conferencia en el Instituto Cultura y Sociedad (ICS) de la Universidad de Navarra dentro de una jornada organizada por el campus y la asociación *Disnavarra*. En la Comunidad foral hay unos 5.200 escolares de Infantil, Primaria y ESO con este problema, un 5%.

¿Cómo termina una niña disléxica estudiando Lingüística?

(Se ríe). De tanto trabajar el lenguaje, me empezó a gustar. Quería entender su estructura y decidí que fuera objeto de mi estudio.

Pero habrá encontrado más dificultades que otros alumnos...

Siempre digo que la dislexia es muy dura y, a veces, frustrante, pero no debe ser una barrera en la vida. Yo tenía que trabajar más que otras personas (me corregían los textos para que no cometiera faltas...) pero terminé la carrera. La dislexia no se cura, es para toda la vida pero se puede compensar con herramientas...

Tanto es así que mucha gente no sabía que usted era disléxica...

Yo estaba obsesionada por que nadie se enterara hasta que mi director de tesis se dio cuenta. Y fue él quien me aconsejó que investigara sobre este tema. ¡No fue idea mía! Pero ahora estoy feliz.

¿Cómo vivió su infancia con esta dificultad para leer?

¡Buf! Fue muy duro. Hasta los 10 años no me detectaron la dislexia. Mi familia no sabía lo que era. Me daban mucho cariño y me llevaban a clases de apoyo escolar porque pensaban que me costaba más. Ahora, ya se conoce, y hay más conciencia social.

Lectores todoterreno

¿Y cuál es la situación actual? Ahora existen más asociaciones de familias con niños disléxicos, en los colegios hay logopedas...

Sí, la conciencia es cada vez mayor, aunque existe mucho desconocimiento. Según los últimos estudios, entre el 3% y el 10% de la población es disléxica. Sin embargo, solo el 4% lo saben y la mayoría en el Reino Unido, donde se detecta más y mejor.

Además del desconocimiento, ¿qué otras barreras hay?

La dificultad para leer y escribir, que es la base del aprendizaje y una de las causas del fracaso escolar. Y también, la barrera socioeconómica. Porque, ¡superar la dislexia es carísimo! Por eso, he creado *Change Dyslexia*, una empresa social. Ofrecemos el test *Dytective* (detección precoz) de forma gratuita y ofrecemos becas a quien lo necesita.

¿Qué resultados ha obtenido de sus últimas investigaciones?

Resulta curioso que las personas con dislexia cometen errores con sentido y que son "lectores todoterreno" y procesan las faltas de una manera diferente a los que no tienen esta dificultad. Hemos actuado en cuarenta colegios de Madrid y se ha comprobado que, las dificultades para leer descienden con la edad, en los niños que utilizan esta plataforma.

Contexto

María Sola, madre coraje por las altas capacidades. *La nueva presidenta de la* Asociación Navarra de Altas Capacidades *(ANAC) se puso en contacto conmigo para presentarse. Tomaba las riendas de una asociación a la que iba a dar nuevos giros y la entrevisté con ese motivo en una de las salas de vista del periódico. Después resultó que teníamos hijos de las mismas edades y amigas en común. Dos semanas después de la entrevista, organicé una mesa redonda en el periódico sobre las altas capacidades, en la que intervinieron ella, un orientador escolar, una responsable de la Administración educativa y un menor con esta característica. En abril de 2023 la propuse como una de las mujeres candidatas en la categoría de acción social en unos galardones que organizamos en* Diario de Navarra *y la volví a entrevistar con este motivo.*

15 de septiembre de 2019

María Sola Amoedo | Presidenta de la Asociación Navarra de Altas Capacidades (ANAC)

"No es cierto el mito de que el niño con altas capacidades lleva gafas y está solo en el patio"

* *"Hay niños con altas capacidades en todas las clases sociales y culturales. Lo que ocurre es que, si el talento no se cultiva, se pierde"*
* *"La superdotación no es solo tener un talento en algo (tocar el piano, jugar al fútbol...) sino que tu cerebro funciona de manera diferente; más rápido y con más conexiones neuronales"*
* *"La educación está mejorando, pero aún queda mucho por hacer. La mayoría de profesores y orientadores no están formados"*

La mujer que sonríe al fotógrafo en la imagen superior, apoyada en un pupitre infantil y con dos pizarras en blanco a sus espaldas, no es una maestra de Primaria que se dispone a "escribir" sobre ellas un nuevo curso escolar. Tampoco es una profesora de ESO o Bachillerato ni la orientadora del centro. Ni siquiera se trata de una abogada experta en urbanismo y derecho inmobiliario, su profesión desde hace dos décadas. No. La pamplonesa María Sola Amoedo es la protagonista de las líneas que siguen por ser una madre de familia numerosa que defiende ahora la causa más importante de su propia vida: la de su hijo mayor, Mikel, de 9 años, que hace dos fue evaluado como un niño con altas capacidades. Al mismo tiempo que acude a los juicios con las promotoras y repasa en su despacho las denuncias de aquellos clientes que han tenido problemas al comprar o vender su vivienda, se ha convertido casi en una especialista educativa, en psicóloga y pedagoga. Aunque ella lo niega. "Yo soy abogada y aquí intervengo solo por mi experiencia personal". Pero sabe de lo que habla y mucho.

Madre de tres hijos, uno de 9 y dos mellizos de 5 años, todos alumnos del colegio FEC (Federación de Escuelas Católicas) Vedruna (Carmelitas), es, desde el pasado junio, la nueva presidenta de la *Asociación Navarra de Altas Capacidades* (ANAC). Una entidad que engloba a más de 155 niños y adolescentes con este perfil y a sus familias y que ofrece actividades y apoyo emocional para padres e hijos. En la Comunidad Foral se contabilizan actualmente unos 400 menores evaluados con altas capacidades. "Aunque tendría que haber 2.000, el 2% del total. El problema es que no se identifican". Sola figura, además y desde enero, como tesorera de la *Asociación Navarra de Familias Numerosas*.

Antes se hablaba de superdotados o "niños prodigio" y ahora se les califica como de altas capacidades o talentosos. ¿Es lo mismo? ¿O solo se trata de una variación del lenguaje para resultar "políticamente correctos"?

Las altas capacidades engloban todo lo que sobresale de la media: la superdotación y los talentos (simples y complejos). ¿Que qué significa? Tener talento es poseer una destreza en algo concreto (tocar el piano, jugar al fútbol, ser muy bueno en matemáticas...). Por eso, hay talentos simples, cuando se destaca en un área; y complejos, cuando se sobresale en varias. Pero la superdotación es algo más. Significa que tu cerebro funciona de manera diferente a la de la media, que tiene más conexiones neuronales y que funcionan de manera más rápida. Es lo que se llama "pensamiento arborescente" (viene de árbol). Es decir, frente a un problema, las personas con altas capacidades encuentran diferentes caminos para llegar a la misma solución. Hay niños que, sin saber multiplicar, aprenden la lógica y multiplican.

Muchos tenemos la imagen del niño "listillo", como un empollón con gafas y sin amigos, sentado solo en un banco del patio. ¿Un mito que hay que desterrar?

¡Uno de tantos! Porque las altas capacidades están rodeadas de mitos que no son verdad... No todos estos niños son unos empollones o sacan muy buenas notas. Al revés, algunos, por la desmotivación que tienen en clase, porque se aburren, son carne de cañón para el fracaso escolar. Hay niños con altas capacidades introvertidos, con problemas de relación social pero otros tienen muchos amigos e incluso pueden erigirse como líderes de grupo. A veces, no se relacionan con los niños de su edad porque tienen tantas inquietudes intelectuales que no les interesa de lo que hablan los demás o a lo que juegan. Algunos son más torpes porque su psicomotricidad es peor pero otros son buenísimos en el deporte. En definitiva, presentan lo que se llama una "disincronía emocional": su edad cronológica no se corresponde con su edad emocional (que es superior).

¿Cómo se diagnostica a un niño con altas capacidades? ¿Quién lo suele hacer?

Es más correcto el término *identificar* o *evaluar* a un niño con estas características. Si hablamos de *diagnóstico* parece que es un trastorno o enfermedad. Generalmente, somos las familias o los profesores de los colegios los que lanzamos la voz de alarma. Vemos que el niño está triste, que se aburre, que no quiere ir al colegio... La evaluación la tienen que hacer los orientadores escolares, los pediatras de los centros de salud (en este caso, sí hablarán de *diagnóstico* porque son médicos) o un psicólogo privado.

¿A qué edad se recomienda evaluarles?

A partir de los 5 o 6 años, cuando los niños están en 3º de Infantil o 1º de Primaria. También se pueden hacer pruebas antes pero los datos son menos fiables. Con los niños más pequeños, se pueden confundir las altas capacidades con la precocidad.

¿Qué quiere decir?

Pues que hay niños precoces, que hacen las cosas antes que los demás (gatear, andar, hablar, aprender a leer, a sumar...). De hecho, la mayoría de niños con altas capacidades son precoces. Pero eso no significa que todos los precoces, los adelantados, vayan a presentar estas capacidades.

Visto desde fuera y sin un conocimiento profundo de la realidad, a veces se puede confundir el Síndrome de Asperger, que es un tipo de Trastorno del Espectro Autista (TEA), con las altas capacidades. Pero no es lo mismo...

Exactamente. El Síndrome de Asperger es un tipo de trastorno del espectro autista, asociado a la presencia de altas capacidades en algunas áreas cognitivas. En este caso, se desarrolla un hemisferio del cerebro (el del conocimiento lógico) pero no el otro, el emocional y social. A los niños con Asperger se les suele asociar a las altas capacidades pero, claro está, no todos los niños con altas capacidades son Asperger. Solo una minoría.

Hay personas que piensan que si un niño es superdotado o tiene talentos es porque los padres lo han sobre estimulado y que solo hay niños con altas capacidades en familias con un nivel cultural elevado y de una clase social media alta...

¡Otro mito! Las inquietudes las tienen los niños por sí mismos. Ellos son los que se interesan por aprender el nombre de todas las partes del cuerpo o de profundizar en el conocimiento del universo y los agujeros negros. Los padres solo les ofrecemos las herramientas para que lo consigan. Vaya, que hay niños con altas capacidades en todas las familias, también en las de clase sociocultural baja. Lo que ocurre es que si la familia no potencia esos talentos se pierden. Evidentemente, si a un niño le pones música de diferentes autores, si le llevas de viaje, si lee, si estudia idiomas, si practica deporte... se va a enriquecer. ¡Pero no solo quien tenga altas capacidades, sino cualquiera!

Entonces, ¿de dónde proceden estas capacidades? ¿Se heredan?

En algunos casos son genéticas. Se están haciendo ahora unos estudios con ratas que dicen que las altas capacidades proceden de la madre. Nosotras nos reíamos porque aún no se ha demostrado nada. Pero, además de la herencia, también proceden del entorno en el que vive el niño e influye cómo desarrolla sus talentos. La motivación es fundamental. Ocurre como con esos futbolistas que han sido prodigios desde pequeños. ¡Si no les hubieras dado un balón, nunca habrían destacado! Pues lo mismo ocurre con otras áreas, como la música, la ciencia, las matemáticas...

Por eso, insisten, en que hay que ofrecer a estos niños lo que necesitan...

¡Claro! Es como llenar el depósito de gasolina. En la asociación, ofrecemos extraescolares diferentes a las habituales... Hay clases de filosofía y debate, de escritura, de periodismo, de robótica, de cómo mejorar las habilidades sociales con caballos... No se trata de que no se relacionen con los demás, pero sí que es cierto que, cuando están entre ellos, se retroalimentan y les viene muy bien. En el verano organizamos una excursión al Museo de la Ciencia de San Sebastián y fue un éxito. En el autobús, muchos ya se hicieron amigos y empezaron a hablar de las cosas que les interesan. Pero esto es lógico. Siempre te vas a sentir más próximo a alguien que pasa por lo mismo que tú. Ocurre siempre en la vida.

Sin "hueco" en los colegios

Estas actividades y el apoyo de la familia están muy bien y seguro que ayudan mucho a los menores. Pero donde más tiempo pasan es en las aulas de los colegios. ¿Está la escuela adaptada para atenderlos correctamente?

La situación está cambiando y ahora se interviene mucho más que hace unos años. En general. Porque hay algunos colegios en los que no se hace nada y las familias terminan cambiando a sus hijos de centro porque están desesperados. Lo que ocurre es que, a veces, no hay "hueco" para estos niños. Sí que lo hay para los alumnos con necesidades educativas especiales, como el Trastorno por Déficit de Atención e Hiperactividad (TDAH), la dislexia, el autismo.... Pero no para las altas capacidades. Y, en ocasiones, son alumnos que también presentan necesidades educativas especiales. Hay que ayudar a todos. También a los que están por encima.

Voy a hacer de abogada del diablo. Ustedes critican que los docentes y orientadores no están formados en altas capacidades. Pero lo cierto es que ahora tienen aulas muy diversas, con alumnos de todo tipo... Más que hace años...

Es cierto. Lo más importante es que los profesores tengan voluntad de aprender, de formarse... La llave de todo la tienen los docentes. Son fundamentales para motivar no solo a nuestros hijos, sino a todos los niños. No hay que esperar a que salten las alarmas cuando ya ha sucedido un problema. ¡Pongamos remedio antes! Pero el mismo problema se da en las familias. Algunas solo van a pedir ayuda al colegio cuando ya ha sucedido algo grave.

¿Qué medidas académicas se toman con estos alumnos? ¿Les pasan a un curso superior al que les corresponde?

Saltar de curso es una medida entre otras muchas. Primero, se prueba con el enriquecimiento curricular (ampliar algunas áreas con otros contenidos que al niño le puedan interesar). Si se ve que ese enriquecimiento en su propio curso no es suficiente, entonces se puede plantear el pasar a otro curso. Pero siempre teniendo en cuenta la opinión del niño y su estado emocional. A veces, si está contento con sus amigos, puede ser contraproducente cambiarle de clase.

Vamos, que se busca siempre el bienestar del menor...

¡Claro! Las familias y los colegios aspiramos siempre a que nuestros hijos sean felices. ¡No nos olvidemos de que son niños y de que tienen derecho a equivocarse y no pasa nada! Todos nos equivocamos. No queremos niños prodigio sino que estén emocionalmente bien.

Lamentan que no se identifican o evalúan a todos los menores con altas capacidades. ¿Qué habría que hacer?

Por estadística, son tres menores de cada cien pero no siempre se identifican y hay diferencia de unos centros a otros. ¿Por qué en un colegio pequeño hay más que en otro más grande? No es lógico.

Las chicas se "ocultan"

En todas las estadísticas sobre las altas capacidades, el porcentaje de varones (70%) resulta muy superior al de mujeres (30%), a pesar de que, según las investigaciones, la inteligencia se distribuye de igual modo entre ambos sexo. ¿Por qué cree que se da esta situación?

Estamos teniendo un problema grave con este asunto. Las chicas se "ocultan", disimulan mejor, no quieren destacar para ser aceptadas en el grupo, para no salirse de la normalidad. Por eso, cuesta mucho más identificarlas y se esfuerzan para "no ser las empollonas".

¿Y qué se podría hacer para "darle la vuelta a la tortilla"?

Tenemos que enseñar a nuestras hijas a que se ayuden entre sí, a que no se critiquen, a que se acepten aunque sean diferentes. Lo mismo ocurre con los chicos. Hay que insistir a nuestros niños en que todos somos diferentes y que los que tienen problemas no son ellos (los de altas capacidades) sino los demás que no les aceptan.

Es algo similar a la metáfora del sándwich mixto, de la que ahora se habla (el diario El Mundo publicó el 4 de septiembre una información con este título: La sociedad del sándwich mixto: por qué los mediocres dominan el mundo)...

Es que nadie quiere destacar. En el artículo se decía que a nadie le ofende un sándwich de jamón y queso pero que difícilmente alguien lo elegiría para la comida de su boda o su última cena. Parece que lo que está de moda es no destacar por ser demasiado malo ni demasiado brillante.

"Mi hijo cuenta con el apoyo del colegio y es feliz"

María Sola aún se emociona al recordar cómo su marido y ella detectaron que a su hijo "le pasaba algo", que "lloraba mucho" y no quería ir al colegio. Ocurrió hace dos años, antes de la evaluación que lo catalogó como un niño con altas capacidades. Hoy, con el apoyo del colegio, su hijo Mikel, de 9 años, cursa simultáneamente 4º y 5º de Primaria (por edad debería estar en 4º) y, lo que es más importante, insiste, "ha vuelto a ser feliz".

¿Qué les hizo sospechar de que a su hijo le ocurría algo "raro" o diferente?

Ocurrió en las vacaciones de Navidad de hace dos años, cuando cursaba 2º de Primaria (7 años). Decía que no quería ir al colegio o, incluso, que se quería cambiar de centro... Eran comentarios que surgían a la hora de la cena o cuando ya estaba en la cama. Por las noches, le cambiaba el carácter y era muy emocional. Lloraba mucho. Tenía picos emocionales.

Buf, qué sufrimiento tan terrible...

¡Brutal! Fue muy intenso. Empezamos a hacerle preguntas de por qué lloraba o qué es lo que le parecía tan maravilloso. Y decía: "¡me gusta todo!", "¡me encanta mi familia!". Pensábamos que ya se le pasaría, que sería la edad... Le íbamos observando, como cuando tienen fiebre y te dice el pediatra que les vigiles (se ríe).

Pero no se le pasó...

No y después de Navidad ya fuimos a hablar con el tutor. Le explicamos lo que ocurría en casa y él nos contó que en clase también lo veía muy desmotivado. Entonces le envío a la orientadora que le hizo la prueba de las altas capacidades y la de la creatividad y ahí ya se vio que su cociente intelectual era alto. No tenemos más que buenas palabras para el colegio. Nos han ayudado en todo. Y no ocurre lo mismo en todos los centros...

Una vez evaluado como alumno con altas capacidades, ¿qué medidas tomaron?

Durante ese curso (2º de Primaria), le pusieron el llamado "enriquecimiento curricular" (más contenido o contenido diferente según sus intereses) en Matemáticas y Ciencias, sus materias favoritas. Al curso siguiente (3º), ya había un grupo de más alumnos de este tipo en el curso y se creó un grupo con estos niños a los que les enriquecieron el currículo. Pero entonces volvió a tener otra crisis porque emocionalmente tiene picos y vimos que había que ir más gradualmente. Es importante que los tutores, la orientadora y los padres, todos los adultos de referencia del niño, tengamos el mismo criterio.

¿Qué le gusta hacer a Mikel?

Le encanta leer (la colección de Gerónimo Stilton, enciclopedias de animales y de astronomía...). También aprende matemáticas con Kumon, un método japonés, va a clases de filosofía en la asociación y este año va a empezar esgrima.

¿Y ustedes? ¿Cómo se "reajustaron"?

Enseguida nos apuntamos a la asociación y participamos en muchas actividades para niños y adultos. Me encanta el "café terapia", donde hablas con otros padres, empatizas y te ayuda a desdramatizar.

Contexto

David Bueno. *La organizadora de un congreso de educación emocional me llamó para avisarme de los ponentes que había traído y para ver a quién me interesaba entrevistar. De todo el plantel, "elegí" a David Bueno. La entrevista tuvo lugar en un restaurante del centro de Pamplona un sábado por la tarde previo a Navidad. Yo no trabajaba ese día pero me acerqué para hacerle la entrevista, ya que al día siguiente, él viajaba de vuelta a Barcelona. Le hice las preguntas mientras él comía un flan de postre y yo me bebía una infusión. La entrevista, como era intemporal, salió publicada a la vuelta de vacaciones de Navidad, en el mes de enero de 2019.*

5 de enero de 2019

David Bueno | Biólogo y genetista experto en neurociencia y educación

"Más de la mitad de las enfermedades y dolores los motiva nuestro cerebro"

- *El biólogo y genetista David Bueno i Torrens, de 53 años, es profesor en la Universidad de Barcelona y autor de libros como* Cerebroflexia *o* Neurociencia para educadores.
- *El cerebro rige nuestro cuerpo más de lo que creemos. Hasta el punto de que los optimistas enferman menos que quienes están tristes. Este experto en la ciencia que estudia el órgano motor impartió una conferencia en Pamplona.*
- *"Las conexiones neuronales que originan la memoria empiezan a los 3 años. No podemos recordar lo ocurrido antes de esa edad"*
- *"Hasta los 6 años, es mejor no usar asiduamente las pantallas"*

¿Recuerdas cómo eras a los 2 años? Aunque ahora mismo te vengan a la cabeza imágenes de un bebé rollizo en blanco y negro será porque las has visto en fotos. Es imposible que lo recuerdes. ¿Y sabes por qué tu hijo aprende inglés con tanta facilidad antes de los 5 años y a ti te cuesta tanto recordar el vocabulario en ese idioma? En ambos casos, la respuesta está en el cerebro. En ese órgano que rige toda nuestra vida, física y emocional, y que genera nuestra felicidad o tristeza. Y, en ocasiones, hasta nuestras enfermedades. Así lo explicó el biólogo y genetista David Bueno i Torrens en Pamplona.

Barcelonés de 53 años y experto en neurociencia (el estudio de la formación y el funcionamiento del cerebro) y educación en la Universidad de Barcelona, impartió una conferencia sobre *Estrés, sorpresa y motivación: la delgada línea roja del cerebro.* Y lo hizo en el IV Congreso de Educación Emocional organizado por *Padres*

Formados en el Colegio de Médicos, el 15 y 16 de diciembre. Bueno ha recibido el Premio Magisterio a la trayectoria profesional y es autor de varios títulos, como *Cerebroflexia, el arte de construir el cerebro* (Plataforma Editorial) o *Neurociencia para educadores* (Octaedro).

Somos una sociedad estresada. Pero, ¿qué es exactamente el estrés?

Es una reacción fisiológica ante una situación de amenaza. Pero existen dos tipos: el "estimulante", para reaccionar ante un peligro (por ejemplo, correr si te persigue un perro) y el "crónico", que es el que hay que evitar. Pero cada uno tenemos un umbral de estrés diferente y lo que para uno puede ser estimulante para otro será estresante. Depende no solo de nuestra genética sino también la educación que hayamos recibido (una familia que exige mucho, en la que hay violencia, haber vivido acoso escolar...).

Estrés y ansiedad. ¿Dos caras de una misma moneda?

En el caso de los adultos, sí. Si no estás estresado, la ansiedad desaparece. Vivimos muchas situaciones como amenazas (estrés por perder el trabajo...) y sentimos miedo y angustia.

Formulado el diagnóstico, ¿algún tratamiento para mejorar o curarse?

El miedo es angustiante y provoca una tensión física y mental. Por eso, hay que relajarse y apoyarse en los amigos, la familia... ¿Algo más concreto? Cuando estás tan enfadado o agobiado, que "morderías a alguien" o aprietas fuertemente las mandíbulas, se recomienda llevar la lengua al paladar. Pruébalo. Es una acción que relaja.

¿Y qué me dice de la sorpresa?

Es una de las emociones básicas que genera nuestro cerebro, necesaria para vivir y aprender a motivarnos. La motivación surge de la sorpresa y supone un aporte extra de glucosa y energía en nuestro organismo. Por eso, cuando estás motivado, tomas mejores decisiones, trabajas mejor, te cansas menos... El cerebro recompensa la motivación con una situación de bienestar: nos sentimos a gusto y satisfechos.

También ocurre lo contrario... Personas tristes que se encuentran mal físicamente.

¡Claro! Es que el cerebro es la guía de todo nuestro cuerpo. Por eso, más de la mitad de las enfermedades y dolores que tenemos son psicosomáticos. Es decir, las provoca el cerebro. No es que te cojas la gripe por estar triste sino que esa sensación te baja las defensas... Por eso, los optimistas enferman menos. El primer paso para mejorar es reconocerlo y saber que estás estresado. Porque el estrés lo agrava todo. Y cada vez hay más enfermedades mentales.

La neurociencia está íntimamente relacionada con la infancia y la educación. ¿Desde qué edad podemos recordar?

No antes de los 3 años. Es a esa edad cuando se producen las conexiones neuronales en el hipocampo, el centro gestor de la memoria en el cerebro. Por eso, es muy difícil reconducir los traumas anteriores a esa edad porque los niños no recuerdan nada. Ocurre, por ejemplo, con las adopciones.

¿Y cómo se adquiere el lenguaje?

Hasta los 5 años, el cerebro aprende idiomas por contagio. Por eso, es importante que hasta esa edad tengan profesores nativos. ¡No hay límite para los idiomas! Yo hablo inglés pero no con el acento de un nativo porque no lo adquirí antes de esa edad.

Una situación contraria a la que ocurre con las pantallas, que se aconseja no utilizar asiduamente hasta cumplidos los 5 años...

Sí, porque hasta esa edad el cerebro de los niños busca la integración sensorial y con las pantallas solo se desarrollan dos sentidos (el oído y la vista). Por eso, se recomienda que los menores de 5 años jueguen al aire libre con palos, piedras, corran...

¿Por qué los menores reaccionan de forma agresiva si les quitamos las pantallas?

Porque están tan metidos en el juego, que tu acción la perciben como una amenaza. Y por eso, se defienden agrediendo también.

Contexto

Gerardo Castillo. *Me llegó un libro de la editorial Eunate al periódico y la editora me propuso entrevistar a su autor, Gerardo Castillo, experto en adolescentes. Me desplacé a la Universidad de Navarra y le hice la entrevista en su despacho. A las dos semanas, organizamos el primer encuentro de* Expofamily, *una feria para las familias en el periódico y le invité a ofrecer una conferencia. En junio le presenté el libro en el periódico y dos años después, volví a presentarle otro. Gerardo Castillo se ha convertido en una persona entrañable para mí y en uno de mis expertos de cabecera.*

5 de mayo de 2017

Gerardo Castillo | Pedagogo y autor de 'Retos educativos de los adolescentes posmodernos'

"Todas las rebeldías de los adolescentes tienen una causa"

- *"No se puede comenzar a educar a un adolescente a los 15-16 años. Hay que hacerlo desde la infancia"*
- *"Los amigos de los hijos son algo fundamental y conviene conocerlos e invitarlos a casa. A esa edad se cambia a los padres por los amigos"*

El niño pequeño y cariñoso ha desaparecido y se ha convertido en un adolescente protestón, que se aburre con todo, dice tacos y "jo, tío, chaval" constantemente. ¿Dónde está mi hijo? ¡Me lo han cambiado! Parecen preguntarse y sorprenderse muchos padres. "Pero su hijo sigue ahí y no ha ido a menos, sino a más. La adolescencia es un puente necesario para pasar a la otra orilla y cruzar desde la niñez a la edad adulta". Quien lo explica de esta forma tan gráfica es Gerardo Castillo Ceballos. Doctor en Pedagogía y profesor emérito de la Facultad de Educación y Psicología de la Universidad de Navarra, conoce el tema "al dedillo" en la teoría (es una de sus áreas de investigación) y en la práctica (es padre de seis hijas y tiene 25 nietos, muchos de ellos adolescentes). Autor de más de 30 libros (*El adolescente y sus retos, Adolescencia, mitos y enigmas, 21 matrimonios que hicieron historia*...) acaba de publicar *Retos educativos de los adolescentes posmodernos* (Eunate, 17 euros). Cántabro de 79 años y vecino de Pamplona desde hace más de cuarenta, confiesa que fue "un adolescente de libro, tímido e inseguro" y recuerda las pedradas que recibió y propinó a sus hermanos en su Orduña natal. Mañana impartirá una charla sobre *El secreto de la comunicación entre los padres y los hijos adolescentes* en *Expofamily* (Baluarte, 19.45 horas, gratis previa inscripción por Internet).

¿A qué se refiere al hablar de los adolescentes posmodernos?

Se trata de los adolescentes que viven en la época posmoderna, que tiene su origen en el mayo francés de 1968. Es un periodo en el que seguimos, individualista, consumista, en el que solo interesa disfrutar del presente (el famoso *carpe diem*). Por eso, los adolescentes viven con prisa, con miedo al futuro y para ellos lo prioritario es disfrutar de la vida.

No describe una situación muy esperanzadora. ¿Vamos a peor?

Sí, sí. Es la generación de los *ninis* (ni estudian ni trabajan). Pero eso no quiere decir que todos los adolescentes sean así. Hay chicos y chicas extraordinarios. Lo que ocurre es que los nuevos adolescentes necesitan referencias y referentes ligados a valores.

¿Como cuáles?

Se habla mucho de la "medicina preventiva" pero poco de la "educación preventiva" y es muy necesaria. Se necesita un trabajo en equipo entre padres y profesores, evitar las modas educativas en las que se permite todo a los hijos, desarrollar el deporte y prevenir conductas de riesgo (alcohol, droga, ludopatía online...).

Muchos padres se quejan de que cuando su hijo cumple 11-12 años empieza a estar rebelde...

Pero es algo normal y todas las rebeldías de los adolescentes tienen una causa. Deben cruzar un puente para llegar a la otra orilla, desde la infancia a la edad adulta. Nunca hay que sofocar o suprimir la rebeldía sino reorientarla hacia lo que valga la pena.

"Me aburro y me aburro"

Ligado a la rebeldía, el aburrimiento es otra seña de identidad en esta edad. ¿Por qué se aburren tanto si tienen de todo?

Los adolescentes posmodernos, los de ahora, se aburren más que los de antes porque disponen de mucho tiempo libre, salidas nocturnas... El aburrimiento es la permanencia en el mismo sitio. Muchos jóvenes se aburren en el botellón porque no hablan de nada pero no se atreven a confesarlo. El "atracón por alcohol" (beber mucha cantidad en pocas horas) es una práctica muy extendida y tienen más riesgo los jóvenes de 15 años que los de 18.

Ante esta situación, a veces a los padres les resulta difícil comunicarse con sus hijos. ¿Qué propone para lograr un entendimiento?

Lo primero es que no se puede comenzar a educar a un adolescente a los 15-16 años sino que hay que hacerlo desde la infancia. De mayores, hay que enseñarles a "bajarse del podio" (no están por encima de todo) y a ser autónomos (si necesitan unos zapatos, que se los compren ellos mismos). El secreto de la comunicación en la familia es el amor y al hijo hay que quererle como es, aunque saque malas notas. ¡Por qué es muy fácil quererlo cuando se porta bien! Es importante que haya conversación en la comida, así que los padres no deben estar mirando el WhatsApp. Los amigos de los hijos son fundamentales y hay que conocerlos e invitarlos a casa. A esa edad, se cambian los padres por los amigos y estos últimos tienen mucha influencia.

"Hay adicción a las tecnologías
y no se lee"

El tiempo en Internet no transcurre a la misma velocidad que en la vida real. O eso parecen pensar los adolescentes. Gerardo Castillo habla de la "tabla de equivalencias de tiempo" y apunta que cuando los niños y adolescentes dicen que van a estar "un segundo" con un videojuego en realidad pasan media hora y cuando aseguran "ya voy", finalmente discurren tres. "Los padres deben establecer un horario. Si no, sus hijos pasan mucho tiempo delante de la tablet, *el ordenador... y no hacen los deberes. Además, ¡no se enteran de nada! Les hablas y no te escuchan", lamenta. La alternativa de dejarles las "maquinitas" solo los fines de semana, cree, puede ser buena idea "si no están todo el tiempo delante de ella". Además, lamenta, ha desaparecido la afición a la lectura. "¿Quién quiere leer después de divertirse con un videojuego?". Sin embargo, reconoce, hay videojuegos educativos que permiten desarrollar el pensamiento, la capacidad visual o las habilidades para resolver problemas.*

"Los abuelos son los confidentes
de sus nietos"

"La conversión de algunos solitarios 'niños-llave' en nietos acompañados de sus abuelos está mitigando su situación de orfandad". Así comienza el capítulo *La demanda de súper abuelos*, en el que Castillo recoge la conversión de los "abuelos-jarrones" o "cebolleta" de hace unos años en "miembros activos de la familia" que llevan a sus nietos al colegio o al médico, supervisan sus deberes y controlan el uso que hacen de la televisión. "Los abuelos pueden y deben colaborar con los padres en el cuidado y educación de sus nietos, actuando con las mismas pautas educativas pero moviéndose en un segundo plano". De este modo, insiste, los nietos, sobre todo los adolescentes, ven en sus abuelos a unos "confidentes". "Les cuentan si tienen novio, se quejan de que sus padres no les comprenden... Como los abuelos no son la autoridad...". Sin embargo, añade el autor, es un "error" que los abuelos sean tratados solo como "canguros" (sin derecho a corregir ni a ser obedecidos). "A mí me encanta estar con mis nietos. Nosotros les aportamos mucho. Pero ellos, también a nosotros".

Contexto

Jaime Nubiola. *Con motivo de uno de sus libros publicado en una editorial nacional, la editora me sugirió entrevistarle y así lo hice. Una mañana de abril en su despacho de la Universidad de Navarra.*

19 de abril de 2019

Jaime Nubiola | Profesor de Filosofía de la Universidad de Navarra y coautor de *"Alma de profesor"*

"El mejor profesor es el que mira, sonríe y quiere a sus alumnos"

La educación no debe vincularse a la disciplina y a los profesores "hueso" sino a los docentes con vocación que disfrutan enseñando su materia y la vida. Y a alumnos que aprenden de los maestros que son capaces de que "los olmos den peras".

- *"Solo es buen profesor al que le gusta su trabajo. Muchos terminan siéndolo porque les han cerrado la fábrica. Les soluciona su problema económico, pero no ayudan a los alumnos"*
- *"Hay bajas por depresión y 'profesores quemados'. Les animo a hablar con sus compañeros y escribir"*
- *"Los alumnos que más me gustan son los 'malotes' de la última fila. Quieren que un adulto les escuche"*

Conversar con Jaime Nubiola en su despacho de la universidad es asistir a una declaración de intenciones. Las que él, que está a punto de sumar siete décadas de vida, todavía hace de su profesión: la de profesor "totalmente vocacional". "Yo pagaría por enseñar", insiste. Y de esta vocación habla en su último libro, *Alma de profesor* (Desclée De Brouwer, 11 euros, del que es coautor con María Rosa Espot, docente de Matemáticas en Secundaria). También trata de la mirada, la sonrisa y el "querer a los alumnos". De las nuevas tecnologías en el aula o la enseñanza tradicional. O de los deberes escolares, los alumnos extrovertidos o los "profesores quemados". Nacido en Barcelona hace 66 años y profesor en la Facultad de Filosofía y Letras de la Universidad de Navarra (imparte Filosofía del Lenguaje, es experto en Filosofía de la lógica y el pragmatismo), enseña en este campus desde 1978 y, según ha convenido con "su" decana y si la salud no falla, seguirá a pie de aula y con la tiza hasta los 70.

¿Qué significa realmente tener "alma de profesor"?

María Rosa y yo estamos al final de nuestra carrera profesional y nos dirigimos, sobre todo, a los profesores jóvenes. Ella, que da clase en un colegio, está "harta" de ir al baño y encontrarse a profesoras llorando porque no saben cómo gestionar la disciplina. Los recortes han traído que en una misma aula haya alumnos muy diversos a los que no se pueda prestar una atención individualizada. Nos dirigimos también a los profesores quemados, a los que sufren el Síndrome de *Burnout.* Muchos lo padecen porque repetir siempre lo mismo se hace aburrido si uno ha perdido la capacidad de aprender. ¡Pero el profesor no puede dejar de aprender! No solo contenidos, sino que tiene que darse cuenta de que los alumnos de ahora ¡no son los mismos de hace diez ni veinte años! ¡Ni mucho menos de cuando los profesores eran jóvenes! La generación Z (los nacidos después de 2000) no tienen interés por los estudios formales. Pero sí sus padres.

Dice que es importante que el profesor mire y sonría al alumno...

Los cinco primeros minutos de clase con un profesor son decisivos para saber si se va a aprender con él o no. El profesor que mira y sonríe disfruta con su trabajo. ¡Pero no todos tienen vocación! Muchos terminan en las aulas porque les ha fallado otra cosa (un ingeniero al que le han cerrado la fábrica). La enseñanza les soluciona su problema económico, pero no el del alumno.

¿Y qué más hace falta para ser un buen profesor?

Que piden peras al olmo. Pero no solo eso. Que sean capaces de que los olmos den peras. Yo lo he comprobado cantidad de veces. Los alumnos que más me gustan son "los malotes" de la última fila. Están muy necesitados de que un adulto les quiera, les escuche y les haga sentirse importantes.

O sea, querer a los alumnos...

Ya dijo el filósofo griego Platón hace 2.300 años que solo se aprende lo que se aprende con gusto. El amor es la relación más educativa que hay. La educación no tiene nada que ver con esa visión negativa de la disciplina, del "profesor hueso", con el que estudiabas mucho pero que al día siguiente del examen ya se te había olvidado todo.

Lo de querer a los alumnos está muy bien. Pero, ¿qué le diría al profesor de ESO de un instituto de un barrio obrero con alumnos muy diversos, que ya ha cogido varias bajas por depresión?

Que se reúna con otros compañeros para tomar un café o una cerveza y que hablen de lo que les pasa. Porque los profesores son (somos) gente muy solitaria. También les animaría a que escriban un blog, un diario... Y les aconsejaría que, si precisan atención médica, no duden en acudir al psicólogo o al psiquiatra. Y, sobre todo, que descansen bien.

Un asunto, este del descanso, muy criticado. "¡Cómo viven los profesores!" "¡Siempre de vacaciones!" son comentarios de calle.

Sí, pero es que nosotros tenemos una gran exigencia y necesitamos descansar los fines de semana, en vacaciones... Además de las clases, tenemos que corregir en casa. Somos como los actores, que después de una representación, tenemos que desconectar.

Alumnos introvertidos

En el libro hacen referencia a los "alumnos introvertidos" y critican que todo está organizado (trabajos en grupo, exposiciones orales...) para los "extrovertidos"...

¡Pero la mayoría de la gente valiosa es introvertida! Está muy bien el trabajo en equipo pero también hay que premiar el individual. Debemos estar abiertos a los diferentes entornos educativos, pero un profesor apasionado engancha más que una pantalla.

¿Y qué prefiere? ¿Educación tradicional o nuevas tecnologías?

Las dos son útiles y complementarias y el buen profesor es capaz de utilizar lo mejor de las tecnologías al servicio de la formación de sus alumnos. Por ejemplo, en mis tiempos, nos enseñaban a hacer raíces cuadradas. Ahora ya ni me acuerdo, ¡las hacen las máquinas! ¿Para qué vamos a empeñarnos en que se aprendan?

Relacionado con este tema está el de la Letras o las Ciencias. Es frecuente pensar que es un "desperdicio" que los alumnos brillantes estudien carreras de Letras...

Así es. Y muchos creen que las Humanidades son una pérdida de tiempo, que no tienen inserción laboral... Pero cualquiera que se pare a pensar se dará cuenta de que las Humanidades no solo hacen posible el espacio ciudadano sino que forman a mejores personas. No solo máquinas. Y son vitales para el desarrollo democrático de un país.

Y usted, ¿siempre supo que tenía "alma de profesor"?

Al terminar Secundaria, no estaba seguro de si estudiar Periodismo, Derecho o Filosofía y Letras... Eran años muy complicados en los que se luchaba por que viniera la democracia. Al terminar la carrera, me ficharon en un colegio mayor en Valencia y allí conocí a Alejandro Llano, el que fuera rector de la Universidad de Navarra y pensé: "Yo quiero ser como este". Vine a Pamplona con 25 años, aquí sigo y me lo paso muy bien. ¡Pagaría por trabajar!

Píldoras para ser un buen profesor

- No dejar de aprender. No solo de su materia sino, y sobre todo, de que "los alumnos de ahora no son los mismos que cuando el docente era joven".

– Amor y educación. Hay que querer a los alumnos y enseñarles, no solo los contenidos, sino también las emociones.

– Descanso. Aunque es algo muy criticado, Nubiola insiste en que los docentes deben descansar los fines de semanas y en vacaciones porque desempeñan un trabajo "muy exigente y dedicado".

– Indumentaria y aspecto externo. Es clave, dice Nubiola, que los docentes "sepan vestir" de forma adecuada y que se aseen correctamente.

– Tareas escolares. "La carga en Primaria y ESO es excesiva". Demasiados deberes, dice, son "una tortura para los padres".

Contexto

Gregorio Luri. *Una de las responsables de una asociación navarra que organiza actividades sociales y culturales, me avisó de que Gregorio Luri venía a Pamplona a impartir una conferencia. Vino al periódico y le entrevisté para mi podcast en junio de hace dos años. El pasado mayo regresó a Pamplona y fue él mismo quien me dio la noticia. En esta segunda ocasión le hice la entrevista por teléfono porque el día de la conferencia, él no disponía de tiempo para hablar conmigo.*

3 de junio de 2022

Gregorio Luri | Maestro, filósofo y pedagogo

"El maestro es el 'amante celoso' de lo mejor que puede llegar a ser su alumno"

La escuela no es solo un parque de atracciones porque allí están los maestros que elevan la mirada de los niños. Sobre esta premisa, este intelectual de Azagra impartió ayer una charla en Pamplona.

* *"Si no podemos aspirar a unos puestos públicos abiertos al talento, ¿qué le decimos a un pobre?"*
* *"Con el esfuerzo no conseguirás lo que quieras, pero sí mejorarás"*
* *"El elogio inmerecido es una forma de humillación"*

El médico de Azagra lo tuvo claro y así se lo hizo saber a la madre del muchacho: "Gloria, tu hijo sirve para los estudios". Corría el año 1964 y el chico del que hablaba el galeno era Gregorio Luri Medrano, que sumaba entonces 9 años. "Mi padre había muerto cuatro años antes y para mi madre aquella noticia supuso un problema económico. ¿Qué íbamos a hacer?", recuerda ahora, a sus 67, este filósofo, pedagogo, maestro y uno de los principales referentes españoles en materia de educación. Gracias a las becas, su esfuerzo y el estudio. "Y, sobre todo, a Don Ramiro Layana. Aquel médico que supo ver en mí algo que ni yo ni mi entorno habíamos percibido. ¿Cómo no voy a creer en la meritocracia?"

Autor de numerosos libros sobre educación y familia, como *Mi familia es bestial* (escrito junto con su nieto mayor cuando el niño tenía 7 años), *Elogio de las familias sensatamente imperfectas*, *La mermelada sentimental*, *La escuela no es un parque de atracciones* o el último, *El eje del mundo*, ayer impartió una conferencia sobre educación en Pamplona invitado por la asociación Sociedad Civil Navarra. Vecino de Barcelona, casado, padre de dos hijos y abuelo de dos nietos (de 12 y 7 años), asegura que, tras décadas de estudio y varios galardones (entre ellos, la Cruz de Carlos III del Gobierno foral), se queda con la definición de educación que le ofreció su madre en aquella Azagra de su infancia: "Hijo, estudia para que puedas presentarte en cualquier sitio".

¿Por qué asegura que la escuela no es un parque de atracciones?

Digo que no "solo" es eso. Lo que no significa que tenga que ser un lugar para pasarlo mal. De hecho, una cierta escuela, la de "la letra con sangre entra" y los brazos en cruz, ha hecho mucho daño. Y está bien acabada. Pero eso no significa que pueda ser un parque de atracciones, un lugar intrascendente donde vas con tus amigos a pasarlo bien. ¿Y por qué no? Porque la escuela es el lugar en el que está el maestro, ese "amante celoso" de lo mejor que pueda llegar a su ser su alumno. ¿Cuántos niños fracasan porque no han tenido a nadie que les elevara la mirada más allá de su entorno?

Por eso, los maestros son tan importantes para muchas personas. Como para el escritor argelino Albert Camus, que remitió una carta al suyo nada más recibir el Premio Nobel de Literatura...

Es una anécdota preciosa. Camus pertenecía a una familia muy humilde y vivía en situación de pobreza. Pero, para él, su maestro de escuela, y las novelas que les leía al salir de clase, fueron un acicate. Al recibir el Nobel, le escribió: "Gracias por considerarnos dignos de descubrir el mundo". ¡Es el elogio más grande que se puede hacer a un maestro!

Como constatamos, la escuela ha evolucionado mucho y ya no se lleva el esfuerzo y el tesón. Pero usted sigue abogando por los méritos, algo tan denostado...

¿Conoces el cuento de aquel padre que, en su lecho de muerte, les dijo a sus hijos que les dejaba una viña con un tesoro escondido? Removieron la tierra, pero no lo encontraron. Sin embargo, tuvieron una cosecha estupenda. Si eliminamos la aspiración a la meritocracia, nos quedaremos con una cosecha de uva miserable. Porque, si no podemos aspirar a una sociedad en la que los puestos públicos estén abiertos al talento técnico y moral, ¿qué le decimos a un pobre? ¿Que se aguante? Nuestra capacidad de trabajo y el conocimiento se han convertido en el nuevo petróleo. No podemos frivolizar y debemos tomárnoslo en serio.

Usted lo ha experimentado en su propia vida...

¡Claro! Don Ramiro, además de animarme a estudiar, me dio una serie de libros y cuando los terminaba iba a su consulta a comentarlos con él. Me he pasado los últimos años de mi vida contando palabras: las que oyen los niños de diferentes culturas y clases sociales. En una hora, uno puede escuchar 600 vocablos; y otro, 2.600. Y para eso está la escuela: para compensar esa diferencia de palabras. Nuestros abuelos tenían un vocabulario amplísimo. No hablaban de un pájaro o de un árbol, sino que los citaban por sus nombres. Nosotros lo hemos perdido. Y lo que no sabemos expresar, no lo conocemos.

Insiste en el esfuerzo y el trabajo bien hecho, pero vivimos en una sociedad de optimismo exagerado que asegura: "Esfuérzate y lo conseguirás". A lo que usted rebate: "Esfuérzate y mejorarás".

Es que eso es el "sueño americano". Ya nos gustaría que esforzándonos pudiéramos lograr todo lo que deseamos. Yo soñaba con ser delantero de Osasuna pero vi que era irrealizable. No se trataba de esfuerzo, sino de que yo era muy malo jugando al fútbol (risas).

Pero ahora parece que no se puede decir a un niño que hace algo mal porque se le desmotiva...

Conozco una escuela en la que se enseña a los niños a saltar sin cuerda para que los torpes no se tropiecen. Pero al niño listo no se le engaña y sabe cuándo ha hecho algo mal. El elogio inmerecido es una forma de humillación.

Habría que buscar el equilibrio...

Una escuela buena debe encontrar ese equilibrio entre no machacar a un alumno y no decirle que hace todo bien. Como en la fábula de Schopenhauer: los puercoespines tienen que encontrar la distancia adecuada para darse calor sin hacerse daño.

Contexto

César Bona, el 'Nobel' de los maestros. *Una escuela de negocios organizó un encuentro con César Bona en enero de 2019. Tras escuchar la conferencia, le entrevisté para una sección de entrevistas en vídeo para el periódico a las nueve de la noche y en un aula que nos cedieron para tal fin. A los dos años y con motivo de la publicación de un nuevo libro, volví a entrevistarle. En esta ocasión, como estábamos aún en plena pandemia, la conversación fue por Zoom.*

30 de abril de 2021

César Bona | Maestro, escritor y autor de *humanizar la educación*

"La pandemia nos da una oportunidad para reflexionar sobre la educación"

Sobre cómo maestros y profesores improvisaron y enseñaron durante el confinamiento y cuáles son los problemas emocionales que afectan a los menores. Uno de "los mejores maestros del mundo" aborda estos asuntos en su último libro.

- *"No podemos apretar los puños y desear que todo vuelva a ser como antes. Debemos hacernos nuevas preguntas"*
- *"¿Para qué te gustaría que tus hijos fueran a la escuela? Es la pregunta clave que todos debemos formularnos"*
- *"El ser humano es racional pero nuestras decisiones más importantes las tomamos con las emociones"*

César Bona siempre habla de lo obvio y lo cotidiano. De los asuntos que nos parecen triviales o damos por hecho, pero que forman parte de nuestra vida y que, por tanto, son cruciales en el día a día. En la escuela y la familia. La importancia (o no) de la tecnología, la educación emocional, la salud mental en niños y adolescentes, la reticencia al cambio o cómo todo comienza en la educación. Sobre todas estas realidades reflexionó este maestro durante el confinamiento y los primeros meses de la pandemia. Pensamientos que ha plasmado en su último libro, *Humanizar la educación* (Plaza & Janés, 18,90 euros). Unas páginas en las que reflexiona sobre cómo la pandemia y la vida nos están ofreciendo "una oportunidad para repensar y reflexionar sobre la educación".

Nacido en Ainzón (Zaragoza) hace 49 años, César Bona es maestro y escritor. Pero no uno cualquiera. En 2015 y por su trayectoria profesional en colegios e institutos, fue nombrado como uno de los cincuenta mejores maestros del mundo, según el Global Teacher Prize, algo así como el Premio Nobel para los profesores. Licenciado en Filología Inglesa y maestro especialista en lengua extranjera, desde entonces ha recogido otros muchos galardones (Premio Crearte del Ministerio de Cultura en dos ocasiones o la Cruz José de Calasanz, máxima distinción de la educación aragonesa), ha formado parte del jurado de los premios Princesa de Asturias y ha escrito tres libros, además del último (La nueva educación, Las escuelas que cambian el mundo y La emoción de aprender). Bona no tiene hijos y está ahora en excedencia de su plaza de maestro. Esta entrevista, que forma parte de las 'Conversaciones en familia' de Expofamily, una iniciativa de *Diario de Navarra* para acercar temas de interés para las familias, se podrá ver también hoy en vídeo en la web del periódico (a partir de las 19.30 horas).

Estamos en medio de una pandemia en la que la tecnología es la reina (reuniones de trabajo por Zoom, trabajos escolares en Teams, videollamadas...) y usted habla de humanizar la educación. ¿A qué se refiere?

No significa que tengamos que luchar contra la tecnología. Ha llegado para quedarse y es una herramienta importantísima. Pero el fin de la tecnología debe ser el mismo que el de la educación: estrechar puentes y ayudar a relacionarnos unos con otros. Este título es una invitación a repensar el sistema educativo y a reflexionar sobre asuntos que se dan por hecho y que se deben tocar en todas las áreas (tolerancia, solidaridad, trabajo en equipo...) y que, a veces, chocan con los contenidos.

En el subtítulo del libro, aclara que la pandemia es una oportunidad que nos ha dado la vida para cambiar. ¿Cuándo lo escribió?

Llegó marzo del año pasado y todas las estructuras empezaron a tambalearse. Todos caminábamos en la incertidumbre. Algunas de las ideas que abordo en el libro ya las tenía en mente, pero fue la pandemia la que me hizo reflexionar. ¡La sociedad veía a niños y adolescentes como si fueran seres de otra galaxia! Además, se hacían entrevistas a microbiólogos, antropólogos, economistas, analistas políticos... ¡Pero nadie hablaba de educación! ¿Íbamos a conformarnos con enseñar a los niños a mantener la distancia de seguridad y a utilizar gel hidroalcohólico o podíamos ir más allá? Y así surgió este libro. Para ver de qué herramientas carecíamos y cuáles podíamos ofrecer a los menores.

¿Y en qué momento estamos ahora? ¿Hemos aprendido algo o volveremos a la misma educación de antes, como si la pandemia no hubiera existido?

Si queremos cambiar es clave que la sociedad y la comunidad educativa vayan de la mano. No podemos cerrar los ojos, apretar los puños y desear que todo vuelva a ser como antes. ¿Por qué nos empeñamos en perpetuar un sistema que no obtiene los mejores resultados? Hay que pararse y bajar de la inercia. ¡Tenemos una oportunidad para cambiar!

Aunque, como repite en el libro, existe resistencia al cambio...

¡Claro! Y no debemos buscar diferentes respuestas si hacemos siempre las mismas preguntas. ¡Cambiemos las preguntas para modificar el sistema educativo!

¿Y qué deberíamos preguntar?

Por ejemplo: "¿Para qué te gustaría que tus hijos fueran a la escuela?" y no dar por hecho que deben ir porque es su obligación. Las respuestas coincidirían y se podrían contar con los diez dedos.

"Mandadores" de tarea

Retrocedamos ahora en el tiempo y viajemos a marzo de 2020. Lo que parecía que iban a ser dos semanas sin clases se alargó el resto del trimestre. Maestros

y profesores improvisaron como pudieron para llegar a todas las familias...
¿Cómo lo recuerda?

Los docentes hicieron todo lo posible para seguir en contacto con sus alumnos, desde conectarse con *walkie-talkies* a enviar cuentos por *wasap*. Pero, al principio, muchos padres vieron a los profesores solo como "mandadores" de tarea en un momento en el que ellos también empezaban a teletrabajar.

La situación nos pilló por sorpresa a todos, pero la comunicación debía continuar. La sociedad creía que los docentes no hacían nada o que enviaban mucha tarea. Pero es que la Administración seguía diciendo que había que seguir con el currículo. ¡Se pensó que había que adaptar la vida al currículo cuando habría que haber hecho lo contrario! Incluso, hasta el presidente del Gobierno dijo que los niños eran héroes por hacer sus tareas. Por lo que se simplificó mucho su relación con la escuela.

Insiste en que la tecnología fue clave para que los docentes llegaran a sus alumnos. Pero esa situación puso aún más de manifiesto la "brecha digital" que existía entre unas y otras familias...

Exacto y ahí se vio que no solo era importante el deseo por llegar a todas las casas, sino que faltaban infraestructura y dispositivos. Pero el desembarco de la tecnología en las casas precisa de gran flexibilidad, también desde un punto de vista emocional. Antes de la pandemia se demonizaba el uso de los móviles en las aulas pero después se convirtieron en salvadores del conocimiento. Aunque los chicos tengan una *tablet* en las manos casi desde que nacen, no podemos olvidar que eso signifique que hagan un uso responsable. Alguien deberá enseñarles a usar los dispositivos correctamente.

Cuenta, además, que antes de que terminara el curso pasado le preguntaron en una entrevista si usted abogaba o no por aprobar y por el paso de curso...

Fue una pregunta desde una mirada adultocéntrica. Cuando hablamos de niños y adolescentes, parece que lo único que importa es una nota. Pero las cosas más importantes de la vida (solidaridad, resiliencia...) no se pueden evaluar. Si seguimos insistiendo en el número de suspensos con el que pueden pasar de curso es que no hemos entendido absolutamente nada.

Estos comentarios ponen de manifiesto la eterna 'rivalidad' de la que habla entre la nueva escuela y la tradicional...

Es curioso que los adultos sepamos que debemos educar a los alumnos para el cambio, pero nosotros no estamos preparados. Hay que borrar esta lucha y pensar qué entendemos por cada tipo de escuela. Porque existen asuntos que ahora se consideran innovadores y que ya se daban hace 200 años. En el libro propongo un viaje al pasado (María Montessori, Piaget, Gabriela Mistral...). Hay gente se resiste al cambio por miedo a lo desconocido, la comodidad...

Ligado a la innovación está el tema de la gestión de las emociones. Hay quien critica que la educación emocional en la escuela es una moda...

Pero no es así. El ser humano no solo es racional, sino emocional, y las principales decisiones de nuestra vida las tomamos con las emociones. A la pregunta que antes planteaba de ¿para qué te gustaría que tus hijos fueran a la escuela?, muchos responderían que para ser felices. Y ahí subyace el deseo de que aprendan a gestionar bien sus emociones.

¿Qué me dice de la escucha? Antes se creía que un buen profesor era el que mantenía a la clase en silencio pero ¿dónde está la importancia del diálogo?

Es que el verbo "escuchar" se da por hecho cuando no es así. No solo los niños deben escuchar. También, los adultos. Cuando escuchas a otras personas, aprendes, creces... A todos nos gusta sentirnos escuchados.

Porque si no, pueden aparecer problemas de salud mental. Como los que han ocurrido en la pandemia (niños con ansiedad, depresión, miedo a enfermar...).

Debemos hacer un ejercicio de empatía. La ansiedad, los trastornos del sueño de los menores... no van a aparecer en el futuro, sino que ya están en el presente. Y no depende solo de los docentes sino de la sociedad.

Precisamente, al hablar de la escuela se refiere a la familia. Deben caminar de la mano pero no siempre ocurre...

Familias y docentes debemos trabajar juntos, aunque, a veces, se suelen levantar muros muy altos para no pasar a las competencias del otro. Con la pandemia se ha hecho más patente que nunca la necesidad de dialogar unos con otros.

Hablar, escuchar, contar historias... ¿Por qué son tan importantes las anécdotas que relata en cada capítulo del libro?

La educación siempre la asociamos con datos, pero nuestras vidas se escriben con historias. Y la ficción se basa en la realidad. Todos somos protagonistas de algunas historias. Solo hace falta mirar alrededor.

Un niño tímido que jugaba en el campo y se hacía preguntas

César Bona fue un niño de pueblo. Un niño tímido de Ainzón (Zaragoza) que, en la escuela, ya "tramaba" lo que iba a hacer al salir. "Quienes crecimos en los pueblos fuimos muy afortunados. Íbamos a los ríos, los campos... Era lo más próximo a las aventuras de Tom Sawyer", se ríe al recordar al personaje del escritor Mark Twain. Pero César, además, era curioso y le gustaba hacer preguntas. Y recuerda una anécdota que le ocurrió en el instituto, cuando cursaba 1º de BUP (14 años), en la clase de Lengua y Literatura. "Estábamos estudiando a Bécquer y la profesora explicó que lo el poeta quería decir en un verso significaba tal cosa. Yo, entonces, le pregunté, con ingenuidad, cómo sabía lo que quiso decir. Pero me castigó y ya no hice más preguntas". Cuatro años después se matriculó en Filología Inglesa, una de las carreras que le gustaba y se podía estudiar en Zaragoza. "No sabía a qué iba a dedicarme, pero vi una salida en la enseñanza. Aunque no era mi vocación de niño, he descubierto cuán difícil es esta profesión y qué responsabilidad tienes".

Capítulo 4

Escribir la vida

Contexto

Jorge Galán. *Me avisaron del colegio de mis hijos (San Ignacio, Jesuitas) que este escritor salvadoreño venía a Pamplona a presentar su novela sobre un hecho real: el asesinato de los jesuitas en El Salvador en 1989. Me leí el libro, quedé con él y le hice una entrevista en una de las salas del centro Loyola del colegio. Le sacamos la foto en la fachada para que se viera que el tema tenía relación con los jesuitas.*

15 de noviembre de 2016

Jorge Galán | Autor de *Noviembre*, novela sobre la matanza de los Jesuitas en El Salvador

"Tenía una deuda con los jesuitas que ayudaron a mi pueblo"

La madrugada del 16 de noviembre de 1989, seis jesuitas, entre ellos el navarro Juan Ramón Moreno Pardo, fueron asesinados en la Universidad de El Salvador. El escritor salvadoreño Jorge Galán lo cuenta en su novela *Noviembre*, que ha presentado en Pamplona.

El jesuita vasco Ignacio Ellacuría se tumbó sobre la hierba húmeda del campus de la Universidad Centroamericana José Simeón Cañas (UCA) en San Salvador. Uno a uno, llegaron otros cinco sacerdotes, entre ellos el navarro Juan Ramón Moreno Pardo, que había nacido en Villatuerta en 1933, y dos mujeres que se encargaban de la limpieza en la casa de los jesuitas, y todos se tiraron sobre el césped. Los soldados les apuntaron con sus armas y se escuchó un "lamento acompasado, el leve canto del Padrenuestro, que rezaron al unísono". Era la madrugada del 16 de noviembre de 1989 y El Salvador vivía sumido en una guerra civil entre el ejército y la guerrilla (1980-1992). A las pocas horas, los teletipos de las agencias de noticias de todo el mundo escupían el titular: "Seis jesuitas asesinados en El Salvador".

Veinticinco años después, el escritor salvadoreño Jorge Galán decidió novelar ese suceso y hace justo un año salió su libro *Noviembre*, en México (Planeta). A las pocas semanas, el autor fue amenazado de muerte por algunos datos que se revelaban en la novela, tuvo que abandonar el país centroamericano y ahora vive en Granada. "Me sorprendió la cuota de odio tan grande que tiene todavía mucha gente en mi país". Nacido en San Salvador hace 43 años, Galán ha presentado su libro en Pamplona. Lo hizo invitado por los jesuitas y en el colegio San Ignacio de la capital. *Noviembre* (Tusquets, 18 euros) recibió el Premio Real Academia Española (RAE). El director de cine Imanol Uribe está escribiendo ahora el guion del libro para adaptarlo al cine.

Noviembre es la primera novela sobre la matanza de los jesuitas, aunque existen otros libros que relatan lo sucedido. ¿Por qué eligió este tema?

Yo no fui a un colegio de jesuitas pero sí a la UCA a estudiar Literatura. Allí está el museo de los mártires, en el lugar en el que murieron, y siempre me había atraído la figura de Ignacio Ellacuría (nacido en Portugalete, Vizcaya, en 1930), que era rector de la universidad cuando lo mataron, un intelectual de primera y un defensor de la teología de la liberación al que siempre se pedía opinión. En el museo, vi los objetos personales de esos sacerdotes (zapatos desgastados, revistas deportivas...) tan eminentes pero que habían sido tan humildes. Y me sentí en deuda con ellos. Los jesuitas habían ido a ayudar a mi pueblo y dieron hasta su vida por los demás. Yo tenía la necesidad de contar, no solo el asesinato, sino también la historia de esos hombres.

¿Es un libro con tinte católico?

No. No es una novela ni católica ni política. Pero lo que es cierto es que los protagonistas de la historia fueron unos curas.

¿Y usted es católico?

No. Creo en Dios, pero no soy católico. Me hace gracia cuando me hacen esa pregunta y veo que la relación con la religión es muy diferente en España y en América Latina. Aquí puede tener unos tintes conservadores y allí se liga más a la teoría de la liberación. Los jesuitas y otros sacerdotes, como Monseñor Romero (un arzobispo salvadoreño que fue asesinado mientras celebraba misa en 1980), siempre han estado con el pueblo. Yo he visto a curas arremangados bajo el sol y haciendo trabajos con la gente.

En 1989, usted tenía 16 años. ¿Cómo recuerda aquel suceso?
Se vivió con mucha confusión y en medio de una ofensiva.
Ignacio Ellacuría era una persona muy relevante y todo el mundo le escuchaba. Así que su muerte causó un gran impacto entre la población de El Salvador y la comunidad internacional. Había muchos corresponsales cubriendo la guerra civil y la noticia enseguida se dio a conocer.

¿Cómo se ha documentado para escribir el libro?
Primero leí la bibliografía que hay (ensayos, reportajes periodísticos, informes de la Comisión de la Verdad de El Salvador...). También entrevisté a decenas de personas que habían tenido relación con los jesuitas y podían contar cómo se vivía durante la guerra.

Además de las personas anónimas, cuenta con tres testimonios cruciales; entre ellos el de Alfredo Cristiani, presidente de El Salvador en 1989.
Yo había pedido la entrevista con Cristiani, pero aún no me habían contestado y empecé el libro. Cuando lo estaba escribiendo, me la concedieron. Era la primera vez que el expresidente hablaba sobre la matanza y dio los nombres de los culpables (militares, aunque inicialmente se había acusado a la guerrilla). Por eso, he tenido problemas y hasta he testificado ante un juez (Eloy Velasco, en la Audiencia Nacional de España, y que pidió procesar a 17 militares salvadoreños). Si el libro se hubiera publicado en 2012 no hubiera tenido tanta repercusión, pero ha coincidido con la reapertura del caso. También entrevisto a Jon Sobrino (jesuita catalán de origen vasco que vivía con los asesinados pero que se libró de la matanza porque estaba impartiendo una conferencia en Tailandia) y a José María Tojeira (jesuita gallego, que fue rector de la UCA hasta 2010 y al que se le considera como el continuador de la obra y el pensamiento de Ellacuría). Quería que el libro fuera una polifonía con esas tres voces, que cuentan la historia porque la vivieron.

¿Cómo se vive ahora en El Salvador? Parece que las heridas aún no han cicatrizado...

Yo pensaba que, como han pasado más de veinticinco años, no iba a ser un tema polémico, pero estaba equivocado. Aún hay una cuota de odio demasiado grande. El Salvador es el país más peligroso del mundo, en el que la vida no vale nada. Hay un asesinato cada hora.

¿Prevé volver a su país?

No me interesa ser un escritor político ni un refugiado. Solo cuento la historia y sueño con volver a El Salvador sin violencia. Pero soy pesimista

Contexto

Paloma Sánchez-Garnica, escritora de la historia. *Había leído varias novelas de Paloma Sánchez-Garnica y me hacía ilusión entrevistarla. Así que aproveché su visita al Club de Lectura de Diario de Navarra para hacerlo. Se lo propuse al redactor jefe de cultura y, aunque yo no formaba parte de esa sección, le pareció bien. Le hice la entrevista por teléfono porque tenía que salir publicada la víspera de la presentación del libro para animar a los lectores a asistir. Acudí también al club de lectura y ahí la conocí personalmente.*

30 de enero de 2017

Paloma Sánchez-Garnica | Escritora y autora de *Mi recuerdo es más fuerte que tu olvido*

"Tenemos todo para ser felices y no lo somos por miedo"

Historiadora, abogada y escritora tardía. En el verano de 2003, Paloma Sánchez-Garnica terminó la carrera de Historia que había abandonado al casarse con 19 años. Antes, había cursado Derecho en cinco cursos mientras criaba a dos niños pequeños (que ahora tienen 34 y 31 años), había preparado oposiciones para magistraturas, que no aprobó, y ejercido la abogacía. "Hice todo al revés y fui dando bandazos. Hasta que, en una cena con amigos, uno dijo que para ser recordado hay que tener un hijo, plantar un árbol y escribir un libro. De camino a casa, le dije a mi marido que iba a escribir un libro". Y en enero de 2004, con 42 años, empezó *El gran arcano*, que terminó en septiembre de ese año y publicó en 2006 en Plaza y Janés. Y hasta hoy ha publicado cinco novelas más.

Una vecina de la urbanización de Madrid en la que vive Paloma Sánchez-Garnica aprovechó la cercanía con su vecina-escritora para abordarla en el verano de 2014. La mujer, de 60 años, arquitecta de éxito, casada y con hijos, acababa de terminar *Las tres heridas* (una novela de relaciones familiares durante la Guerra Civil), le había impactado "muchísimo" y quería comentarla con la autora. "Y entonces me contó la historia de su vida. A pesar de su éxito profesional y personal, desde niña cargaba con un lastre que no había podido asimilar: a los 12 años, en la playa, su madre le contó que su padre tenía otra familia, una mujer y tres hijos, y comprendió entonces el significado de la palabra 'bastarda'. Su historia me impresionó muchísimo". Y con ese germen, Paloma Sánchez-Garnica escribió las primeras líneas de *Mi recuerdo es más fuerte que tu olvido* (Planeta, 21,90 euros). "Yo no elijo las histo-

rias. Son ellas las que me eligen a mí. Esta se empeñó, se empeñó...
Y no hubo forma de decir que no".

Así, su vecina se convirtió en Carlota Molina, una juez madrileña de 53 años, que ejerce en los juzgados de Móstoles, que vive sola y no ha tenido hijos. Desde que en la primera línea de la novela, su medio hermana la llama por teléfono porque su padre (el de las dos), moribundo, quiere verla, se debate entre el deseo y el miedo de saber la verdad. Y a lo largo de 477 páginas se entrecruzan personajes de tres generaciones (los mayores, de más de 80 años y cercanos a la muerte; los de la edad de la autora, alrededor de los 50, con un pasado y "mucho futuro"; y los jóvenes, de 20-30 años, que comienzan a darse cuenta de las consecuencias de sus actos) que entretejen secretos y mentiras.

La autora hablará de esta historia de relaciones familiares en el Club de Lectura de *Diario de Navarra* el 31 de enero (19.30 horas, calle Zapatería, entrada gratis previa retirada de invitación).

Es la primera de sus novelas que no es histórica y que se desarrolla en la actualidad...

Mis novelas no son históricas, aunque es cierto que se desarrollan en una época concreta; la Guerra Civil en el caso de *Las tres heridas*; la posguerra, en *La sonata del silencio*; o la Edad Media en *El alma de las piedras*. Pero en todos mis libros indago en los conflictos del ser humano. Es cierto que en *Mi recuerdo* (...) me he centrado en el presente, me ha costado un "plus" y me ha supuesto un desasosiego.

¿Por qué?

Porque son temas que me afectan personalmente ya que vivo en esta sociedad. En los otros libros, establecía una mayor distancia con los personajes porque eran de otra época. Lo que me ha ocurrido con esta novela es que yo me metía en la mentalidad y los diálogos de los protagonistas. Y al releerlo no me gustaba. Me ha supuesto un ejercicio de humildad encontrar la propia voz de los personajes.

Aunque Carlota es la protagonista, se trata de una novela coral en la que, por cierto, nadie está casado con quien debe y se muestran unas relaciones familiares muy tóxicas.

Claro, porque todos somos el reflejo de lo que mamamos en la infancia y la forma de vida que tenemos nos condiciona. Por ejemplo, los tres hijos de Clemente Balmaseda y Amalia Escolar (Carlos, Enrique y Julia) son infelices con sus parejas porque se han cocido en el caldo del desamor entre sus padres. Lo mismo ocurre con el aislamiento voluntario de Carlota, que se pone una muralla alrededor para que no la hagan daño. Yo siempre digo que tenemos todo para ser felices; leyes que nos permiten divorciarnos o no, la posibilidad de ser madres o no... Pero, por comodidad o por miedo a perder lo que tenemos, no lo somos. No tomamos las decisiones de romper con lo que vivimos. Tengo muchas anécdotas con lectores, pero una me impactó. El verano pasado, una lectora me contó que desde que empezó el libro se identificó con el personaje de Julia (infelizmente casada con Cayetano, el gran amor de Carlota). Y que, al terminarlo, le pidió a su marido el divorcio. Porque, aunque era un buen hombre, sus vidas siempre habían ido en paralelo y nunca se habían encontrado. La literatura tiene que servir para hacernos reflexionar.

Madres y "padrazos"

Habla precisamente de la posibilidad de ser o no madre, algo que se refleja en la historia. Tanto Carlota como su compañera Rita, la fiscal, no han querido tener hijos. A diferencia de las mujeres de otras generaciones que ni se planteaban no tenerlos...

Precisamente hablaba de esto el sábado por la noche con una amiga de 42 años que ha decidido no ser madre. Lo que le ha supuesto mucha presión familiar y la han tildado de egoísta. Algo de lo que a los hombres nunca se les acusa aunque no tengan hijos. ¡Pero también hay madres muy egoístas! Yo conozco a mujeres de mi edad que se alegran de haber tenido hijas porque creen que así las cuidarán cuando sean mayores. Yo tengo dos hijos varones, de 34 y 31 años, y haré lo indecible para no ser una carga para ellos.

En un momento de la novela, Amalia está hablando con Carlota y le dice que no es capaz de entender lo que le está contando porque "no es madre". A lo que Carlota le replica que, viéndola a ella, queda claro que "el hecho de ser madre no te hace mejor persona". Las madres que muestra (Amalia, Manuela...) son muy poco maternales.

He reflejado una relación complicada entre las madres y las hijas porque existe. Mi madre tiene 88 años y yo la adoro, pero no la entiendo. Es muy machista. Yo he pertenecido a una generación un poco rebelde y he roto los esquemas de mujer y madre sumisa. Por eso, surge este conflicto. Yo no he tenido hijas, pero creo que con ellas tendría una relación más cercana porque no hay tanto salto social y generacional.

También hay mujeres que deciden ser madres e intentan conciliar su familia con su trabajo....

¡Conciliar! ¡No existe! Yo tengo un nieto de 2 años y otro en camino. A mi nuera le encanta su trabajo y desde que el niño tenía cinco meses, lo lleva a la guardería de 8 a 17,30 horas. Pero se siente culpable; algo que a mi hijo, que menos dar el pecho ha hecho de todo y se implica mucho, no le ocurre. Mi nuera sale de trabajar y vuela a la guardería. Pero si un día tiene que ir mi hijo y se le complica el trabajo con un cliente, no duda en llamar para decir que llegará más tarde a por el niño. A mi hijo siempre le dicen que es un "padrazo", pero mi nuera no es una "madraza". Porque lo que hace es lo que se considera esperable.

En esa diferencia generacional de mujeres aborda el tema de los malos tratos; físicos en el caso de Zenobia (la abuela de Carlota) en la década de los cincuenta; y psicológicos, los que sufre Maribel (la mujer de Carlos) en la actualidad. No hemos avanzado mucho. Justo la semana pasada vivimos un caso en Pamplona, el asesinato de Blanca Esther Marqués.

Es cierto que el problema continúa, pero actualmente es un delito. Hasta 1989, una mujer no podía denunciar a su marido por violación porque se entendía que él podía hacer con su mujer lo que quisiera, incluso pegarle, para corregirla. Y hasta 1995 no existe el tipo penal del maltrato psicológico. Para escribir la novela me he informado sobre este tema y un fiscal me hablaba de la "domesticación de la violencia". Hay hombres que no necesitan pegar a su mujer una bofetada porque con solo mirarla la tienen sometida. No hay que pensar que la violencia se da solo en las capas sociales bajas y en mujeres con poca preparación. Existe en todas partes. Antes, como en el caso de Zenobia, las palizas se vivían en casa y solo se enteraban las criadas. Ahora, con la Ley de violencia de género, las mujeres tienen un arma y pueden denunciar.

Cuando Justina (la criada) le está contando a Carlota la verdad de la historia, la juez no puede entender cómo su abuela (Zenobia) que era tan fuerte no se sublevó ante los malos tratos de su marido. Y la criada le dice que no tiene que juzgar una época desde otra.

El hecho de que Carlota sea juez no es gratuito. Ella, que se ha pasado la vida juzgando a los demás, declarando la inocencia o la culpabilidad, siempre se ha considerado víctima y no ha hecho examen de conciencia. No se puede justificar a ningún personaje (por ejemplo, que Carlos sea una mala persona) pero sí que hay que ver qué hay detrás de cada uno para entender. A mí me ha pasado al leer *Patria* (Fernando Aramburu). He entendido mejor por qué actúan los personajes.

El juicio va unido al perdón. Clemente (el padre de Carlota) le dice que el perdón "es lo único que puede salvarla". Necesita pedir perdón y ser perdonado.

Mi vecina, la arquitecta, me contó que ella nunca había llegado a perdonar ni a su padre ni a su madre. Por eso, quise abordar el tema del perdón. Perdonar no es olvidar, justificar (porque hay hechos injustificables, como un asesinato) ni empatizar. Es un gesto de generosidad que hace que la herida ya no duela ni supure. Pero nadie nos enseña a pedir perdón, ni a dar las gracias ni a demandar las cosas por favor.

Apellidos e identidad

En sus últimas novelas pero, sobre todo, en Mi recuerdo *(...) presenta a todos los personajes con su nombre, dos apellidos y una breve biografía. Pero en este último libro, con el añadido de que Carlota es una hija bastarda, aún tiene más importancia.*

Los dos apellidos suponen la identidad de los personajes, de dónde vienen. Carlota se apellida López Molina hasta que en los ochenta pide a su padre que la reconozca y le dé su apellido, Balmaseda. Quizá esto solo lo entienda una persona que lo ha vivido. Necesita que en su partida de nacimiento no aparezcan las palabras "padre desconocido". ¿Por qué iba a ser desconocido alguien al que llamabas papá? La identidad es algo muy importante. Por eso, el Cordobés, un montón de años después, quiere que su padre le reconozca. En un momento, Clemente se justifica ante Carlota y le dice que le ha dado todo. "¿Qué te ha faltado?", le pregunta. Y ella le responde: "una Navidad". Me lo contó mi vecina y significa que no ha tenido una familia.

Carlota es juez de los juzgados de Móstoles y Las tres heridas *se desarrolla en esa localidad madrileña. ¿Por qué Móstoles?*

Porque me ha dado lo mejor que me ha pasado en mi vida, que es mi marido. Mi hijo mayor es de Chamberí, como yo; pero el pequeño, nació en Móstoles.

Mi recuerdo es más fuerte que tu olvido *es un verso del poeta peruano del siglo XIX Carlos Augusto (también hijo ilegítimo). ¿Por qué lo eligió?*

Al principio tenía otro, pero cuando el libro ya estaba terminado, vi que tenía que ser ese porque resume la esencia. (La de esa vecina que descubrió a los 12 años que no era quien creía ser y comprendió el significado de la palabra "bastarda").

"Me emocionó cómo adaptaron La sonata del silencio"

El pasado septiembre se estrenó la adaptación televisiva de su novela La sonata del silencio *(2014), que se emitió en TVE dirigida por Iñaki Peñafiel y Peris Romano. ¿Qué le pareció?*

Lo he vivido como un sueño y una experiencia extraordinaria. Ha sido un proyecto precioso en el que yo no he intervenido en nada y lo he visto como una espectadora. El producto, el montaje, la interpretación... han sido estupendos. Además, adaptar libros a la televisión, y más en la pública, sirve para fomentar la lectura. Si al espectador le ha gustado la serie, seguro que va a leer el libro.

¿Qué sintió al ver a los actores (Marta Etura, Eduardo Noriega, Fran Perea, Lucía Jiménez, Daniel Grao...) interpretando a sus personajes?

Todo encajaba perfectamente a cómo lo había ideado. La primera escena que vi fue una en la que Marta (Marta Etura) le inyectaba a Antonio (Daniel Grao) la morfina. Y me emocioné. Lo mismo me ocurrió cuando vi a Fran Perea en el papel del juez Mauricio Canales. Reconozco que al principio no lo veía porque me parecía muy joven. Pero la edad de Fran (33 años) es la misma que tenía Mauricio en el libro. ¡Aunque no tienen nada que ver los 33 años de ahora con los de los años cuarenta! Lucía Jiménez (Virtudes) se quedó embarazada en el rodaje y vino bien para el personaje porque engordó. Lo único negativo es que es muy guapa para representar a un personaje tan vulgar (risas).

Hay quién dirá que prefiere el libro a la serie...

¡Son cosas distintas! La lectura es un diálogo individual en el que cada lector tiene su propia lectura. Una serie o una película es sentarte a ver el trabajo de otros (música, montaje, vestuario...).

Contexto

Rosa María Calaf, la corresponsal del pelo rojo. *La primera entrevista que le hice fue el sábado 14 de noviembre de 2015, al día siguiente de los atentados en la discoteca Bataclán de París. Cuando llegué al Hotel Tres Reyes (ella había venido a Pamplona con motivo de su participación en una gala benéfica) y le pregunté por aquel suceso, aún no se había enterado, pues se acababa de levantar. Me sorprendió que a una periodista tan avezada en la política internacional tuviera que contarle yo lo que había ocurrido. En abril de 2023, la propuse como mujer del año en los premios que entregamos en* Diario de Navarra *y aceptó venir. En aquella ocasión, volví a entrevistarla en un marco inolvidable: el claustro gótico de la Catedral de Pamplona, al poco de terminar el acto de entrega de galardones en el refectorio de la Seo.*

23 de noviembre de 2015

Rosa María Calaf | Corresponsal de televisión española jubilada

"Nunca he tenido la sensación de no
poder informar por ser mujer"

* *"He tenido la ventaja de acceder al mundo de las mujeres, que es donde realmente te enteras de lo que pasa en un país"*
* *"Siempre me preguntan por qué no he formado una familia, una cuestión que no se la hacen nunca a un reportero"*
* *"Desde que estoy jubilada doy charlas por España y durante tres meses, voy de viaje por otros países con un todoterreno"*

La reportera se acercó con su productora a las puertas de un cuartel "súperrecontraprotegido" en Sri Lanka. El centinela miró a las dos mujeres con una cara horrorizada. Llevaban una autorización "bastante confusa" y dudó en dejarlas pasar o no. "Que podemos pasar, que tenemos permiso para grabar, le dijimos. Y de puerta en puerta, acabamos sentadas y entrevistando al general Fonseca. Si la gente piensa que las mujeres somos tontas, hay que aprovecharlo". Quien se ríe al recordar esta anécdota es la reportera Rosa María Calaf Solé que durante más de treinta años ha sido corresponsal y enviada especial de Televisión Española (TVE) por todo el mundo y ha acercado los rincones más lejanos del planeta a los cuartos de estar de nuestras casas.

Barcelonesa de 70 años, Calaf se prejubiló en 2009, pero no es una jubilada al uso. "He sido una privilegiada en mi vida profesional y tengo la obligación de devolver a la sociedad lo que he aprendido", confiesa. Visita una media de cuatro ciudades españolas por semana para impartir charlas y colaborar con instituciones sociales. Una de estas paradas la hizo el viernes 13 de noviembre en Pamplona. Viajó invitada por la Fundación Vicente Ferrer e impartió una charla en la gala solidaria que celebraron en Baluarte y a la que asistieron unas 300 personas. Al día siguiente de la gala y los atentados terroristas en París concedió esta entrevista.

¿Qué está pasando en el mundo?

Todavía con pocos datos de los atentados, hay que ver por qué suceden estas cosas y a quién benefician. Hay que ser muy cuidadosos porque está claro quiénes son los ejecutores pero, ¿quién ha movido los hilos? Se quiere instalar el miedo en la ciudadanía y así recortar las libertades y los derechos en aras de la seguridad.

Pero hasta que el terror no llama a nuestra puerta o a la de nuestro vecino no nos alarmamos...

Así es. La globalización del miedo hay que mantenerla periódicamente. El terrorismo es terrible, pero cada año mueren muchas más personas de hambre en el mundo. ¿Por qué no hacemos campañas? Porque un acto terrorista es una sacudida emocional terrible y un niño que muere de hambre, no. Hay una descarga en la sociedad y luego se olvida.

A lo largo de su vida profesional, habrá vivido muchos actos terroristas y catástrofes naturales. ¿Cuáles le han impactado más?

En catástrofes, sin duda, el tsunami de 2004. Fue totalmente devastador y destruyó todo el tejido social. Volví al año siguiente y a los tres años y seguía igual. En cuanto al terrorismo, me impresionó mucho el conflicto de Timor Oriental, al sur de Indonesia, en 1999. No tuvo mucha repercusión mediática. Me impresionó porque era un conflicto civil en un país pequeño. Eran vecinos, gente que había vivido frente a frente y entre los que, en unos días, se desató una crueldad tremenda. Los Balcanes también me impactaron, pero ya llegué al final. Pude hablar con la gente y no entendían cómo habían llegado a eso. "¡Si hace unas semanas estábamos viendo los partidos de béisbol juntos! ¡Y ahora nos estamos matando!", decían.

"Soy una afortunada"

¿Cómo es ahora la vida de Rosa María Calaf?

¡Estupenda! (risas). Siempre he dicho que en mi etapa laboral he sido una privilegiada y ni siquiera en mis mejores sueños pensé en que iba a tener esa carrera. Ahora también soy una afortunada porque estoy compartiendo todo lo que he aprendido y recibiendo el cariño de la gente. Imparto charlas en universidades, colegios, grupos de mujeres...

Vamos, que no para...

¡Qué va! Aunque vivo en Barcelona, estoy en tres o cuatro ciudades cada semana. Acabo de llegar de Madrid, y de Pamplona me voy a Barcelona y después a Sevilla y Jerez. Estoy aprovechando para redescubrir España porque me había ido hacía treinta años y solo venía de visita. Estoy muy bien de salud pero no sé cuánto me va a durar esta energía. ¡Tengo que aprovecharla mientras tanto!

¿Al extranjero sigue viajando?

¡Claro! Cada año me reservo tres o cuatro meses para hacer una expedición en todoterreno con mi compañero. Hemos estado en Mongolia, Alaska... A veces, tenemos que dormir en el coche.

¿Le queda algún país por visitar?

He visitado 179 países y me quedan catorce, como los del Cuerno de África (Somalia, Eritrea, Yemen...). Pero ahora no se puede viajar porque es peligroso. En estos viajes que he hecho los últimos años en el todoterreno he aprovechado para visitar países que no conocía (Samoa, Fiji...).

Usted ha sido una mujer pionera en una profesión y un mundo de hombres. ¿Ha tenido problemas?

En todas las profesiones que se consideran masculinas, que son casi todas, las mujeres tenemos que demostrar a diario nuestra capacidad, pero nunca me he encontrado a nadie que me quisiera cerrar el paso. A veces, es más complicado porque hay lugares a los que no puedes ir, tienes que ir acompañada o debes vestirte de determinada manera... Pero al margen de estos pequeños inconvenientes, para mí ha sido una ventaja ser mujer porque he podido entrar en el mundo de las mujeres, que es donde realmente te enteras de lo que pasa y no en las altas esferas. En situaciones límites, como una violación, una mujer se abre mucho más con otra y le cuenta lo que le ha pasado. Nunca he tenido la sensación de no poder informar por ser mujer. A veces, hay que aprovechar que nos consideren "como un mueble" para acceder a determinados lugares. Esto ocurre en los países fundamentalistas (islámicos, en Israel, en las sociedades patriarcales...), donde no te perciben como peligro por ser mujer.

Soltera y sin hijos, siempre le han preguntado si ha sacrificado formar una familia por su profesión. ¿Por qué esta pregunta no se la hacen nunca a un hombre?

Es un planteamiento interesante. Para mí, mi carrera era lo más importante y no quise traer niños al mundo porque no iban a ver a su madre en cinco meses o igual no la veían nunca más porque me mataban. Nunca me he arrepentido y ¡ya tengo 70 años! Respecto de lo que preguntas, tengo una anécdota curiosa. Una vez cubriendo un conflicto en Pakistán, una compañera de *The Sunday Times* (periódico inglés) se camufló para pasar a Afganistán y estuvo unos días retenida. El resto de los compañeros que estábamos allí, todos hombres menos yo, la criticaban por haber sido tan "irresponsable" de meterse allí "teniendo hijos en Londres". Entonces yo les pregunté; ¿cuántos de vosotros tenéis hijos y estáis aquí? La mayoría los tenía y se quedaron callados.

Contexto

Pedro Lozano. *Hacía años que conocía a Pedro Lozano porque es amigo de mi padre. De hecho, él fue quien me ayudó a preparar el previo de Periodismo cuando yo tenía 18 años y quería acceder a la universidad. Él, que era profesor de Relaciones Internacionales en la Facultad de Comunicación, me dio algunas pistas sobre cómo era el tipo de examen. En abril de 2021, le entrevisté en la terraza de un bar debajo de su casa (todavía estábamos en pandemia), al poco tiempo de haber fallecido su hija mayor, la también periodista y profesora de la Universidad de Navarra María Lozano. Fue una entrevista muy entrañable por el contexto que la rodeaba.*

24 de mayo de 2021

Pedro Lozano Bartolozzi | Periodista y escritor, autor de *El barco de juncos*

"La vida es un viaje y nosotros, barcos frágiles a través de un río"

- *"Todos somos personajes de cuento y los cuentos forman parte de la vida, como las historias de todas las familias"*
- *"No echo de menos el periodismo porque sigo interesándome por lo que pasa. Pero ahora estoy fuera del ecosistema"*

Conversar con Pedro Lozano es como viajar en el tiempo. Por los capítulos que más le han marcado. Tanto en su propia vida como en los libros que ha leído que, para él, son dos varillas del mismo abanico. La charla fluye a través de las páginas de periódico que escribió, de sus aventuras de juventud cuando paseaba perros en el París de los sesenta, de ensoñaciones en las que habla con escritores o de los juegos de infancia con sus hijos. Cuando, con sus cuatro niños pequeños, construía barcos de juncos que ponían a navegar en el río de Murieta. Precisamente, como homenaje a su hija mayor, María Lozano Úriz, fallecida el pasado noviembre, el autor ha encajado los juntos que forman este barco frágil "que es la vida" y que pone a navegar a modo de legado de sus ocho décadas de existencia. "Soy como un marino que retorna al puerto, algo cansado de sus aventuras, y quiere contarlas a sus nietas y a sus amigos".

Lozano Bartolozzi (Pamplona, 1939), veterano periodista, escritor, profesor emérito de la Universidad de Navarra y maestro de generaciones de periodistas, acaba de publicar su último libro *El barco de juncos* (Eunsa, 14,90 euros). Un título diferente a los anteriores, muy personal y en el que recorre la memoria de su familia y amigos. Como un barco cargado de palabras a través del río de la vida. Por la que él navega ahora en familia, leyendo y haciendo deporte. "Juego al golf con mi mujer. Pero ella es mucho mejor que yo", confiesa.

¿Qué es el barco de juncos?

Lo hacíamos a la orilla del río, cortando juncos. Mis hijos lo ponían a navegar cargado de muñecos y de alguna rana. Yo siempre he entendido la vida como un viaje y nosotros, barcos frágiles a través de un río. Pero, en este caso, al ser de juguete, tomas la vida como aventura, en busca de la isla del tesoro, lo más importante para cada uno (amor, trabajo...). Esta idea nos recuerda que somos argonautas y nos lleva a ver el viaje como relato, en el que cada uno escribimos nuestra propia odisea. El barco reaparece en la vida en diferentes puertos. En el de la ilusión de la juventud; en el de la madurez y el deseo de formar una familia; o en el de un marino, algo cansado, que retorna de sus aventuras y quiere contarlas a sus nietas y amigos. Cargado de palabras contra el tiempo.

¿Es su caso?

Sí, porque yo quiero contar historias. Todos somos personajes de cuento. Y no solo mi familia, en la que ha habido muchos cuentistas (su madre, Francis Bartolozzi; o su abuelo materno, Salvador Bartolozzi, ambos pintores y relatistas). Los cuentos son parte de la vida y yo mantengo esa tradición de dibujante. Porque cuando escribo, dibujo con palabras. Los vocablos son los que nos permiten entendernos, comunicarnos, comprender la naturaleza y las ideas que nos rodean. Yo me confieso muy platónico, muy amante de las ideas, porque, a veces, es muy difícil ver la realidad. Y tenemos la sensación de estar ante un juego de espejos, como Alicia en el país de las maravillas.

El libro es un compendio de diecinueve episodios. No es una autobiografía al uso, pero puede considerarse un legado. ¿Escribir le ha servido como terapia ante el dolor por la muerte de su hija?

En cierto modo, nace por eso, aunque no me gusta mucho la palabra terapia. El libro está escrito con mi hija, a la que quiero recordar al contar, por ejemplo, todos los viajes que hicimos por

Europa, y como un homenaje a ella. María lo leyó y me hacía correcciones. Ella escribía muy bien (era doctora en Comunicación y fue delegada del Gobierno de Navarra en Bruselas) y, a veces, me reprendía por haber puesto mal las comas o utilizado un adverbio de modo cuando no correspondía. El tiempo se va, pero regresa en forma de recuerdos, ensoñaciones o vuelve a ser noticia. Cuando corres el riesgo de ver la vida como un abismo negativo lleno de problemas y tragedias, que nadie niega que las hay, el único modo de vencer las adversidades es agarrarte a que la bondad está por encima, a que la esperanza existe. Como digo al final, a que el barco puede terminar la navegación en una estrella.

Junto a su hija María, el libro lo ha dedicado también al padre escolapio Joaquín Erviti, que le enseñó a "leer, escribir y rezar". Tres infinitivos que pone al mismo nivel. ¿Por qué fue tan importante?

Porque leer, escribir y rezar supone hablar con un mismo, con los demás y con Dios. Es lo principal. Aquel sacerdote, que ahora está en proceso de beatificación, era amigo de mis padres y ellos pintaron murales en su clase de los Escolapios. Casualmente, el historiador pamplonés Juan José Martinena le ha dedicado también su último libro.

Periodismo y pandemia

Varios de los capítulos del libro versan sobre el periodismo. El actual y el que usted ejerció. Y habla de amigos, colegas... ¿Echa de menos la profesión?

No, porque nunca la he dejado. Sigo interesándome por lo que pasa, pero soy consciente de que ahora no podría explicar la actualidad como lo hice antes. Me considero un poco huésped del mundo actual porque estoy fuera de este ecosistema tan distinto al que me tocó a mí cuando estaba en el periodismo. El modo de trabajar, la tecnología... no tienen nada que ver. Fíjate, que ¡yo he visto componer en plomo! Eso sí, que no se entienda este comentario como una especie de nostalgia de tiempos pasados. La evolución tecnológica es impresionante, pero pienso que se ha perdido el contacto humano con la gente.

¿Sí? ¿A qué se refiere?

No creo que sea por culpa de los periodistas, sino de los medios, que han creado un tipo de periodismo más agresivo, deshumanizado, buscando más el espectáculo y el diseño. Pero el periodismo siempre seguirá existiendo porque supone contar lo que ocurre y eso lo llevamos dentro.

Habla del periodismo de calle y el "periodista de raza". ¿Cree que se ha perdido con la tecnología y que ahora cualquiera puede ser periodista con un móvil?

No, porque no es lo mismo comunicar que informar. Todos somos comunicadores, en el sentido de que hablamos, opinamos... Pero solo el periodista es un profesional capaz de extraer de la realidad, como un pescador en un río, aquello que tiene interés por su novedad y actualidad. Y con su modo de ir hilvanando la pequeña historia se dibuja la grande.

¿Qué opina de las redes sociales? ¿Está en alguna?

No son algo nuevo. Ya existían desde el ágora romana, las cotillas tomando un café, las homilías... Antes se sabía quién hablaba. Ahora, los internautas, a veces, son anónimos o tienen el riesgo de disfrazase. Pero ¿hasta qué punto vivimos en un teatro y todos llevamos un disfraz? Antes se decía: "Lo he leído en el diario", como si fuera palabra de Dios. Ahora: "Lo he visto en Internet". ¿Pero cuál es la fuente original? Yo no tengo redes sociales. Solo utilizo el móvil y el *wasap*, el ordenador para pasar los textos que escribo a mano, y, un poco, la tele.

En un capítulo cita a la periodista italiana Oriana Fallaci y dice: "No hay nada tan penoso como escribir, como encontrarte con un montón de folios en blanco que te miran. Y luego encuentras el periódico en el dentista todo arrugado". ¿Descorazonador?

Es la idea de lo efímero. De que el soporte de la palabra, ya sea la voz o el papel, es volátil en sí mismo. Pero ahora ni se usa el papel y lo tenemos todo en la nube. ¿Y qué es eso? ¡Parece cosa de hechiceros! Vivimos en un mundo que confieso no entender.

Sea como sea, los periodistas fuimos declarados profesionales esenciales en el confinamiento...

¡Claro! Es que somos esenciales para todo. Una sociedad que no está comunicada ni informada no existe. Lo que ocurre es que ahora nos hemos vuelto demasiado pitagóricos y rendimos un gran culto al número. Como al hablar de las estadísticas y el número de muertos. Se da una visión muy fría.

El sueño del Café Pombo

Usted, ¿cómo se hizo periodista en una familia de pintores?

Bueno, la mía era una familia muy vinculada al teatro. Mis padres (Pedro Lozano Sotés y Francis Bartolozzi) hicieron decorados para Valle-Inclán y García Lorca. También había tradición literaria por parte de mi abuelo materno (Salvador Bartolozzi). Mi madre escribía cuentos y en el *Arriba España*, unos artículos titulados *Charlas*, que eran conservaciones con una amiga sobre la vida diaria. Cuando iba al colegio, el padre Iraola me dijo que escribía muy bien y me regaló un libro.

¿Se considera más periodista, escritor o profesor?

Las tres facetas son las varillas de un abanico unidas por un punto, que es el interés por contar la vida. Vivir es narrar y contar el tiempo es volver a vivir. El hombre es un ser de expresión.

En otro de los capítulos, habla sobre la importancia de que la literatura llegue a todo el mundo. ¿Qué supone para usted?

Los libros, la imaginación, la fantasía nos pueden salvar de la rutina, del inconformismo... Durante el confinamiento, han sido una vía de escape. ¿Que no puedo ir a Moscú? Me pongo a leer a Tolstoi. Igual es mejor.

¿Sigue leyendo en papel?

Siempre. No me gusta el *e-book*.

¿Y el audiolibro?

Es volver a la tribu, a los ancianos que te cuentan historias. Pero en vez de escuchar la voz directa del abuelo es una de actor de doblaje. El riesgo es que la gente deje de saber escribir.

En otro capítulo, dialoga, como en una ensoñación, con varios escritores. ¿Con quién querría mantener una tertulia?

Me gustaría participar en una como la del café Pombo (pintada por José Gutiérrez Solana, y en la que aparece su abuelo Salvador). Me encantaría hablar con Homero o los autores de *Las mil y una noches*. En la *Odisea* está toda la literatura (amor, tragedia, dolor, aventura, mal...).

¿Qué está leyendo ahora?

Me gusta releer y ahora estoy con *Las aventuras de Guillermo el travieso* de Richmal Crompton; y *El vizconde de Bragelonne*, de Alejandro Dumas, segunda parte de *Los tres mosqueteros*. De los actuales, *Transbordo en Moscú*, de Eduardo Mendoza. No es muy bueno, pero juega con las palabras y el tiempo. Todos vivimos en esa mezcla entre realidad y ficción.

Contador de cuentos a sus nietas

Pedro Lozano no es un abuelo convencional, de esos que llevan a sus nietos a los columpios o les dan la paga los domingos. No. En su caso, las lecturas de cuentos clásicos o familiares y las representaciones de teatro con marionetas sicilianas a las que ponen voz sus cuatro nietas están a la orden del día. "A mí no me parece tan raro. Es lo que he vivido porque nací en una familia muy vinculada al teatro y mi madre nos contaba historias". Sea como fuera, a las niñas la situación no debe resultarles muy "al uso", ya que creen que su abuelo está "como una mandarina". "Eso me dicen", se ríe. Lo que más le gusta es contarles los cuentos clásicos (de Perrault, Andersen o los Hermanos Grimm) y también los de la familia (Pinocho o Pipo y Pipa, creaciones de su abuelo materno, Salvador Bartolozzi) y las historias familiares. "Creo que todas las familias, sean o no aficionadas a la literatura, deben recuperar su historia y sus raíces. Saber dónde se conocieron sus padres, de dónde vienen sus abuelos o bisabuelos... Tiene mucho más interés que la recopilación de nombres de reyes y batallas".

Contexto

Maite Apezteguia. *Unos amigos que trabajaban con ella me la presentaron y desde entonces me pareció una mujer muy interesante. En lo profesional y en lo personal. Con motivo de su participación en un curso de verano de la UPNA en Ujué, le hice una entrevista larga de domingo. Nos reunimos en su estudio de arquitectura entre planos y libros.*

26 de septiembre de 2021

Maite Apezteguía Elso | Arquitecta urbanista

"Si tu casa no te gusta, mira dentro de ti y hazla tuya"

- *"El arquitecto debe trabajar por la sociedad y resolver problemas. Porque podemos mejorar la vida de la gente"*
- *"Un arquitecto no es artista por el mero hecho de serlo. Tiene que demostrarlo con una carga conceptual en su obra"*
- *"¿Mi seña de identidad? Transmito cosas muy sencillas, como de diario. Y soy muy cercana a la vida y los sentidos"*
- *"La niñez la asociamos a un espacio: a nuestra casa, la de los abuelos... La vida es el hogar"*
- *"De niños, los fines de semana íbamos a la casa de mi padre en Irurita. El desván era el lugar de los tesoros y descubrimos la historia de la familia"*
- *"Muchas arquitectas han estado eclipsadas por sus maridos. Ahora ya no ocurre pero hay que avanzar en lo social"*

Maite Apezteguía hace magia. Con los lápices, el papel en blanco o los programas de ordenador más sofisticados. La inicia al mirar un descampado o un campo de cereal, al tocar el barro, sentir el viento en la cara o al comprobar por dónde sale y se esconde el sol. La continúa, con el vértigo que da el folio en blanco "por el que te descuelgas al abismo y no sabes cómo volverás a subir". Y la concluye, casco y botas reforzadas con puntera, entre el jefe de obra y los responsables de los gremios. Porque su magia se llama arquitectura. La que ella ya soñó cuando era una niña de muy buenas notas, una alumna brillante en una familia de abogados. La que ha impulsado durante más de cuatro décadas y de la que habla, con entusiasmo, en cualquier foro. Como el de los cursos de verano de la UPNA en Ujué, donde recientemente impartió una conferencia titulada *De familia y otros habitantes*.

Maite Apezteguía Elso (Pamplona, 1956) insiste en la "suerte" que tienen ella y sus colegas en pensar un proyecto y que, gracias a profesionales de muchos sectores, se materialice. "Me parece magia que se haga real lo que ideas", insiste. Fundadora del estudio Apezteguía Architects y profesora de Proyectos en la Escuela de Arquitectura de la Universidad de Navarra, recuerda que su primera experiencia arquitectónica fue su casa. "Que se convirtió en mi refugio y mi cobijo. Fue fundamental para decidir mi vocación. Y aún está presente, a través de la memoria, en las casas que sigo haciendo". Y parafraseando al prestigioso arquitecto suizo Le Corbusier, cree que "la casa es la máquina de la felicidad".

Desde luego, sería lo ideal. Pero no ocurre así para todo el mundo. La pandemia y el confinamiento sacaron a la luz muchos problemas de la vivienda. Falta de espacio, de balcones...

La gente se ha dado cuenta de que su casa no le gusta. ¡Qué pena! ¡Tienes que poder hacerla tuya! Si no, vamos mal. El problema no es solo que no haya balcones, sino que radica en algo más profundo. Tienes que mirar dentro de ti, para saber qué quieres y cómo te gustaría que fuera tu casa. El día en que sepas qué buscas, lo encontrarás. Quizá lo consigas cambiando el color de una pared, tirando un tabique... Pero, por lo menos, te acercarás a tu meta.

¿Qué es lo que la gente más demanda? ¿Qué necesita?

Nos hemos dado cuenta de que la especialización de las habitaciones (para dormir, trabajar, jugar...) no tiene sentido. Aunque se sigue construyendo con un esquema rígido, hay que mover ficha desde las normativas. ¡Tenemos pocos metros y deben estar muy bien utilizados! Lo mínimo que le puedes pedir a tu vivienda es que te resuelva las funciones que necesites y que sea versátil.

Porque las viviendas han evolucionado, igual que la sociedad y las familias. Antes había pisos con dos puertas (una para el servicio) y hoy se apuesta por espacios más abiertos, por ejemplo...

¡Claro! Los cambios sociales repercuten en todo y, también, en la vivienda. Ahora hay muchos tipos de familias (monoparentales, reconstituidas...) y lo importante es que tu casa te sirva para esa vida y te reconozcas allí.

Lo que usted explica es la misión de los arquitectos.

Tenemos que trabajar por la sociedad y por resolver los problemas. Intervenimos directamente en el territorio. No sé si la arquitectura cambia el carácter de las personas, pero sí que ayuda o dificulta a tener determinados comportamientos. Si te llega un proyecto y tú puedes dar más de lo que te piden, es un "plus" y también, tu obligación.

En la historia del arte, siempre se estudia la arquitectura, escultura y pintura. ¿Es el arquitecto, por definición, un artista?

¡Qué va! Por el mero hecho de tener el título, no se es artista. ¡Eso hay que demostrarlo! Como Álvaro Siza (arquitecto portugués), que tiene una sensibilidad especial y me emociona cómo sabe entender las cosas. Porque para ser artista, no solo sirve lo material, sino también lo conceptual. De alguna manera, tienes que comunicar ideas o pensamientos a través de la arquitectura. Si lo consigues, estás más cerca de ser un artista. El arquitecto Francisco Javier Sáenz de Oiza decía que con demostrarlo una vez, ya era suficiente. Él lo demostró en el Banco de Bilbao, Torres Blancas (Madrid) o el santuario de Aránzazu (Guipúzcoa).

Arquitectura cotidiana

Habla del concepto y la filosofía que se transmiten con los proyectos. ¿Cuáles son los suyos?

Eso tendrían que contestarlo mejor los demás. Pero creo que no transmito cosas nada complicadas, sino que tengo una sensibilidad cercana a lo diario, a lo cotidiano. Próxima a la vida y a los sentidos. Yo disfruto muchísimo con la vista, que es algo que nos enseñan nuestros estudios, pero también con otros sentidos, como el tacto.

¿Qué materiales prefiere usar?

Depende del contexto, pero no me gusta poner un "grito". Reconozco el valor del museo Guggenheim de Bilbao. Pero yo ese "gritazo" no lo hubiera dado nunca. Me gusta mantenerme en la línea y continuidad de la historia. Y estoy más cómoda con materiales clásicos (barro, madera) aunque reconozco las enormes posibilidades de los nuevos materiales industrializados.

Antes hablaba de la magia del proceso, pero ¿qué siente al ver su obra en la calle? Edificios que perdurarán en el tiempo...

Yo tengo mucho desapego de la obra, aunque no durante su transcurso. Siempre digo que tenemos mucha suerte porque, pensamos algo, y hay toda una estructura de empresas y de gente que trabaja para materializar lo que has pensado. El primer momento de una obra es muy emocionante porque conoces a los personajes y, según sea el encargado, ya sabes si va a ir bien o mal. Te sientes casi el amo del mundo porque sabes dónde está el final. Yo soy muy crítica con los defectos pero, en cuanto una obra está acabada, me despego enseguida. Siempre vivimos en la proyección a futuro y en el siguiente proyecto.

¿Y qué experimenta al sentarse ante un folio en blanco?

Es un momentazo. Pero nosotros tenemos muchas ayudas y nunca nos enfrentamos a un proyecto totalmente desnudos. Damos vueltas alrededor, lo rodeamos. Analizamos, llegamos a conclusiones y elegimos, en base a datos que obtenemos del lugar. Hay que ver qué está pasando allí, qué actividades se hacen, cómo huele, de dónde sopla el viento, por dónde sale el sol... La naturaleza te da muchos datos. Igual que el cliente y tu cultura arquitectónica. Nos presentamos a muchos concursos y pienso que todo el mundo va a resolver el problema de la misma forma. Pero cada uno llega a una solución diferente.

¿Cómo es esa forma de trabajar? Porque se dedican muchas horas y no siempre se gana...

Es una vergüenza que no se expongan los proyectos, aunque no hayan ganado. Regalamos el trabajo y no se muestra a la ciudadanía. Es un secuestro por el miedo al juicio. Antes, cuando los concursos eran con jurado y no con mesas de contratación, se exponían y era riquísimo.

Supongo que será como elegir a su hijo favorito, pero de toda su obra, ¿con cuál se queda?

Hace unos años, Vinsa me encargó unas viviendas en la Rochapea. Son sencillísimas, de ladrillo. Un proyecto muy humilde, pero al que le tengo mucho cariño. Introduje unas visuales diagonales para que la vivienda pareciera más grande cuando era muy pequeña. Me encantó también hacer el Molino de Zubieta (premio COAVN). La Cámara de Comercio de San Sebastián es uno de los proyectos emblemáticos del estudio. Pero uno de mis proyectos favoritos fue rehabilitar la Torre Jaureguía, en Donamaría (Baztan), de 1492. Me pareció imponente y me quedé fascinada. No tuve la impresión de que fuera una fortaleza sino un hogar. Visualizaba a los personajes y los vestigios de una vida doméstica.

Como arquitecta urbanista, ¿cómo ve ahora la ciudad?

Es una ampliación de la vivienda. Si en una casa, vive una familia; en la ciudad, nos relacionamos con más personas. Uno de los principales problemas es la falta de espacio público por los coches. En el caso de Pamplona, hay una desocupación del centro urbano y habría que ver qué se conserva y qué se sacrifica. Creo que se están desaprovechando oportunidades y el bien público siempre debe estar por encima del privado.

"El espacio de juegos de mi infancia fue el pasillo de casa"

De infancias y espacios. De la presencia de la mujer en la arquitectura y la familia. Y de una forma personal de mirar y sentir los edificios, las ciudades y el entorno habla Maite Apezteguía. La niña estudiosa que no dudó en ser arquitecta. Maite Apezteguía era una niña que jugaba con sus hermanos en el pasillo de su casa. Los balones, los patines y las bicis circulaban a sus anchas por esos quince metros de largo de un piso del Segundo Ensanche de Pamplona, como si se tratase de un patio de recreo. Corrían los años sesenta. Y Maite, alumna aplicada de matrículas de honor, decidió, segura y firme, que quería ser arquitecta. "Yo era muy cabezona y un poco 'doña perfecta'. Mis hermanos pequeños, los pobres, tuvieron que vivir siempre bajo mi sombra —se ríe al recordarlo—. Y, como había oído que Arquitectura era muy difícil, dije: 'Pues eso es lo mío'". Como un reto. A su padre, Juan Apezteguía, un abogado de Irurita con pasión de ingeniero, le hubiera gustado que su primogénita siguiera sus pasos en las leyes. Pero tanto él, como su madre, Teresa Elso, apoyaron a su hija mayor en su decisión. "La vocación es algo que se encuentra. Mi padre y yo la descubrimos. Cada uno en lo nuestro. Aunque fuera por casualidad", recuerda.

Le gusta evocar su infancia, en una familia numerosa, en ese piso del Segundo Ensanche de Pamplona. Cuando aún no sabía que iba a construir edificios como ese...

Yo tuve una infancia muy feliz en ese espacio concreto. Mi casa era como un anillo rodeado de puertas, que eran las habitaciones. Y en ese pasillo, que sustituía al espacio al aire libre que no teníamos, hacíamos de todo. No había ninguna jerarquía y todo estaba en equilibrio. La única estancia al margen era el despacho de mi padre, donde trabajaba por las tardes. Todos los días, al volver del colegio, me hacía entrar y me instaba a que leyera los pleitos que escribía en papel cebolla. A veces, no los entendía, pero, otras, me parecían muy interesantes. Mi padre era muy creativo en su forma de redactar.

Habla de su niñez ligada a esa casa. Algo que nos ocurre a todos...

¡Claro! Porque siempre asociamos la infancia a un espacio: a nuestra casa, a la de nuestros abuelos... La vida es el hogar. Y pueden ocurrir dos cosas: que te muevas de una casa a otra; o que ese espacio permanezca y sean los "personajes" los que evolucionen. En nuestro caso, nos fuimos moviendo por todas las habitaciones, según las necesidades de cada uno y el momento.

Además de esa casa, ¿ha vivido en muchas otras?

No. En mi casa familiar y en Zabalegui (valle de Elorz), donde resido ahora. Pero para mí, fue muy especial la casa de la familia de mi padre en Irurita. Allí íbamos todos los sábados de mi infancia. Era una casa de pisos, que daba a la plaza del pueblo, y tenía huerta y gallinero. ¡Y para unos niños de ciudad era toda una aventura! También nos encantaba subir al desván, que era el lugar de los secretos. Descubríamos fotos, cartas, trajes antiguos... que nos iban dando pistas sobre la historia de nuestra familia. En aquella casa vivían dos hermanas de mi padre, una soltera y otra que se había salido de monja. Y me inspiré en la estructura de ese edificio para proyectar la Torre de Jaureguía, en Donamaría. Después, con uno de mis hermanos compré otra casa en Sumbilla, para recordar la de Irurita.

Mujeres y cuidados

Pero a pesar de la influencia paterna y de la lectura de esos pleitos a la salida del colegio, se matricula en la Escuela de Arquitectura, en unos años en los que las mujeres eran una minoría...

Sí, aunque en mi curso, fuimos más del 25%: unas doce de cuarenta. Todas eran la bomba, listísimas. El primer año resultaba muy difícil aprobar todas las asignaturas y la mayoría de las que lo hicimos fuimos mujeres.

Una situación que se ha revertido. Ahora la mayoría de las alumnas de Arquitectura son chicas...

Es verdad. En las Escuelas de Arquitectura predominan las mujeres. Pero la diferencia viene cuando salen al mundo laboral. Muchas van al funcionariado. Porque el horario es mejor y resulta más sencillo compaginar con la familia. Las mujeres estamos en igualdad de condiciones, pero seguimos teniendo un 'techo de cristal' mientras no se avance en aspectos sociales.

¿Habla de la conciliación?

Sí. Es algo común en todas las profesiones. Las mujeres, en general, cuidamos de los hijos o los padres. A veces, lo elegimos y otras, nos viene dado. Y todo ese tiempo que, voluntariamente o no, invertimos en el cuidado lo restamos de nuestro trabajo y perdemos competencia profesional.

¿Usted ha tenido alguna vez problemas en su trabajo o en una obra por ser mujer?

Nunca. Pero es verdad que la obra es muy jerárquica, seas hombre o mujer. Ahí llegas a mandar y tienes la sartén por el mango porque posees el control económico. Si diriges una obra, tienen que respetarte, seas hombre o mujer, por lo menos mientras estás ahí. Luego igual te ponen verde (risas). Pero lo mismo ocurrirá con un arquitecto.

Sin embargo, su experiencia laboral no es apenas comparable con la de las mujeres pioneras en arquitectura. ¿Cómo han sido consideradas en el último siglo?

En general, han ido siempre de la mano de sus maridos, como le ocurrió a la científica Mari Curie, y han estado eclipsadas por ellos. La situación de la mujer ha sido de ocultamiento total. Con el centenario de la Bauhaus (escuela de arquitectura, diseño, artesanía y arte creada por Gropius en Weimar, Alemania, en 1919), se han publicado varios libros y he descubierto a algunas mujeres con un gran talento creador. Ha sido una sorpresa, también para mí. Pero al taller de arquitectura llegaban muy pocas, por ese "techo de cristal". Y la mayoría quedaban relegadas al taller de tejidos. La madrileña Matilde Ucelay (1912) fue la primera arquitecta española y consiguió el título en 1936 (impulsó más de 120 proyectos en 40 años y en 2004, poco antes de morir, recibió el Premio Nacional de Arquitectura).

A su juicio, ¿cuáles son las mejores mujeres arquitectas?

Hay muchas. Como las dos que ganaron el Premio Pritzker (el Nobel de los arquitectos) el año pasado: las irlandesas Yvonne Farrell y Shelley McNamara. También me gustan la italobrasileña Lina Bo Bardi, la iraquí Zaha Hadid o la japonesa Kazuyo Sejima, del estudio Sanaa. Los japoneses tienen una sensibilidad muy particular.

¿Y la mirada? ¿Es la misma en hombres que en mujeres?
La manera de mirar de cada uno es diferente. Puede ser masculina o femenina, independientemente de ser hombre o mujer. A todos los arquitectos nos enseñan a ser capaces de mirar de otra manera. Encontramos lo que vamos buscando en la mirada. Es lo que yo quiero transmitir: que los niños puedan jugar en un espacio de una u otra forma o que una familia se pueda relacionar de otra manera. Es un mensaje sencillo. Muy cotidiano.

Contexto

Humberto Bustince. *Cuando le concedieron el Premio Nacional de Informática me escribió él mismo para contármelo. Con la excusa de la entrega del premio, le entrevisté sobre su trayectoria profesional. La conversación tuvo lugar en la terraza de una cafetería.*

10 de noviembre de 2019

Humberto Bustince | Catedrático de Ciencias de la Computación de la UPNA y premio nacional de informática

"Estudiar humanidades y ética es crucial para desarrollar la inteligencia artificial"

Sobre el futuro de la tecnología o la delgada línea que separa la ética de los avances habla Humberto Bustince Sola, el nuevo premio nacional de Informática por su trayectoria profesional.

Humberto Bustince es un apasionado. De la ciencia y la tecnología. Pero también de la vida. Lo mismo explica, como si le fuera la vida en ello, los fundamentos de la lógica difusa o los algoritmos matemáticos para saber cómo leer el pensamiento de una persona que no puede hablar, que relata, con todo tipo de detalles, cómo elaboran en su casa las almendras garapiñadas. "Las nuestras son una 'r' y buenísimas", se ríe, todavía con la resaca de haber recibido "el mayor reconocimiento" al trabajo de toda una vida: el Premio Nacional de Informática a su trayectoria profesional. La que siempre ha girado alrededor de las Matemáticas, la Física o la Informática. Catedrático de Ciencias de la Computación e Inteligencia Artificial de la Universidad Pública de Navarra (UPNA), recogió el martes en Madrid el premio que lleva el nombre del físico José García Santesmases y que conceden desde 2005 la Sociedad Científica Informática de España y la Fundación BBVA.

Nacido en Ujué hace 61 años, Humberto Bustince Sola es además profesor honorario de la Universidad de Nottingham (Reino Unido) y uno de los científicos más citados del mundo. "Pero pon un agradecimiento a mi equipo", pide a la periodista. "Sin ellos, nunca hubiera ganado este premio". Se refiere al Grupo de Investigación en Inteligencia Artificial y Razonamiento Aproximado

(GIARA) de la UPNA, que fundó en 2000 y dirige desde entonces. "Es un galardón compartido", insiste el viernes por la mañana al otro lado del teléfono, en un hotel en Aránzazu (Guipúzcoa), donde se han reunido los miembros de Jakiunde, la Sociedad de las Ciencias, las Artes y las Letras del País Vasco, de la que él forma parte. Como un apasionado que es.

Enhorabuena por este premio...

Muchas gracias. Estoy muy emocionado porque no se puede recibir un reconocimiento mayor al trabajo de toda una vida. Lo conceden a las personas de más de 55 años y es un honor que se valore mi área (dentro de la Informática está la arquitectura de ordenadores, la inteligencia artificial...).

En su discurso lamentó la falta de asignaturas de humanidades y ética para los alumnos de Ingeniería Informática y, más concretamente, de Inteligencia Artificial. ¿Por qué lo dice? Visto desde fuera, parece que la tecnología y las letras son dos mundos totalmente diferentes...

(Se ríe). Pues no es así y son necesarias, no una, sino varias materias de humanidades. ¿Por qué? Porque existe un límite muy difuso entre los grandes avances tecnológicos, que nos facilitan la vida, y cómo nos podemos convertir en esclavos sin derecho a la intimidad, si se utilizan todos nuestros datos personales. Desde 2012 y hasta ahora, cada año se duplica el número de datos que se tienen respecto del anterior.

¿Es ciencia ficción o ya están ocurriendo algunos problemas?

Hay casos. Por ejemplo, en China, mediante un reconocimiento facial de las personas, se sabe qué han hecho o qué no. Así, hay estudiantes que no han podido entrar a la universidad, porque ya se tenía la información de que habían actuado de manera incorrecta en el pasado. ¡No es posible que ocurra algo así! No se pueden hacer predicciones de cómo va a actuar una persona en el futuro por datos del pasado.

Entonces, ¿qué propone?
Que se establezca una buena legislación y que los profesionales actúen con ética, humanidad y de manera no invasiva.

Es lo que comentaba hace unos meses, cuando su equipo de investigación de la UPNA desarrolló un sistema inteligente para leer el pensamiento de las personas que no pueden hablar...
Es un proyecto en el que estamos muy involucrados (con investigadores chinos y australianos) y que, previsiblemente, se pondrá en marcha en diez años.

¿A quién beneficiará?
A las personas que no pueden hablar (por un ictus o una metástasis de cualquier tumor en el cerebro), pero que conservan intactas sus facultades mentales y pueden oír. Así que a los enfermos de Alzheimer no les serviría. A los pacientes se les colocan unos electrodos que transmiten señales de su cerebro al ordenador. El médico les plantea una cuestión a la que puedan responder "sí" o "no". Por ejemplo: "¿Tienes hambre?" Y su pensamiento se trasmitirá al ordenador. Ya tenemos una tasa de aciertos del 90%.

Al margen de este trabajo, ¿qué otros avances prevé en un futuro? Si hace una década nos hubieran dicho que íbamos a enviar vídeos, audios e imágenes con el móvil en tiempo real, nos hubiera parecido magia...
Va a haber cambios sustanciales porque se está evolucionando muy rápido. Vamos a protagonizar una revolución muy grande, más importante que la industrial. Por eso es muy importante adaptarse a los cambios. ¿Y qué veremos? Por ejemplo, una máquina que nos diga en nuestras casas qué menús podemos preparar con los ingredientes que tenemos en el frigorífico o la despensa. También va a haber un cambio radical en medicina. En el pasado Congreso Nacional de Oncología, en Pamplona, al que me invitó Ruth Vera, comprobé qué los médicos y nosotros ya utilizamos el

mismo lenguaje. Se van a desarrollar técnicas de imagen que revolucionarán el desarrollo de algunas enfermedades, como el cáncer y algunas discapacidades. En el mundo industrial, desaparecerá el trabajo en cadena, por lo que las personas podrán dedicar más tiempo a la familia. Y en el turismo, habrá aplicaciones para el móvil de realidad aumentada con las que podamos hacer visitas guiadas.

Ante esta situación, ¿qué estudios debemos recomendar a nuestros hijos?

A los niños que son buenos en matemáticas, les diría, sin duda, que estudien cualquier carrera de tecnología pero, sobre todo, Ingeniería Informática (ciencia de datos y construcción de algoritmos). Son el futuro y ¡no van a tener paro! Eso sí, también les animaría a que se formen en humanidades y a que lean mucho.

¿Y qué pasa con las mujeres? Todavía son una minoría...

Es algo que me entristece. Ya hay muchas mujeres en la ciencia y en la medicina, pero pocas en las ingenierías. Deberíamos impulsar su acceso desde la Educación Primaria. Ha habido grandes mujeres en la informática. Como Grace Murray, que tradujo nuestro lenguaje a ceros y unos; la actriz Hedy Lamarr, que inventó el WiFi y el GPS; o Margaret Hamilton, que diseñó el primer programa informático para la misión Apolo 11, del primer viaje a la luna.

Capítulo 5

Vivir a pesar de

Contexto

Ana Hernández Zozaya. *Una amiga mía, cardióloga del Hospital Universitario de Navarra, me habló del caso de Ana Hernández y de su hijo Eloy, a quien habían tenido que trasplantar el corazón de bebé y a quienes ella había atendido después en su consulta. Quedé con la familia para hacer un reportaje sobre las dificultades que habían tenido y cómo habían salido adelante. A los dos años, Ana Hernández asumió la dirección de la asociación* Pequeña Guerrera *de cardiopatías congénitas en la infancia, en sustitución de la anterior presidenta que había sido la fundadora. Entrevisté a Ana Hernández una mañana calurosa de agosto en la terraza de una cafetería del barrio de Buztintxuri, donde vive.*

27 de agosto de 2022

Ana Hernández | Nueva presidenta de asociación *Pequeña Guerrera*

*"Las cardiopatías no se ven y los enfermos
del corazón se sienten solos"*

*La vida brindó una segunda oportunidad a Eloy Sánchez Hernández hace
dos años. Y lo hizo en forma de un corazón de bebé fallecido, que volvió a
latir de nuevo en su pecho.*

- *"Mi hijo tiene daño cerebral adquirido por los paros cardiacos, que se manifiesta en retraso del lenguaje e hiperactividad, pero ¡está hecho un terremoto!"*
- *"Nos gustaría llegar a más gente: adultos o familias con niños con cardiopatías son bienvenidos"*

La vida ofrece, en ocasiones, segundas y terceras oportunidades. Trenes que no hay que dejar escapar e incluso milagros que te hacen seguir ilusionándote, aunque parezca que ya todo se ha perdido. Por una de estas carambolas del destino, el pequeño Eloy Sánchez Hernández, que el pasado abril cumplió 2 años, sigue vivo. Y muy vivo. Abre sin dar tregua los cajones de su casa y lo tira todo por el suelo. Corre sin mirar atrás. Trepa por los columpios. Escupe la fruta y la verdura y elige las galletas y los bizcochos. ¿Y por qué? Pues porque el corazón de otro pequeño dejó de latir el 10 de agosto de 2020 y, tras horas de quirófano y de angustia en los estómagos de sus padres, comenzó a brincar de nuevo en su pecho de bebé.

El trasplante del pequeño pamplonés, que entonces tenía tres meses, lo ejecutó con éxito su paisano, el elizondarra Juan Miguel Gil Jaurena, jefe del servicio de cirugía cardiaca pediátrica del Hospital Gregorio Marañón de Madrid. Baztanesa como él e igualmente criada entre el verdor y la niebla, es la madre del niño, Ana Hernández Zozaya (Legasa, Bertizarana, 35 años). Su vida, como la de su marido, Jesús Sánchez Sánchez, de 34, y su hijo mayor, Aimar (14) se puso del revés cuando un mes antes del trasplante al pequeño le diagnosticaron en el Hospital Universitario de Navarra una cardiopatía muy grave. Y les instaron a viajar a Madrid. En ambulancia. Pero el trasplante salió bien y, aunque Eloy sufrió algunos daños cerebrales a consecuencia de los paros cardiacos previos, el pequeño "está hecho un terremoto".

Ana Hernández preside desde el pasado mayo la asociación navarra de apoyo a las personas con cardiopatías *Pequeña Guerrera*, que ahora integra a unos 35 socios, entre niños, sus familias y adultos. La entidad la impulsó en 2017 la burladesa Desirée Lara Denia, tras perder a su segunda hija, Nayra (que significa "guerrera" en guanche, el dialecto canario), en septiembre de 2016 por una cardiopatía de nacimiento. Lara recibió el premio *Valientas* de *Diario de Navarra* en la modalidad de acción social el 30 de abril, justo cuando dejó la presidencia y fue sustituida por Hernández. Titulada en una FP de grado medio en Actividades Sociosanitarias, la responsable de esta asociación estaba empleada como pescadera en Mercadona hasta que nació su hijo. Ahora recibe una ayuda del Gobierno central por la que percibe el 100% de su sueldo, por cuidado de hijos menores con enfermedades graves.

¿Cómo está Eloy?

¡El niño es un terremoto! Le gusta tirar todo, subirse por todas partes, abrir cajones, correr sin mirar atrás... Estoy agotada (se ríe). Hay veces que le digo: "Eloy, para el carro". Pero, ¡está genial! Lleno de vida, de salud... ¡Da gusto verlo! Y a mí eso es lo que me da más tranquilidad. Al margen de eso, tiene algunas alergias, que pueden estar motivadas por la cardiopatía (a las legumbres, al huevo...). Pero me da igual. Come arroz, pasta, leche, galletas y bizcochos de supermercado (que tienen huevina y no huevo)... No me preocupo. También presenta un daño cerebral adquirido motivado por los paros cardiacos que tuvo antes del trasplante.

¿Y en qué se manifiesta?

Según el informe del neuropediatra, en un retraso del lenguaje, de la comunicación y en una conducta hiperactiva. Pero tú le ves al niño y dices: "¡Pero qué daño cerebral ni qué leches!" A esta edad también hay muchos niños que tienen un retraso del lenguaje, así que iremos viendo cómo evoluciona. De momento, acude dos días a la semana al Servicio Atención Temprana del Gobierno de Navarra (en Sarriguren) y también a una clínica privada, donde recibe fisioterapia, y a una logopeda. Quizá el niño se comunica a su antojo, no se centra y no juega todo el rato con lo mismo... Pero es que... ¡está tan bien! Con eso nos quedamos.

Desde que le trasplantaron el corazón, tiene que tomar medicación de por vida...

Sí, sí, eso es fundamental. Toma dos inmunosupresores cada doce horas, mañana y noche (unos sobres mezclados en agua). Esa medicación no la puede dejar en ningún momento y es importante que la tome siempre a sus horas: 8.30 y 20.30. Además, media hora antes y media después, no puede comer nada (de 8 a 9 y de 20 a 21 horas) para que le haga efecto. Por la noche es terrible y me vuelve loca. Hay veces que me lo tengo que bajar a los columpios para que no vea la comida. Lo mismo ocurre por las mañana si se levanta con mucha hambre. Luego ya le pongo las galletas con el Cola-Cao y ¡tan feliz de la vida! (se ríe). Además, sabemos que a Eloy le tendrán que volver a trasplantar el corazón dentro de quince o veinte años porque se estropea con las medicaciones. Pero bueno, eso es mejor no pensarlo por ahora. Ya llegará.

¿Qué ayuda le prestó en su momento la asociación Pequeña Guerrera?

Fue fundamental porque la gente con cardiopatías está muy sola. No sé por qué son enfermedades que no salen a la luz. Ocurre lo mismo que con la enfermedad mental. Como están por dentro y no se ven... No ocurre lo mismo con el cáncer o los daños cerebrales, que son visibles. ¡Mira a Eloy! Parece que no le ha pasado nada, pero ahí tiene su cicatriz. Cuando yo voy al parque y veo un niño con mocos, cojo a mi hijo y me lo llevo. Porque no quiero ir contando a todo el mundo que está trasplantado del corazón. Quiero que sea feliz y que viva tranquilo. Por eso, lo aparto. ¿Que soy una madre rara y una tía borde? Pues sí.

Entonces, ¿cuál es el objetivo de la asociación? ¿Cómo ayudan a las familias?

Perseguimos sensibilizar y concienciar a los ciudadanos sobre las cardiopatías infantiles y su entorno. Queremos ayudar a mejorar la calidad de vida de los menores y sus familias en todos los ámbitos sociales (sanitario, educativo, social...). Organizamos "quedadas" cada cierto tiempo para que las familias se conozcan y hablen, de manera informal. Ofrecemos, además, el programa *Yo también pasé por esto* para ayudar a las mujeres embarazadas a cuyos hijos les han diagnosticado una cardiopatía en una ecografía, generalmente en la semana veinte del embarazo (la mitad de la gestación). Madres que pasaron en su día por la misma situación acompañan a las familias en el duelo.

Jornada sobre cardiopatías

Desde que se creó la asociación (el 14 de febrero de 2017, día internacional de las cardiopatías) se han conseguido algunos logros sanitarios...

Desirée (Lara) y la anterior junta consiguieron mejorar las salas de espera de cardiología pediátrica del Hospital Universitario de Navarra (con dibujos hechos por Desi) para que fueran más acogedoras, se logró un *holter* infantil (aparato portátil que se coloca en el pecho y que registra el ritmo cardiaco durante 24 horas o más), ya que antes había solo uno de adultos y las listas de espera eran muy largas, el pasado febrero se organizó la Primera Jornada de Cardiopatías en Navarra (en la que participaron cirujanos, cardiólogos, ginecólogos...) y pacientes. Fue un gran éxito. Nuestro objetivo es seguir en esta línea, organizar una segunda jornada el 14 de febrero. Y sobre todo, queremos llegar a más gente (el teléfono de la asociación es el 622 63 62 y el *e-mail* info@pequenaguerrera.org). También buscamos voluntarios que colaboren y empresas que hagan donativos para que podamos seguir organizando todas estas actividades. Y tenemos una cuenta en CaixaBank para que las personas que nos quieran ayudar puedan hacerlo.

¿Cuáles son las enfermedades cardiacas más frecuentes de las personas que integran la asociación?

Afortunadamente, los trasplantados son pocos. Están Eloy, Íñigo (Uztárroz*) y no sé si hay otros dos más. Las patologías más frecuentes son los problemas congénitos del corazón, enfermedades con las que se nace porque el corazón no se ha desarrollado o formado correctamente durante el embarazo (como la estenosis, la cardiopatía hipertrófica, transposición de vasos...). Pero hay enfermedades tan diversas como personas. ¿Y qué tienen en común? Pues que son invisibles, que la gente no las ve. Pero queremos lanzar el mensaje de que se puede llevar una vida normal. ¿Que no puedes correr? ¡Pues baila sevillanas! Insisto, se puede llevar una vida normal con la medicación y hay que ir normalizándola en la medida de lo posible a todas las edades.

¿Alguna demanda sanitaria entre manos? ¡Aproveche el altavoz!

Con los cardiólogos infantiles (Patricia Martínez Olorón, Iosune Alegría, Jorge Suárez Alonso y María Garatea) estamos muy

*. Íñigo Uztárroz falleció en febrero de 2023, a los 8 años y por otro motivo diferente a su cardiopatía

contentos. Nuestro objetivo es que nos sigan derivando a los hospitales de referencia y para las intervenciones graves a aquellos más especializados. Por ejemplo, si para los trasplantes los mejores están en Madrid, ¡vayamos allí! ¡Y no nos empeñemos en tener todo en Pamplona! ¿Reivindicación? Nos gustaría que se acortaran las listas de espera, sobre todo, para las revisiones. Para eso, es necesario que haya más personal y más tecnología.

¿Escolarización?

Recalca la importancia de hacer vida normal. El próximo abril Eloy cumplirá 3 años. ¿Podrá ir al colegio el año que viene?

Pues todavía no lo sé. Tengo que hablarlo con las cardiólogas que lo llevan en Madrid (de momento tiene revisiones cada tres meses) y con los profesionales de Atención Temprana. Pero, claro, si le escolarizo y está todo el día malo, no voy a poder trabajar. Quizá pueda ir unas horas. No lo sé. Yo de momento, sigo con el CUME (subsidio para el cuidado de menores con enfermedad grave, a nivel nacional). Con este programa, el Gobierno central me paga el 99% de mi sueldo y mi empresa, el 1%. Yo a Mercadona no le supongo ningún gasto. Solo me guardan el puesto de trabajo. Y puedo seguir beneficiándome de este programa hasta que mi hijo cumpla 18 años si así lo necesita. ¡Aunque yo ya tengo muchas ganas de volver a trabajar! En cuanto empiece, les voy a pedir que me pongan jornada doble (risas) porque tengo ganas de relacionarme con adultos y de cambiar el "chip" de madre a jornada completa. El CUME ya existía hace tiempo y se beneficiaban familias de niños con cáncer, daño cerebral... Pero no de cardiopatías. Se incluyeron hace poco tiempo. ¡Así que yo me he beneficiado de chiripa!

¿Tiene algunos nuevos objetivos para poner en marcha en la asociación?

A ver, yo aquí soy la que menos sé. Desi y el resto de la junta (José Javier Pérez, Manuel García, Isabel Laranjeira...) son los que han puesto todo en marcha. Los que tienen más mérito. Yo voy a seguir en la misma línea. Ahora, lo más urgente es buscar el apoyo de las empresas. Para los trabajadores pueden hacer *teaming* (herramienta *online* para recaudar fondos para causas sociales a través de microdonaciones de 1 euro al mes) y también que se apunten más personas como voluntarias.

Usted y su familia también pertenecen a la asociación Hiru Hamabi (de daño cerebral infantil adquirido), debido a los daños que sufrió Eloy tras las paradas cardiacas...

Sí, y hay muchas cosas que me gustan y que también podríamos llevar a *Pequeña Guerrera*. Por ejemplo, el llamado *Objetivo 20 pavos*, por el que te dan una bonificación en algunas clínicas de rehabilitación. Por ejemplo, yo llevo a Eloy a *Paso a paso* y por ser socia de *Hiru Hamabi*, cada sesión de fisioterapia tiene un descuento de once euros, lo que no está nada mal. Son pequeñas cosas pero que ayudan a las familias. Porque, además de los problemas que tenemos, las cardiopatías nos suponen mucho gasto (viajes, algunos tratamientos en el extranjero, terapias privadas...).

En resumen, que su día a día es muy ajetreado, entre la familia, la asociación...

¡Y eso que no he vuelto al trabajo! (se ríe). La verdad es que no paro con este hijo que no da tregua. Estoy muy agradecida a la asociación de que hayan pensado en mí para presidirla. ¡Pero aquí la que ha hecho todo ha sido Desi! Ella, a pesar de su dolor por la pérdida, la impulsó para ayudar a otras familias. Y eso es algo muy grande.

"No digo a todo el mundo que mi hijo está trasplantado, quiero que sea feliz"

Lamenta que las cardiopatías sean invisibles, pero tampoco quiere pregonar la enfermedad de su hijo...

¡Claro! Yo no puedo ir contando a todo el mundo, a cualquier madre de los columpios, que mi hijo está trasplantado del corazón porque no quiero etiquetarlo. Solo deseo que sea feliz y crezca tranquilo. Y si para eso, tengo que ser una tía borde y apartarlo de un niño que está a su lado con mocos, lo hago.

¿Usted cómo está? Además de agotada con este terremoto en casa y otro hijo adolescente...

Yo estoy decayendo un poco y toda la fuerza que he estado sacando hasta ahora se me ha bajado. No me importa decir que no estoy bien, porque son cosas que pasan y hay que contarlas. Tengo ayuda psicológica. ¿Y qué? Prefiero eso que estar amargada. Además, desde los 18 años, sufro una enfermedad, las cefaleas en racimos, que son un tipo de "migraña a lo bestia". Me da por temporadas, cuando estoy más estresada, fumo más, tomo más café... Y claro, con lo de Eloy, me está saliendo. Me inyecto una medicación y también respiro oxígeno (tengo bombonas en casa). Siempre me parece que tengo la culpa. Pero cuando voy a la neuróloga, me insiste en que no es por nada que yo haga, que tengo ese problema y estoy condenada a vivir con él. Desde mayo y con este calor, lo estoy pasando fatal. Una bomba.

¿Cuenta con alguna ayuda?

Jesús, mi marido, y Aimar, mi hijo, me ayudan bastante. Mi marido trabaja en una fábrica de harinas (Harivenasa) por turnos y cuando está en casa es una liberación. Mis padres están mayores y mis suegros, delicados de salud. Pero también nos ayudan cuando pueden. El que es "mi todo" es mi amigo Tito (Eduardo Salaverri), de Oronoz Mugaire. Es como un hermano y el único amigo de la infancia que conservo.

Contexto

Blanca Angulo. *Fue ella quien me llamó por teléfono para contarme que había escrito un libro sobre cómo había superado un cáncer. Me gustó la temática, leí el libro y quedé con ella para entrevistarla en una sala de visitas del periódico.*

4 de febrero de 2019

Blanca Angulo | Autora de Pagoda Negra. Cómo superé un cáncer

"El cáncer ha sido un maestro y he aprendido a no rendirme"

- *"Durante la enfermedad, viví cada cumpleaños, Navidad... como si fuera la última y me centré en disfrutar cada día"*
- *"No es un libro para llorar sino alegre. Está ayudando a enfermos crónicos y a las personas que están a su alrededor"*

A Blanca Angulo le diagnosticaron un linfoma "muy agresivo" con 20 años. Con 33, está recuperada pero sufre secuelas respiratorias. Con motivo hoy del Día Mundial del Cáncer, mañana presentará su libro *Pagoda Negra*.

Blanca Angulo estrenó el año nuevo resfriada. Con tos y décimas de fiebre. "Pero hacemos la entrevista igual. Puede que me ingresen y nunca se sabe...". Era el miércoles 2 de enero y la joven explicaba las secuelas que arrastra desde que superó un linfoma "muy agresivo" entre el pulmón y el corazón. Se recuperó del cáncer pero la enfermedad le regaló la mitad de la capacidad respiratoria habitual, una enfermedad degenerativa y un 39% de discapacidad. "No me quejo. Me resulta difícil llevar una vida completamente normal y necesito un trasplante de pulmón. Pero estoy viva y disfruto de cada día".

Pamplonesa de 33 años, fue diagnosticada de cáncer a los 20, cuando estudiaba Ingeniería Agrónoma en la UPNA. La enfermedad, sin embargo, se convirtió para ella en "un maestro", que le ha enseñado a "no rendirse, no compararse con los demás y rodearse de gente positiva". Fruto de ese punto de inflexión y aprendizaje, acaba de publicar su primera novela, *Pagoda negra. Cómo superé un cáncer* (Editorial Evidencia Médica, 15 euros), un híbrido entre la autobiografía y la autoayuda. "No es un libro para llorar sino alegre. Está ayudando a enfermos de cáncer o crónicos y a las personas que les rodean".

Blanca Angulo trabajó en el departamento de Desarrollo Rural del Gobierno de Navarra, en el Ayuntamiento de Tudela, Caja Rural y Tracasa, pero ahora está en el paro. Practicante de taekwondo desde niña y amante del mundo oriental, ha titulado su obra *Pagoda negra* como símbolo de la "felicidad" y la "sabiduría" que aporta a este edificio religioso budista el color del máximo grado de los cinturones en el arte marcial. Finalmente, en enero no ingresaron a Blanca. Y el antibiótico sirvió para atacar a la infección respiratoria. Hoy, un mes después y con motivo del Día Mundial contra el Cáncer, prepara la presentación de su libro. La acompañará el escritor Tomás Yerro (también enfermo de cáncer). La cita será mañana, en la Biblioteca de Navarra (19.00 horas).

¿Por qué este libro tantos años después de superar el cáncer?

Hace justo un año resumí mi experiencia en el Facebook de la *Fundación Josep Carreras*. Les gustó y me animaron a contar mi caso. Entonces, pensé que me daba para mucho más. Y así ha surgido el libro. Empecé a escribir en agosto, dos días a la semana.

Pues tal y como está escrito, parece que contara algo más reciente por los detalles que da...

Es que durante la enfermedad llevé un diario. Y también me han servido las fotos... Como ya ha pasado bastante tiempo desde entonces, he podido reflexionar. Todo lo que escribí en el diario lo tenía muy fijado en mi interior.

La protagonista del relato es Itxaso, su alter ego (otro yo). Ella cuenta su historia y dialoga con la Sabonim, su maestra de taekwondo. ¿Ocurrió así?

No. La *Sabonim*, tal y como la presento en el libro, no existe. Pero me pareció ameno introducir esos diálogos entre ella e Itxaso para tratar algunos temas interesantes, como la "visualización", las terapias alternativas, la respiración... En realidad, todas esas conversaciones eran diálogos conmigo misma, mis pensamientos e inquietudes. El libro está escrito en tercera persona porque me identifico con los dos personajes, la chica con cáncer y la *Sabonim*. Yo aprendí a respirar en clase de yoga, en la Casa de la Juventud. Me abrió las puertas para aprovechar mejor el aire y no sentirme tan cansada.

En la conclusión del libro, habla sobre lo que le enseñó el cáncer. Muchas personas que han pasado por esta enfermedad coinciden en lo mismo: en que les ha ayudado a mirar la vida "con otras lentes". ¿Realmente es así? Cuesta trabajo verlo desde fuera, cuando parece un drama...

Para mí fue así. Es verdad que se pasa por diferentes etapas. Al principio, por la negación y el "¿por qué a mí?". Después, por la ira, la rebeldía... Pero, con el tiempo, utilizas herramientas que aprendes para luchar y no rendirte nunca. Yo he aprendido a no compararme con otras personas, a rodearme de gente positiva que me ayuda a sonreír, reír...

Esa es la visión posterior, pero, en el momento, sería muy duro...

¡Claro! Mi vida cambió de un día para otro con el diagnóstico a los 20 años. Pero yo tenía un sueño, que era irme de Erasmus a Bruselas un curso. Y luché por conseguirlo. Al principio, parecía que mi meta se tambaleaba (porque el cáncer se reprodujo), pero logré que me aplazaran la beca gracias a mis profesores. Fui un año después de lo previsto. Pero fui.

Un "Tiempo regalado"

Algo que aprendió con el cáncer, insiste en varias ocasiones en el libro, es a disfrutar de la vida...

¡Es verdad! El cáncer fue un aliado que me enseñó a valorar lo que tenía, a disfrutar al máximo cada momento... Hasta entonces yo me quejaba por pequeñas cosas. Pero, con la enfermedad, sentía que estaba disfrutando de un tiempo regalado, un extra... Vivía cada cumpleaños, cada Navidad como si fueran los últimos...

Y también se planteó emprender actividades nuevas y divertidas, como montar en globo. ¿Qué más hizo durante y después?

Patinar, practicar rafting, esquiar, el Camino de Santiago, escribir este libro...

¿El cáncer aún sigue siendo considerado como un tema tabú?

Sí. De hecho, a menudo los médicos no lo llaman por su nombre. Se refieren a él como "masa", "tumor"... Por eso, es importante hablar de él, darlo a conocer... Y el papel de las asociaciones es crucial. Una vez recuperada, me embarqué en un crucero para enfermos de cáncer organizado por GEPAC y fue genial. Con la ayuda de psicólogos y oncólogos, aprendimos a desprendernos de nuestros miedos y tirarlos, escritos en papeles, por la borda. Literalmente, se fueron al mar.

Usted insiste en que, aunque se supere, el cáncer siempre deja huella. Física o psicológica...

Sí, yo sufro bronquiectasias (ensanchamiento irreversible de los bronquios) por lo que, en invierno, estoy cada dos por tres ingresada. Necesito un trasplante de pulmón, pero no me pueden meter en las listas de espera porque he recibido radioterapia. Me impide hacer cosas pero no todas...

¿Cómo es ahora su día a día?

Busco trabajo, preparo presentaciones del libro y estoy escribiendo otro, sobre las secuelas del cáncer. Cuando puedo, voy a visitar a mis "sobrinicos" y, los sábados por la tarde, quedo con una amiga. Con el incremento de la enfermedad pulmonar, he tenido problemas laborales y sociales... También me gustaba mucho estar con mis abuelos pero han fallecido: mi abuela en el verano de 2017 y mi abuelo, al día siguiente de terminar este libro.

Cuenta que su enfermedad la ha lanzado a perseguir Pokemon. ¿Cómo ha sido eso?

A finales de 2017, empecé a preparar todo (testamento, voluntades anticipadas...) porque creía que me moría. Estaba muy débil, sin fuerzas para respirar y apenas podía dar dos pasos. Pero empecé a jugar a los *Pokemon* (un dibujo animado que se persigue con el móvil por la calle) para obligarme a salir de casa y andar. En el juego, hay que ir despacio, así que no me quedo retrasada. Y he conocido a mucha gente, también con enfermedades crónicas y que necesita andar. También he empezado a subir a Quinto Real y a Roncesvalles. Allí se me cae la saturación de oxígeno. Pero al volver a Pamplona, estoy mejor.

¿Qué respuesta ha recibido el libro? ¿Los lectores la escriben?

Está gustando y ayudando a la gente. Ya se han puesto en contacto conmigo varias personas que han superado un cáncer y también otras con enfermedades crónicas y que no tienen ninguna patología pero a las que el libro les ha hecho reflexionar sobre su vida. Así que estoy muy contenta. Quería dejar un legado para futuros pacientes, familiares y amigos. Y lo he logrado.

Contexto

Isabel Gemio, estrella televisiva en los noventa. *Conocí a Isabel Gemio el 4 de diciembre de 2018 en Madrid, cuando asistí a la presentación de un libro de una psicóloga (María Jesús Álava Reyes) en uno de mis días libres. Allí estaba Isabel Gemio (eran amigas) y me acerqué para preguntarle si le gustaría venir a Pamplona a presentar su libro* Mi hijo, mi maestro, *en el que relataba la historia de la enfermedad de su hijo mayor y que acababa de publicar. Enseguida me dijo que sí y nos intercambiamos los teléfonos. Después, fue todo sencillo. Decidimos el día de la presentación (se llenó el Civican de Pamplona en febrero de 2019), yo la entrevisté previamente por teléfono y luego moderé la mesa redonda. Una de esas entrevistas que recordaré toda la vida, ya que ella era un ídolo del periodismo de mi juventud.*

20 de febrero de 2019

Isabel Gemio | Periodista y autora de 'Mi hijo, mi maestro'

"La enfermedad de mi hijo es de una crueldad terrible y tardé años en aceptarla"

- *"Es mi historia y hago lo que me ha parecido más eficaz. ¿Cómo no iba a hacerlo, yo que tengo tantos altavoces y puedo llegar a tantísima gente?"*
- *"Viví años de espaldas a la enfermedad, pero cuando vi que iba en serio, empecé a conocer a otras madres. Entonces cambié, pasé a la acción y creé la fundación que lleva mi nombre"*
- *"¿El padre de mis hijos? No está en nuestras vidas y no está en el libro"*

Una periodista "estrella" en la televisión de los 90

Isabel Gemio nació en Alburquerque (Badajoz) hace 58 años. Comenzó en la radio a los 16, mientras estudiaba Bachiller; y a los 21, entró en Radio Barcelona para presentar *La chica de la radio*. A los 23 saltó a la televisión y en TVE presentó *Los sabios, 3x4* y *La tarde*. Pero alcanzó su máxima popularidad en 1993, cuando la "fichó" Antena 3 para presentar *Lo que necesitas es amor*, uno de los grandes éxitos de la televisión privada. En esa misma cadena, presentó también *Esta noche sexo, Hay una carta para ti, Noche y día* y *Sorpresa, sorpresa*. Entre 2004 y 2017, dirigió y presentó el magacín radiofónico *Te doy mi palabra* en Onda Cero. A finales de 2018, regresó a TVE para presentar *Retratos con alma*, reportajes sobre mujeres tras la serie *La otra mirada*. Ha obtenido, dos TP de Oro, un micrófono de plata, el Premio Ondas o el Clara Campoamor (por su contribución a los derechos de la mujer), entre otros galardones.

Popular presentadora de televisión en la España de los 90, se aleja ahora de los focos para contar su historia más personal: la que ha vivido con su hijo Gustavo, que sufre distrofia muscular, una enfermedad "rara", degenerativa e incurable. Mañana presenta su libro *Mi hijo, mi maestro*, en Pamplona, invitada por *Diario de Navarra*. Gustavo está a punto de cumplir 2 años y se "tira" sobre su madre en el césped del jardín. Ella está embarazada de cinco meses de su segundo hijo y, con los ojos cerrados, se ríe con su pequeño. Corre el verano de 1998 y madre e hijo protagonizan la imagen de la felicidad. La madre es la periodista Isabel Gemio; y el niño, su hijo mayor, Gustavo Manrique, al que había adoptado el verano anterior en Guatemala. Entre esa imagen y dos de las que ilustran esta entrevista han discurrido veinte años. Los que ha necesitado la popular presentadora de radio y televisión para "abrir" su "corazón" y contar su historia. La suya y la de su hijo Gustavo. Ella, tan acostumbrada a compartir los relatos de los demás, narra ahora cómo han transcurrido las dos décadas en las que su vida "ha cambiado para siempre". Y lo hace en su primer libro, *Mi hijo, mi maestro* (La Esfera de los Libros, 20,90 euros).

Extremeña de 58 años y "periodista estrella" en la televisión de la España de los 90 (con programas como *Lo que necesitas es amor, Sorpresa, sorpresa, Esta noche sexo* o *Hay una carta para ti*, en Antena 3) y directora de un programa de radio en la última década (*Te doy mi palabra*, en Onda Cero), dedica ahora gran parte de sus energías en conseguir fondos para investigar sobre enfermedades "raras" o poco frecuentes. Como la distrofia muscular de Duchenne, la patología neurodegenerativa e incurable que le diagnosticaron a su hijo al cumplir 2 años. Un mes después de que el niño se "tirara" sobre su madre en el jardín de su casa (foto que ilustra la portada del libro) y cuando nada hacía presagiar ese cambio de destino "tan cruel". Isabel Gemio presenta mañana su libro en Pamplona (Civican, 19 horas, entrada libre previa inscripción en Mundo DN), invitada por *Diario de Navarra*. La cita forma parte de las actividades *Expofamily, mes a mes* (interés familiar) e integra la serie mensual de entrevistas *Encuentros en familia* (en papel, Internet y vídeo).

Dice que el libro es un homenaje a su hijo, ya que "lo merece". ¿Por qué ha tardado tanto?

Hasta ahora no me había visto preparada para abrir mi corazón de esta manera. Además, he esperado a que mis dos hijos, Gustavo (22 años) y Diego (20), cumplieran la mayoría de edad. Pero la pregunta no es por qué sino para qué lo he hecho.

¿Y cuál es la respuesta?

Para que la sociedad se conciencie de la importancia que tiene la investigación, que en España no avanza como nos gustaría. El libro busca "tocar" conciencias y obtener fondos. Los derechos de autora se destinan a la fundación que lleva mi nombre y con la que impulsamos la investigación sobre enfermedades "raras".

¿No le ha dado pudor exponer su vida y la de su hijo?

Estamos en la lucha y los pudores hay que dejarlos a un lado. Es mi historia y hago lo que me ha parecido más eficaz para estos objetivos. Todos los padres hacen lo que pueden por sus hijos. ¿Cómo no lo voy a hacer yo que dispongo de tantos altavoces y puedo llegar a tanta gente? Lo primero es lo primero. Hay muchas cosas importantes pero urgentes, no tantas. Y esta es una de ellas.

¿Cómo está ahora su hijo?

Gustavo ahora no tiene ninguna movilidad y necesita las 24 horas de un cuidador. Carece de autonomía. Ya no puede ni enviar mensajes con el móvil. Las distrofias musculares son enfermedades muy crueles para el enfermo y toda su familia.

En el libro asegura que son patologías peores que el cáncer. Una afirmación muy dura...

Esa idea surgió en una de las tertulias con un grupo de madres que tienen hijos con distrofias musculares y con las que me reúno varias veces al año. Al principio, nos pareció duro pero creemos que es así. Siempre pidiendo perdón a los padres de niños con cáncer, por supuesto. En el cáncer o sobreviven o mueren pero es un tiempo. Estas enfermedades neurodegenerativas son una condena lenta, un deterioro progresivo y de una crueldad terrible para niños que pierden toda la fuerza muscular pero que tienen toda su capacidad cognitiva. Nunca hay buenas noticias e ir a las revisiones es devastador. Nuestra única esperanza, insisto, es la investigación.

Pero aunque siempre reciben malas noticias, Gustavo está viviendo ahora un momento feliz...

¡Sí! ¡Mi hijo está enamorado y es correspondido! Y aquí está la prueba para los padres con hijos pequeños: todo es posible. El futuro no está escrito y no deben torturarse pensando en lo que su hijo se va a perder. Yo nunca imaginé que fuera a ocurrir esto y mira. ¡Que no se martiricen!

Precisamente, usted explica cómo le ha ayudado la meditación para centrarse en el presente pero tras el diagnóstico sufrió mucho... ¿Cómo ha evolucionado?

Tardé muchos años en aceptar y asimilar la enfermedad de Gustavo. Me encerré en mí misma. No quería mencionar lo que me ocurría ni conocer a otras personas con historias parecidas a la mía. Vivía de espaldas a lo que me sucedía. No sé por qué. Era lo único de lo me sentía capaz.

Todo cambió al conocer a otras madres con hijos enfermos...

Al cabo de los años, me di cuenta de que la enfermedad avanzaba, iba en serio, y así no podía seguir. Me puse en contacto con otras familias con vidas muy similares. Y eso fue lo que transformó mi conciencia. ¡Pasé a la acción!

¿Fue entonces cuando creó la Fundación Isabel Gemio?

Primero, comuniqué públicamente la enfermedad de mi hijo, empecé a colaborar con la asociación madrileña de enfermedades neuromusculares y después creé mi fundación para incentivar al máximo la investigación. Muchas personas me animaron a fundarla porque yo soy conocida, con muchas herramientas y un altavoz en los medios de comunicación. No lo dudé y me alegro de haberla impulsado. ¡Ojalá lo hubiera hecho antes!

La enfermedad iguala

Usted insiste en que "ni su fama ni su dinero" podían servir para curar a su hijo, aunque reconoce que es una privilegiada por no tener problemas económicos.
¡Claro! Para dar a mi hijo un bienestar (sillas de ruedas eléctricas, cuidadores 24 horas...) sirve el dinero que se tenga. Pero para curarlo, no. ¡No hay dinero en el mundo que detenga la enfermedad de Gustavo! Las enfermedades terribles no discriminan ni a ricos ni a pobres. Todos somos iguales. No hace falta tener un antecedente genético en la familia sino que, por mutación, le puede tocar a cualquiera. No tiene nada que ver con el origen de Gustavo. Podía haberle pasado a un hijo biológico, como hay tantos.

¿Cómo fue su adopción? En el libro cuenta que lo único que pidió es que fuera un niño sano.
¡Lo que es la vida! ¡La paradoja! Ya digo en el libro: "Nunca expreses en voz alta lo que temes porque se cumplirá". Hace veintidós años, yo sentí el deseo de ser madre y, como en ese momento no tenía pareja, decidí adoptar. Respeto y admiro enormemente a las personas o parejas que adoptan a niños con alguna enfermedad porque ese es el verdadero amor, el más profundo. Pero yo no me sentía capaz porque soy una persona muy sensible. Y, ¡mira por dónde! El azar, los acontecimientos, el universo entero... se confabularon para que Gustavo estuviera en mi vida. Los dos estábamos unidos por un hijo invisible. Así son las cosas. No tienen una explicación lógica.

Porque, además, fue un proceso de adopción complicado.

Sí, sí. Tuve muchos problemas. Inicié el proceso estando soltera pero, al tiempo, la Comunidad de Madrid se enteró por la prensa del corazón que yo me iba a casar (con el cubano Nilo Manrique) y entonces me dijeron que tenía que volver a iniciar todo el proceso como pareja. Pero yo luché y luché para que no se detuviera porque eso significaba que iba a perder a ese niño que tenía en preadopción.

Y así, finalmente, viajó en julio de 1997 a Guatemala para recoger a su hijo. Después supo que la madre biológica de Gustavo había tenido otros hijos con esa misma enfermedad "rara"...

¡Es que estaba escrito en el informe! Pero yo no lo leí. No quería saber. Son cosas incomprensibles pero así ocurrió. ¡Qué me importaba a mí el origen! Era mi hijo y punto. Además, mi niño era absolutamente normal, monísimo, progresaba intelectualmente... Tardó un poco más en caminar pero ¡como muchos niños!

¿Cómo supieron qué le pasaba?

Es una enfermedad sin síntomas, que no da la cara. Pero como Gustavo había sido adoptado, el pediatra dijo que le iba a hacer más pruebas para ver si todo estaba en orden porque venía de un mundo con muchas carencias. ¡Pero yo lo máximo que pensé es que iba a necesitar una vitaminas! Entonces vieron que algo estaba alterado, se desencadenaron las pruebas y se confirmaron las peores sospechas.

Cuenta que, en septiembre de 1998, tras un verano maravilloso en el que estaba embarazada de su hijo Diego, llegó el diagnóstico más cruel, y critica cómo le dieron los médicos la noticia.

En ese momento, tu vida cambia para siempre. No hay nadie preparado para recibir un golpe tan seco y tan duro. Como cada persona es un mundo, el médico que está delante dándote ese diagnóstico, y no sabe si eres fuerte o sensible, debería tener un poquito más de psicología. Y si no está preparado, que se rodee de psicólogos. Hay que preparar a las familias (padres, abuelos...) porque es muy duro escuchar un diagnóstico irreversible, incurable. No te dan ni una posibilidad, una rendija por la que se cuele un poquito de esperanza. Nada. Nada. Si por lo menos te ofrecen un poco de esperanza a través de la investigación (contando qué ensayos clínicos se están haciendo en España u otros países), esa persona se meterá esa idea en su cerebro como el objetivo principal de su vida. Pero a mí, ¡ni siquiera me dieron esa opción!

A pesar de esa mala experiencia inicial, habla maravillas de la sanidad pública.

¡Claro! Porque si mi hijo está vivo es gracias a los profesionales del Hospital Gregorio Marañón de Madrid. Todos esos médicos, enfermeras, auxiliares... forman ya parte de nuestra familia. Solo unos pocos podrían mejorar mucho su comprensión del dolor. Porque sus palabras te pueden destrozar la vida.

Cuando conoció el diagnóstico de Gustavo, estaba embarazada de cinco meses de su hijo Diego.

Justo antes de saberlo, vivía una etapa feliz, pletórica. Tenía un niño que era una maravilla, cariñoso, que parecía que llevaba toda la vida con nosotros; estaba embarazada y vivía un éxito absoluto en mi trabajo (presentaba entonces *Sorpresa, sorpresa* en Antena 3). Al conocer el diagnóstico, experimenté una lucha tremenda. Disimulaba ante mi hijo, mi madre... Debía hacer un esfuerzo por trabajar cuando no tenía ganas absolutamente de nada. Y ese sobre esfuerzo me creó un estrés tremendo.

Ahora que habla de su madre, ella le aconsejó que no adoptase.

Porque las madres son muy prácticas y desean lo mejor para sus hijos. Ella no quería que me complicara la vida en un momento en el que todo me iba bien. A veces, las madres son intuitivas y tienen un sexto sentido. Pero yo seguí mi instinto y aquí está Gustavo. Mi maestro… Siempre lo he dicho. Es un joven optimista, cariñoso, vitalista, mi "Buda" y un maestro, no solo para mí, sino para todas las personas que lo conocen. ¡Tengo esa suerte! Si mira para adelante, ¿cómo no lo voy a hacer también yo?

¿Y Diego? ¿Cómo ha vivido?

Siempre he tenido la sensación de que no llegaba a todo y de que el pequeño se veía muy perjudicado por el tiempo que le dedicaba al mayor. Ha sido una víctima colateral de la enfermedad de Gustavo. Y es un dolor muy profundo el que llevo en mi corazón. Pero los dos son maravillosos.

En el libro no habla de Nilo Manrique, el padre de sus hijos.

He preferido hacerlo como lo he hecho. Es mejor para todos. Si él no está en nuestras vidas, tampoco lo está en el libro. Él lo decidió así, no yo. Yo solo hablo de mi vida, mi experiencia y la de mi hijo.

¿Va a volver a la televisión?

Voy a seguir con unos reportajes para TVE y con un documental que he dirigido sobre enfermedades raras. En este país, la experiencia no es un grado y lo acepto. Yo he tenido una carrera extraordinaria y soy una privilegiada. Pero necesito trabajar porque no tengo negocios. Y porque solo sé hacer una cosa: contar historias.

"Invertir en investigación es la única esperanza para nuestras familias"

Usted cuenta que no es creyente y que solo se aferra a la ciencia.

Yo soy muy respetuosa con todas las religiones y me gustaría creer para tener consuelo. Pero no lo siento así y estoy en el vacío. Solo creo en la ciencia, en la evolución y en que los científicos nos pueden curar si tienen los recursos necesarios.

Pero aunque no sea creyente, es muy espiritual, cercana al budismo y practica meditación.

La meditación puede ayudar mucho a la gente y así lo explico de manera detallada en el libro. Aporta una clarividencia que asombra cuando la practicas. Pero hay que dedicarle tiempo a diario y no inquietarse por no conseguir los objetivos en las primeras sesiones. Hay que desarrollar la parte espiritual que los seres humanos tenemos.

Sobre todo para vivir el presente.

¡Claro! Al principio, cuando iba a las consultas me decían: "todavía anda", "todavía respira bien"... Ya sé que querían decir que dentro de un tiempo no estaría como entonces. Pero ¿por qué me lo adelantaban? Yo salía de allí destrozada, sin energía.

En el libro insiste, una y otra vez, en la necesidad de invertir más dinero para investigar las "enfermedades raras". ¿A quién hay que concienciar?

¡A todo el mundo! A los políticos, a las instituciones, a las empresas... La inversión en ciencia en este país deja bastante que desear y estamos lejos de la media europea. Además, la responsabilidad social corporativa (RSC) de muchas empresas se queda solo en unas siglas. La sociedad española no tiene cultura de donar para la ciencia. ¡Antes ayudamos a cualquier otra causa! Es algo intangible y con resultados a largo plazo.

Pero la medicina, tarde o temprano, la necesitamos todos. Y lo que se ha avanzado ha sido gracias a la investigación y los tratamientos. Por ejemplo, algunos tipos de cáncer o el sida ya no son sinónimos de muerte. Pero, claro, son dos casos muy rentables. La medicina también es un negocio para los grandes laboratorios farmacológicos. ¡Pero las enfermedades minoritarias también tienen derecho!

¿Cómo ha evolucionado la investigación en estas dos décadas?

¡Muchísimo! Antes apenas se hablaba de estas enfermedades y ahora hay ensayos. Cuanto más se investigue, más se erradicarán. Con un análisis genético, cuando no sea tan caro como ahora, una pareja podrá saber si son portadores de genes que pueden transmitir enfermedades minoritarias, aunque ellos no las tengan y carezcan de síntomas.

Contexto

Miguel Ignacio Purroy. *En una comida con amigos, coincidí con uno de sus hermanos, un urólogo jubilado de la Clínica Universidad de Navarra. Le confesé que me gustaría entrevistarle con motivo de su jubilación para que me contara cómo había sido su trayectoria profesional. Pero él no quiso. Y me sugirió que quien sería muy interesante para entrevista sería su hermano Miguel Ignacio, que había viajado a Venezuela recién ordenado jesuita, después había colgado los hábitos y creado algunas empresas. La entrevista me encantó. Al terminarla, Miguel Ignacio me dijo lo siguiente: "No sé qué podrás hacer con todo lo que te he contado y si te servirá para algo. En cualquier caso, muchas gracias por escucharme. Nunca había contado a nadie todas estas historias". Nada más que añadir.*

8 de septiembre de 2019

Miguel Ignacio Purroy Unanua | Economista, politólogo, empresario y banquero en Venezuela

"Los políticos de Venezuela han destrozado millones de vidas"

- *"Llegué a Venezuela a los 17 años. Pensé que iba a quedarme allí para siempre como jesuita"*
- *"Si en algún momento me jubilo, que no lo sé, volveré a vivir a Pamplona 100%"*
- *"Gran parte de la población de Venezuela vive de las dádivas del Estado"*

Iba para jesuita, y se convirtió en un referente de la economía venezolana. El pamplonés Miguel Ignacio Purroy Unanua, de 72 años, ha ocupado cargos directivos en bancos del país caribeño. Pero cuando la vida en Caracas se convirtió en "una pesadilla", se trasladó a las islas Bermudas, en el Atlántico y a hora y media de Nueva York, donde impulsa ahora una sociedad de desarrollo de hoteles de lujo.

Miguel Ignacio Purroy Unanua es casi un venezolano. Habla con ese acento melódico y cantarín del país caribeño, por mucho que se esfuerce en marcar las "z" y las "c" y ser un navarro más. Y, como a su tocayo Miguel de Unamuno "le dolía España" en los años previos a la Guerra Civil, para él es "extremadamente doloroso" ver la situación en la que se subsiste en esa nación a la que "ama" y donde aterrizó por casualidad a los 17 años. Pamplonés del Segundo Ensanche (nacido el 30 de julio de 1947) y antiguo alumno del colegio San Ignacio (Jesuitas) de la calle Bergamín, quiso ser novicio en Loyola (Guipúzcoa). Allí pidieron voluntarios para viajar a Venezuela y no se lo pensó dos veces. Pero, a los tres años, le enviaron a estudiar

Filosofía en Munich. Abandonó la vocación, regresó a Caracas, y tres años después volvió a Alemania a cursar Economía y Ciencias Políticas en Hamburgo. Pero, de nuevo, hizo un viaje de vuelta al país Caribeño y desde entonces ha sido una de las grandes "mentes" de la economía nacional. En la teoría, como investigador y profesor universitario; y en la práctica, al frente de grandes empresas y del mundo de la banca. Casado en dos ocasiones y padre de tres hijos, de 37, 30 y 10 años, él mismo se define como alguien "muy inquieto".

A sus 72 años, suma seis libros sobre economía; miles de alumnos que lo tienen como referente y una obra social y en valores en las empresas que ha dirigido, fruto de ese espíritu jesuita de sus años de juventud. Impulsado por la "pesadilla" que se vive en Venezuela, cerró su casa de Caracas y dejó sus dos coches en el garaje, "como si fuera a volver mañana", y se ha instalado con su esposa y sus dos hijas (su hijo vive en Miami) en las islas Bermudas, perdidas en el Atlántico y a hora y media en avión desde Nueva York. ¿El objetivo? Invertir e impulsar una sociedad de desarrollo hotelero (*Hotelco International*) con establecimientos en las Bermudas y el Caribe. Pero a pesar de este peregrinaje por el mundo, no olvida sus raíces pamplonesas y regresa todos los años a la capital navarra. "Mis seis hermanos y sus familias viven aquí y, como dicen, son muy 'PTV' (de Pamplona de toda la vida)", bromea. Y asegura que, si algún día se jubila, algo que aún no tiene muy claro, "será en Pamplona, 100%". Aunque sigue siendo "muy venezolano". "En los recientes cursos de verano de Civican sobre la Unión Europea, una pareja de venezolanos me preguntó si era de allí. ¡No se creían que hubiera nacido en Pamplona!", se ríe.

Cuando usted llegó a Venezuela, en 1965, era un país próspero al que emigraban muchos españoles escapando de la pobreza. Y ahora la inflación ahoga a la gente, millones de personas huyen y en España los venezolanos son la primera nación de inmigrantes, muchos refugiados políticos...

La Venezuela que yo conocí entonces era el primer mundo en muchas cosas. Y España, el segundo o el tercero. El nivel de vida era muy superior al nuestro y así siguió hasta finales de los ochenta.

¿Qué ocurrió entonces?

Venezuela ha tenido siempre dos problemas. Que la riqueza petrolera le ha impedido desarrollar otras fuentes de producción. El Estado ha sido dueño del petróleo y ha vivido de la "renta petrolera". Además, toda la clase dirigente, política y empresarial, hacía buenos negocios con el petróleo, algunos de ellos corruptos. Paralelamente, existía una creciente población marginada, que acumulaba una gran decepción. Y en este panorama, irrumpió Hugo Chávez en 1992, con un golpe de Estado. En un momento en el que empezó a tocar la fibra a esa masa resentida.

Pero no fue hasta 1999 cuando ganó las elecciones y alcanzó el poder...

Sí, y con un discurso muy esperanzador, reivindicativo y redentor. Tenía un proyecto político muy claro, con la promesa de adecentar el país y ¡le votaron hasta las clases medias! Pudo llevar a cabo este proyecto porque contaba con una inusual bonanza petrolera, pero la corrupción continuó magnificada. El problema llegó en 2011 cuando enfermó de cáncer y el negocio petrolero declinó. Entonces, el sistema se empezó a deteriorar porque era muy personalista y los populismos se hicieron evidentes. Con Nicolás Maduro, el pupilo de los Castro desde los 15 años porque se formó en Cuba, Venezuela se ha terminado de convertir en un país donde nada se produce y todo se importa. Porque se expropió a las grandes empresas, a los productores... Por eso, el país está desabastecido. En los supermercados solo pueden comprar los privilegiados que cobran en dólares.

¿Y qué pasa con el resto de la población?

Pues que la inmensa mayoría vive de las dádivas del estado, de esas cajas con alimentos básicos que se reparten (y que reciben siete de cada diez familias). ¡Pero esta política tiene sentido para el régimen chavista-madurista! ¡Así se aseguran los votos de estas personas!

Es decir, que mucha gente vive del Estado. Y de las remesas que mandan los cuatro millones de emigrantes.

Muchos viven en Estados Unidos y España, pero cada vez salen más a Colombia y de ahí pasan a Ecuador y Perú. Hace dos fines de semana pasado hubo altercados en la frontera...

Usted que es economista, explique qué está ocurriendo con la inflación, que sube de día en día y está evaporando los salarios...

A mis alumnos les explicaba siempre la inflación de un modo muy sencillo: si tienes 200 euros y diez sillas, cada una cuesta 20. Pero si tienes 400 euros y las mismas sillas, el precio de cada una será el doble. Lo que ocurre es que hay una emisión exagerada de dinero para pagar los sueldos de los funcionarios. Pero son cantidades vacías, sin soporte, que no vienen de ninguna producción. Por eso, todo cuesta tanto. Este proyecto político ha derivado en una banda de ladrones y criminales que se han apoderado del Estado para su beneficio.

Por no hablar de la falta de libertad de expresión y de los presos políticos...

Yo tengo relación con varios de ellos, entre los que cuento a Leopoldo López (opositor al régimen y que fue alcalde de Chacao ocho años) y me quito el sombrero ante estos políticos jóvenes (López tiene 48 años), sean de la ideología que sean. Porque hacer política en Venezuela es jugarse la vida. Te matan o, lo que es mil veces peor, te meten preso. Las cárceles ahora son mucho peores que en la época en la que yo llegué (1965-68) y organizaba actividades culturales con los reclusos.

Antes de salir del país, ¿tuvo problemas?

No en cuanto a seguridad personal, porque siempre llevaba guardaespaldas y coches blindados, y tampoco en lo político, por las posiciones que ocupaba.

¿Piensan en regresar?

Vamos a visitar a la familia de mi mujer y tenemos la casa como si fuéramos a volver mañana. Me niego a quitar ni un alfiler de allí. Sería como resignarse y no queremos.

Usted que ha sido consejero del Banco Central de Venezuela (1994-95), que ha presidido BanCaribe, uno de los bancos más prestigiosos del país; y que ha escrito libros y artículos de economía (en la revista SIC, de los Jesuitas), ¿presentía que el país iba a terminar de este modo?

Amo a Venezuela y es extremadamente doloroso todo lo que está pasando. Cuando presidí BanCaribe y era también vicepresidente de la *Asociación Bancaria*, me tocó interactuar con Chávez y sus ministros. Yo creo que hice todo lo que pude... Pero, a veces, uno se pregunta si pudo haber hecho más. Creo que la clase social dirigente actuó de forma negligente y el progreso les ha estallado en las manos. Siempre he creído que no se puede progresar si no se respetan los principios básicos de la equidad social. Los políticos son ahora dueños de un país destrozado. Lo que se traduce en millones de vidas destrozadas.

Desde su perspectiva económica y política, ¿por dónde cree que pasa la solución?

Solo con presiones internas, no hay forma de desalojar a un Estado forajido. Estados Unidos, China, Rusia y Cuba deberían ponerse de acuerdo porque la situación actual es insostenible y hay que tender hacia un régimen democrático. Pero, claro, todos ellos reciben cientos de miles de millones de dólares del petróleo.

Además de Venezuela, el otro país que conoce bien es Alemania, donde vivió ocho años. En su último libro, Alemania y la crisis del euro. Una hegemonía fallida, asegura que la unión monetaria no será viable a largo plazo. ¿Por qué lo cree?

Porque Alemania no ha querido ni quiere asumir el papel hegemónico que le corresponde. Sin ello, no es viable una moneda común entre países tan divergentes como los que conforman hoy la Unión Monetaria Europea (UME). Aprovechando la tranquilidad antes de la próxima crisis, propongo crear tantos euros como zonas monetarias "naturales" existen en Europa.

Antes hablaba de la equidad y los valores. Dice que es lo que intentó impulsar cuando presidió BanCaribe...

Yo llegué allí después de haber sido consejero del Banco Central y tras un año sabático en Oxford (Reino Unido), donde fui catedrático visitante y escribí Régimen cambiario y estabilidad inflacionaria. Al regresar a Caracas, como dicen los venezolanos, yo "no sabía de qué palo ahorcarme" y un amigo me animó a participar en este banco, primero como consejero y presidente de algunas filiales en el Caribe. Cuando llegué a la presidencia, en 2004, el anterior presidente, que además era el dueño, me pidió que le diera la vuelta al banco. Y eso hice. Modifiqué la imagen corporativa pero, sobre todo, me centré en la parte social. Financiamos al Sistema de Orquestas Infantiles y Juveniles de Venezuela y publicamos 150 biografías de personas ilustres venezolanos en colaboración con el periódico El Nacional. Fue una forma de acercar la cultura sobre el país, de una manera muy sencillita y divulgativa, a todas las clases sociales. Pero, sobre todo, intentamos inculcar valores entre los empleados. Todas las empresas con principios tienen garantizada su supervivencia a largo plazo. Si no, es imposible.

Del banco pasó a Mapfre (2014 a 2017 como consejero delegado) y su última aventura la protagoniza como inversor hotelero en las islas Bermudas. ¡Quién se lo iba a decir cuando ingresó de novicio!

(Se ríe). Es una forma de cerrar el círculo pero yo siempre he mantenido mis valores. Hemos salido de Venezuela porque la vida allí es una pesadilla y porque quería pasar más tiempo con mi hija pequeña, lo que no pude hacer con los otros dos. Primero empecé a trabajar desde casa y ahora vivimos en Bermudas, que es un paraíso. Y eso que mi esposa me dijo que no se iría de Venezuela, porque es "muy venezolana", salvo que tuviéramos que hacerlo por trabajo. Así que me monté un trabajo en Bermudas (se ríe).

Dice que si se jubila algún día, regresará a Pamplona para cerrar del todo el círculo de su vida. ¿Qué es lo que más echa en falta de Navarra? ¿O ya nada?

Muchísimo, lo que más. Me encanta lo que en Venezuela llamamos "convivialidad", esa camaradería tan típica de aquí, en la que todo el mundo va conversando por la calle, se saluda cuando se encuentra con los amigos... Eso ahora en Venezuela es impensable. En otro terreno, me encanta la verdura de Navarra, el jamón y hasta el pan (risas). Y sobre todo, mi familia.

"Me encanta pasear con mi hija por las calles de la Pamplona de mi infancia"

Miguel Ignacio Purroy Unanua disfruta como el niño que fue paseando por el Segundo Ensanche de Pamplona. Y vuelve a tener 10 años, los que suma ahora su hija Daniela Mariana, al recorrer esa calle con tan pocos portales, que es Doctor Huarte, junto al colegio Vedruna (Carmelitas) y ver la casa en la que vivió con sus padres y sus seis hermanos. Da un salto a su infancia al caminar, de la mano de su niña, por Carlos III, la calle Amaya, en la que se ha comprado un piso frente a la Plaza de Toros, o cruzar por delante del colegio

San Ignacio (Jesuitas), en Bergamín, donde estudió y donde comenzó la aventura de su vida. "Cuando le pregunto a mi hija qué es lo que más le gusta de Pamplona, me dice, sin duda, que pasear conmigo de la mano", se emociona. Una utopía en Caracas, donde transitan por la calle muy poco (y si lo hace es con guardaespaldas) y conducen en coches con cristales blindados.

El cuarto de los Purroy Unanua nació en la Rochapea, donde su padre, Severiano Purroy Orte, regentaba un lavadero de lanas; en la que transformaba el pelo de las ovejas de la Cuenca de Pamplona en textiles que vendía a empresarios catalanes e ingleses. Pero a los cuatro meses, se trasladó con su familia al número 1 de la calle Doctor Huarte, en un Segundo Ensanche sembrado de grúas de edificios en construcción. Como sus hermanos varones, estudió en los Jesuitas de Pamplona y en el entonces internado de Javier. Y al terminar el Preuniversitario, sintió la vocación para ir al noviciado en Loyola (Guipúzcoa). "Entonces, era muy habitual. De cuarenta compañeros que terminamos el curso, diez fuimos allí para ser jesuitas". Y cuando le quedaban 26 días para cumplir los 18 años, el 4 de julio de 1965, le "destinaron" a Venezuela, a Los Teques, una ciudad a media hora de Caracas, donde vivió tres años. "Pensaba que me iba a quedar allí de por vida e hice un gran esfuerzo por integrarme". El noviciado, relata, era "muy abierto" y, además de la formación religiosa, hacían labor social. En su caso, visitar a los presos e iniciarles en actividades culturales (teatro...). Pero los Jesuitas decidieron que su "destino" sería impartir clases de Teología Bíblica en la universidad y le enviaron a estudiar Filosofía a Munich (Alemania). Y allí cambió su destino. "Era el mayo del 68, el país estaba en plena ebullición y me involucré en el movimiento obrero de los emigrantes españoles. Escribí mi tesis sobre Marx. Yo era un poco 'izquierdoso' (se ríe) pero siempre desde mi cristianismo y la Teología de la Liberación". Fue entonces, confiesa, cuando se replanteó su vocación, se salió de la congregación "pero en excelentes relaciones con los Jesuitas" y regresó a Venezuela, en contra del deseo de su madre. "Me decía: 'Hijo, si ya no eres jesuita, ¿para qué vuelves?' Lloró mucho". Pero él no lo dudó: regresó al Ca-

ribe, fue profesor universitario dos años, viajó a Alemania a estudiar Economía y Ciencias Políticas y a los 29 años, regresó definitivamente a Caracas, donde se casó y tuvo dos hijos. "Me encantaba el mundo académico pero decidí probar suerte también en la empresa". Empezó como gerente de una promotora de viviendas de interés social y de un grupo metal-mecánico, ambos vinculados a empresarios navarros , al tiempo que daba clases de Economía y escribía libros. En 1982 publicó Estado e industrialización en Venezuela, que se convirtió en un texto obligatorio para los estudiantes de Economía de todas las universidad del país y a él, en una personalidad. Como la que sigue siendo, aunque él prefiere mantenerse en el anonimato. Y disfrutar como un niño paseando con la suya por las calles de Pamplona que le vieron crecer.

"Mecenas" de una orquesta para "niños de la calle"

Aplausos de más de quince minutos con el público entregado y puesto en pie en grandes salas de conciertos. Ocurrió en Salzburgo (Austria). Pero no después de escuchar a virtuosos de filarmónicas centroeuropeas sino a músicos venezolanos adolescentes que, en su mayoría, provenían de sectores populares pobres. Y ese fue uno de sus logros vitales de los que Miguel Ignacio Purroy se siente más orgulloso. Sucedió a partir de 2004, cuando alcanzó la presidencia del Banco del Caribe (BanCaribe), una de las instituciones financieras privadas más "potentes" de Venezuela. En aquella época, recuerda, él quiso "darle la vuelta" al banco impulsando la Responsabilidad Social Corporativa (RSC), que entonces comenzaba a ponerse "de moda". Y forjó una alianza con el Sistema Nacional de Orquestas Infantiles y Juveniles de Venezuela, que integraba a más de 200.000 menores en todos los rincones del país, y financió los primeros viajes al extranjero de la Orquesta Juvenil Simón Bolívar, dirigida por Gustavo Dudamel. "Cada viaje al extranjero nos costaba mucho dinero pero era algo tan maravilloso... A través de la música, muchos niños salían de la pobreza", asegura. Y rememora lo que apuntaba el fundador de este sistema de orquestas, el músico y educador venezolano, José Antonio Abreu: "Un niño en la orquesta es un niño salvado". "En las zonas populares del interior, que nunca habían tenido contacto con la música clásica, las familias se emocionaban. Y en los barrios duros de Caracas, era un orgullo que un niño fuera por la calle con la funda de un violín".

Contexto

Izaskun Adot. *Conocía a Izaskun desde hacía años porque habíamos sido vecinas. Después, escribí varios reportajes sobre el reto solidario que iba a emprender su hijo Ionan, con Síndrome de Down, y a quien le encantaba nadar. Titulé mi reportaje Brazadas de superación, nombre que utilizaron después para su asociación solidaria para ayudar a familias con hijos con discapacidad. Al tiempo, me enteré de que Izaskun, con quien ya tenía una relación personal por su hijo, padecía fibromialgia y la entrevisté con motivo de una serie sobre personas con enfermedades invisibles. En este caso, escribí el texto en estilo indirecto. Esta entrevista formó parte de una serie titulada 'Enfermedades invisibles', por la que obtuve el Premio Tiflos de Periodismo Social de la ONCE en 2022*

26 de febrero de 2021

Izaskun Adot | Enferma de fibromialgia

Enfermedades invisibles II - La fibromialgia o dolor en músculos afecta a entre el 2% y el 6% de la población. Sobre todo, a mujeres.

"El dolor crónico me cambia el humor"

* *"Hay médicos que no te creen y se empeñan en que es algo psicológico"*
* *"Con el diagnóstico me tranquilicé. Tenía un nombre y no me estaba volviendo una quejica"*
* *"Vivo cansada y en cualquier momento, me metería a la cama". "El dolor no remite y solo desaparece un poco con las pastillas"*

Anomalía al percibir dolor

La fibromialgia cursa con dolor en los músculos, tendones o ligamentos. Se parece al originado en las articulaciones, pero no es un dolor articular, sino una anomalía en la percepción (parecen dolorosos estímulos que no lo son). Es una enfermedad que afecta entre al 2% y el 6% de la población, sobre todo mujeres. El 90% sienten cansancio; el 80%, insomnio y el 25%, ansiedad o depresión.

Con dolor constante en las articulaciones y cansancio general, hace cinco años le diagnosticaron fibromialgia y fatiga crónica. Vive con dolor.

Izaskun Adot vive constantemente con dolor. En las rodillas, las caderas, las palmas y los dedos de las manos... Y el resto del cuerpo. Por las mañanas, cuando se levanta de la cama, cuenta, le cuesta "arrancar" y es "como si los engranajes no estuvieran en su sitio". Un dolor crónico al que se suma un cansancio generalizado durante todo el día. "Vivo cansada y, a cualquier hora, me metería en la cama", resume su estado de salud. Un diagnóstico al que los médicos ya le han puesto nombre: fibromialgia, a la que puede ir aparejada la fatiga crónica. Pero Izaskun Adot Larumbe, pamplonesa de 46 años y vecina de Larraya (una localidad cercana a Zizur), no es una mujer "quejica" y, a pesar de sus limitaciones, trabaja dentro y fuera de casa y saca adelante a su familia; a sus tres hijos de 18, 15 y 11 años, dos de ellos con discapacidad y uno, gran dependiente.

Trabajadora en la ONG *Sed* (Solidaridad, educación y desarrollo) del colegio Santa María la Real (Maristas, en Sarriguren) y agente comercial del robot de cocina Thermomix, confiesa que mucha gente en su entorno no sabe lo que le ocurre porque ella no lo ha contado; y en su familia, "a menudo, se les olvida". "A veces, no puedo más y solo me dicen: 'Siéntate, estate tranquila' pero luego me levanto y el lavavajillas sigue sin ponerse. No les doy pena porque mi enfermedad no se ve y parece que estoy bien", se ríe. Izaskun Adot recuerda que fue hace quince años, cuando nació su segundo hijo, cuando empezó a tener más dolores en las articulaciones. "Pero lo achacaba a las lesiones que había tenido de joven, cuando esquiaba y jugaba al fútbol. También a que cogía mucho al niño en brazos, a que tenía sobrepeso y debía adelgazar... La gente me decía que sería por esos motivos. Y, como tenía sentido, yo no le daba más importancia. Primero, siempre me ocupo de los demás. Y yo soy siempre la última", recuerda. Hasta que, en 2016, ya no pudo más y su médico de cabecera la derivó al reumatólogo. El diagnóstico fue claro: fibromialgia, una patología que cursa con dolor crónico en las articulaciones (músculos, tendones, huesos...). "Yo ya había leído algo sobre esta enfermedad y, la verdad, cuando supe lo que me pasaba, me quedé tranquila. ¡Puse nombre a mis dolores! ¡Me pasaba algo de verdad y no era una quejica!".

Porque, sigue relatando Izaskun, algunos médicos no la creían. "Al principio me decían que era psicológico, pero a mí me dolía de verdad. Entonces, ¿en qué quedamos? ¿Es físico o psicológico?", se pregunta. Desde que ya puso nombre a sus males, toma todos los días dos comprimidos de tramadol (un analgésico de la familia de los opiáceos que alivia el dolor). "Me ayuda pero me crea dependencia. Si lo dejo de tomar, por cualquier motivo, me dan ganas de vomitar", confiesa. Aunque, a pesar de esa ayuda farmacológica, insiste, el dolor no remite. "Siempre me duele algo y me va cambiando hasta el humor. Aunque intento controlarme, si me dicen cualquier cosa cuando me está doliendo, salto a la mínima".

"Eres una sosa"

Sigue contando Izaskun que esta enfermedad puede tener momentos mejores o peores pero que no desaparece. "Es algo crónico, con lo que tengo que vivir. Las personas que me rodean ya se acostumbran a que siempre me pase algo... Pero si no me apetece salir, me dicen que soy una sosa", bromea. En su trabajo, en la ONG y en la empresa, se va regulando, según cómo esté. "Algunos días voy a Maristas a trabajar e intento no hacer mucho caso a los dolores. Hasta que ya no puedo más. Me da rabia porque la cabeza me va a un ritmo, el que he tenido siempre, pero el cuerpo no me sigue. Va más lento. Me fastidia mucho porque me veo impotente", se lamenta de nuevo. En Thermomix, desde que empezó la pandemia, ofrece demostraciones de cocina *online*. "Me voy regulando. A veces, organizo más; y otras, menos. Pero si no trabajo, no cobro", recalca. ¿Y por las noches? Según apunta, le resulta muy difícil conciliar el sueño. "Antes de meterme en la cama, tenemos una guerra de almohadas –bromea–, a ver cuál me pongo y en qué parte del cuerpo. Pero, aunque siempre estoy cansada, luego no puedo dormir por el dolor. Intento no abusar de las pastillas para dormir pero, a veces, no tengo más remedio. Porque si no descanso bien, luego me duele más". Así que, confiesa, por la noche se ve todas las series de médicos, que son las que más le gustan. Y, por la mañana, explica, hace una serie de ejercicios para "mover los engranajes". Unos estiramientos que repite también al mediodía y por la noche. El reumatólogo, una vez estabilizada la enfermedad, ya le dio el alta (aunque no significa que se haya recuperado). "Ahora me sigue el médico de familia y, de vez en cuando, me envía una temporada a rehabilitación (ultrasonidos, calor, ejercicios más regulares...), que me ayuda bastante". A veces, confiesa, le gustaría caminar con un bastón o una muleta pero, finalmente, lo descarta. "Solo para no oír: '¿Otra vez lesionada?' Porque de joven me rompí huesos, me hice esguinces y utilicé muchas veces muletas". Hace un tiempo, Izaskun se acercó a un puesto de la asociación *Frida* (de fibromialgia y fatiga crónica de Navarra), que estaba en la plaza del Castillo de Pamplona, para sensibilizar a la población. "Me informé de lo que hacen y me gustó pero es que no tengo tiempo para ir. ¡Demasiadas asociaciones!", resume.

La madre de Ionan

Porque ella, junto con su marido, Javier Inchusta, impulsaron hace unos años la fundación *Brazadas de superación*, a raíz de los retos de natación de su hijo Ionan (con síndrome de Down y West) y para ayudar a otros menores con algún tipo de discapacidad. También fue una de las que pusieron en marcha la asociación *D-Espacio*, de actividades de ocio y tiempo libre para familias con algún hijo con discapacidad. Y es la presidenta de la APYMA del colegio público de educación especial Andrés Muñoz Garde, en Iturrama. "Ionan cada vez se va haciendo más grande y me cuesta mucho trabajo bañarle, vestirle... Cambiarle el pañal es un combate de boxeo y acabo K.O. Totalmente agotada", se ríe. Como el niño ahora no está yendo al colegio (tras unas operaciones en las córneas), Izaskun trabaja por las mañanas, mientras él duerme. "Tengo suerte de que es muy dormilón". Y así, entre reuniones por Zoom, cuidar de su hijo, preparar la comida y hacer sus ejercicios, pasan sus días. Unos mejores que otros. Unos, con más energía y otros, en los que no puede "ni sujetar una taza", porque le duelen tanto las manos que casi se le cae lo que sostiene. Pero siempre, despistando al dolor. Aunque sigue siendo, muy a su pesar, su más fiel compañero de vida.

Contexto

María Jesús Irigoyen. *Una amiga mía, que había sido voluntaria en la cárcel, me puso en contacto con un compañero suyo de la pastoral penitenciaria. Él me instó a escribir un reportaje sobre el voluntariado, pero yo le propuse que sería más interesante entrevistar a la responsable. Fue así cómo conocía a María Jesús Irigoyen y quedé con ella para entrevistarla una mañana de agosto en la terraza de una cafetería del centro de Pamplona, todavía en plena pandemia.*

15 de agosto de 2021

María Jesús Irigoyen | Directora delegada del Voluntariado Pastoral Penitenciario de la Cárcel de Pamplona

"Los presos sufren más la pandemia y aún no pueden abrazar a sus familiares"

A la cabeza de un voluntariado de 40 personas, explica cómo es el día a día en la cárcel y cómo el COVID-19 aún incrementa la soledad de los presos, al no tener vis a vis y estar aislados al regresar del exterior. Sobre las actividades que impulsan y los prejuicios habla también en estas líneas.

- *"La mayoría de las presas ha cometido delitos menores de robos o tráfico de drogas y sus penas son más cortas"*
- *"¿*Por qué ha habido tanta polémica con la piscina? Porque creemos que deben estar en la cárcel y, además, machacados*"*
- *"Las películas, series y novelas sobre cárceles desayudan totalmente y no ofrecen una imagen cierta de la realidad"*

La mujer, con un crucifijo al cuello, que sonríe en la foto de la derecha, impartía catequesis y acudía a grupos de adultos en su parroquia. Pero un día, el catequista de uno de sus hijos le habló del voluntariado en la cárcel y sintió un *click* en su interior. "Yo nunca había hecho ningún voluntariado y solo me dedicaba a mi formación espiritual. Pero me di cuenta de que tenía que hacer cosas por los demás". Corría 2013, María Jesús Irigoyen Esteban sumaba 54 años, hacía poco que se había quedado viuda y sus tres hijos ya eran mayores. Así que se apuntó al voluntariado pastoral de la cárcel de Pamplona, que califica como "una auténtica droga". "Engancha totalmente, estoy metida de lleno y, como siempre ocurre, recibo más de lo que doy".

Ahora, prejubilada de la Administración foral, donde ha sido funcionaria toda su vida como diplomada en Empresariales, aún está más involucrada con esta labor, desde que en 2018 ocupó el cargo de directora delegada. "Entrar a la cárcel me ha cambiado la forma de mirar a la gente. Ya no juzgo a nadie. Ni a los presos ni a los de fuera. Y trato de ponerme en su piel. ¿Cómo habría sido yo si hubiera vivido sus circunstancias?" Con esta premisa, encabeza a unos cuarenta voluntarios ("más mujeres que hombres, como suele ocurrir", de entre 25 y 80 años) y cuatro capellanes (tres sacerdotes y un diácono permanente). Todos organizan actividades dentro de la cárcel para los cerca de 300 reclusos (275 hombres y 25 mujeres): iniciativas de carácter pastoral (catequesis y lectura de Biblia, talleres de oración, eucaristía...) y de tipo sociocultural (la revista *Galería*, un club de lectura, coro...). La pandemia, lamenta, ha paralizado "muchísimo" las actividades en la cárcel. Y desde hace año y medio, añade, el control para evitar los contagios es férreo. Todos los presos (excepto cuatro que no quisieron), recuerda, ya están vacunados (con el suero de la farmacéutica Jansen, de una dosis).

¿Cómo es la vida en la cárcel desde que se declaró la pandemia de COVID-19 en marzo de 2020?

Como en la sociedad, ha supuesto un antes y un después. Pero en la cárcel, aún más. Los internos no pueden abrazar a su familia, porque se suspendieron los *vises* en marzo del año pasado y aún no se han recuperado (se refiere a los *vis a vis*, encuentro del preso con la familia en una estancia durante un tiempo determinado). Desde entonces, solo pueden ver a sus familiares y amigos a través de los cristales del locutorio. ¿Y tú sabes lo duro que es no poder tocar ni abrazar a tu pareja, a tus hijos, a tus padres...? Aunque, claro, estas medidas tan estrictas y tan duras tienen una doble cara: no ha habido ningún contagiado dentro de la cárcel. Los permisos de tercer grado, con los que los presos salían durante el día y regresaban a dormir a prisión, se recuperaron pero se han vuelto a suspender, por el aumento del número de contagios.

¿Y los familiares no podrían hacerse una PCR o una prueba de antígenos para entrar? ¿O los presos que salen para volver?
No se contempla esa posibilidad ni se autoriza. Y es muy duro, porque hay hijos pequeños de por medio. Así que, en este momento, nos hemos dado más cuenta que antes de que hay otras líneas dónde incidir y que podemos ayudar en el voluntariado de otra forma. No solo entrando a la cárcel (actualmente se permite la presencia de dos voluntarias a la vez)...

¿A qué se refiere?
Por ejemplo, acompañamos a las familias fuera, les damos cariño... También, a los presos extranjeros o de fuera de Pamplona, que no tienen aquí arraigo ni nadie que les visite, les vamos a ver al locutorio como si fuéramos sus familiares o amigos. Y así, al menos, tienen visitas y pueden hablar. A los que no tienen ropa, les donamos. En fin, se pueden hacer muchas cosas. Pero el acompañamiento es lo principal. Porque, ¡hay tanta soledad en la cárcel!

El voluntariado es pastoral y depende del Arzobispado, pero ¿pueden participar presos de todas las creencias?
¡Claro! La Iglesia no pide carné de identidad ni afiliación. Pueden venir personas católicas, ateas, evangelistas, musulmanas... Los talleres que hacemos, para nosotros, son una forma de acercarles el amor de Dios pero cada uno lo puede interpretar como quiera. Antes de la pandemia, también entraba un pastor evangelista, de *Vida Nueva*, para sus celebraciones y tener un rato de oración. Pero ahora ya no le dejan. Los musulmanes lamentan que les resulta difícil practicar su fe. Porque, así como los católicos podemos rezar en cualquier momento, ellos, no. Tienen unos horarios. Y si van a sus "chabolos" (como se conocen popularmente las celdas) a rezar, les sancionan porque dicen que va contra el normal funcionamiento de la cárcel. En la mesa penitenciaria de

Navarra, que se constituyó hace unos meses, estamos tratando este tema porque para ellos es muy importante. El imán no puede entrar. No sé por qué razón...

Para los católicos, será reconfortante poder practicar su fe...

¡Sí! Y también ha habido auténticas conversiones de gente que se ha bautizado o hecho la Primera Comunión en la cárcel. Algunos no entienden que vayamos a verlos por nada. Pero ya lo dice el Evangelio: "Estuve en la cárcel y viniste a verme" (San Mateo, 25). Nosotros no les vamos a juzgar ni a preguntar cuál fue su delito. Si ellos quieren, nos lo contarán y se desahogarán. Salvo casos muy mediáticos, cuando entramos, no sabemos por qué están en la cárcel. Los vemos y tratamos como a personas. Por eso, los católicos, los ateos, los musulmanes... ¡Todos nos tienen en mucha estima!

Drogas y salud mental

Aunque entre los presos hay de todo, ¿predomina algún perfil?

Los hombres están divididos en dos módulos: preventivos (a la espera de juicio) y penados (con sentencia y condena). Este último es el más triste porque hay menos esperanza y muchos de los presos ahí tienen problemas mentales tremendos por el consumo de drogas. Muchos tienen depresión, ansiedad... Pero están muy medicados. Les dan pastillas para que permanezcan calmados. La pregunta es: ¿estas personas deberían estar ahí? Probablemente no, y un hospital psiquiátrico sería más adecuado para ellos. Aunque hay gente que ha entrado por un delito concreto, algunos de este grupo están acostumbrados a vivir en cárceles. No se reinsertan y, al salir, vuelven a cometer delitos. La sociedad no apuesta por la reinserción. Solo prima la seguridad.

¿Y usted qué opina?

Yo misma, antes de ser voluntaria en la cárcel, pensaba: "El que está aquí es porque ha hecho algo y lo tiene que pagar". Pero ahora, como les conozco, veo que cualquiera podríamos estar en la cárcel. Está bien que se les ofrezcan clases y que puedan hacer una carrera por la UNED. ¿Pero cuántos se benefician de eso, si hay muchos analfabetos? Además, para hacer los exámenes de la UNED tienen que viajar a Vitoria en un traslado general (las llamadas "cundas") y permanecer allí una semana. Así que, el que está en tercer grado y tiene un trabajo lo pierde. Eso era antes de la pandemia. Ahora les dejan examinarse en Pamplona pero tememos que, cuando salgamos de esta situación, otra vez tendrán que viajar allí.

El 1 de agosto, entraron en vigor las transferencias de salud de la cárcel al Gobierno de Navarra, ya que antes dependían del Estado. ¿Qué opina de este cambio? ¿Será positivo?

Creo que sí. Ahora han pasado a depender del centro de salud de Buztintxuri, aunque la atención sigue siendo dentro de la cárcel con el personal destinado (dos médicos y dos enfermeras). Pero si tienen que ir al especialista (oculista, ginecólogo...) salen fuera, como hasta ahora. Lo más positivo es que ya van a tener médico de guardia, como el resto de la población. Porque hasta ahora no lo han tenido. Han permanecido meses sin médico (porque los dos estaban de baja y no se sustituían) y solo con las enfermeras.

Pero si uno se pone grave, ¿qué pasa? ¿Irá una ambulancia, no?

Depende. Si es de día, es más fácil ir al hospital. ¿Pero si es de noche? Muy mal tienes que estar para atreverte a tocar el timbre del "chabolo" (las celdas se cierran a las 22 horas y no se abren hasta la mañana siguiente). Yo pocas veces he visto la ambulancia en la cárcel... Los que necesitan ir al especialista, según el funcionario que les toque, van esposados o no. El otro día me contaba una chica que tuvo que ir al ginecólogo y que, como estaba esposada, la enfermera tuvo que ayudarla a desvestirse y subirse a la camilla.

Con la política de acercamiento de los presos, además de los comunes, también habrá miembros de ETA. ¿Cuál es su situación en la cárcel?

Ellos están más acostumbrados a protestar y a exigir sus derechos, porque en realidad son derechos lo que piden. También tienen un refuerzo exterior que lucha por ellos. Y sus peticiones están beneficiando también al resto de presos.

"Hay pocas mujeres en la cárcel y viven una doble prisión"

De los 300 reclusos de la cárcel de Pamplona, actualmente hay unas 25 féminas y 275 varones. Ellas están más alejadas de sus familias porque, como hay menos prisiones de mujeres, a veces, cumplen condena lejos de su lugar de origen.

Mujeres condenadas por robar o "trapichear" con droga a pequeña escala. Españolas, extranjeras, con o sin hijos, que viven en Pamplona o en otras ciudades. Es el perfil de las 25 mujeres, un número que se mantiene más o menos estable, que actualmente están presas en la cárcel de Pamplona. Y que, según coinciden los voluntarios, sufren una doble prisión, por estar en la cárcel y, a menudo, alejadas de sus familias.

En todas las cárceles hay muchas menos mujeres que hombres (25 frente a 275, en Pamplona). ¿Por qué, en líneas generales, las féminas cometemos menos delitos que los varones?

Pues no lo sé... Puede deberse a que muchos de los condenados son hombres que han cometido delitos de violencia de género (y aquí apenas hay mujeres). Otro porcentaje importante de varones está preso por delitos al volante (conducir sin puntos, alcoholemia...). Las mujeres no suelen cometer este tipo de infracciones. Quitando algún asesinato, la mayoría están presas por el "menudeo" del tráfico de droga o por robar. A veces, incluso, se pueden llegar a justificar estos delitos porque pertenecen a una clase social muy baja y necesitan el dinero... Son pocas las mujeres que cumplen condenas largas. En el tráfico de drogas, los "capos" son ellos.

¿Pueden estar con sus hijos?

En algunas cárceles, sí; pero, en la de Pamplona, no. Por eso, para ellas es muy duro estar separadas de los niños. Desde que comenzó la pandemia no los han podido ni abrazar. Solo los ven, como el resto de presos a su familia y amigos, a través del cristal del locutorio. Y por eso decimos que viven una doble prisión.

¿Tienen contacto con los hombres presos?

No se comunican para nada. Y todas las actividades las hacen separados, en módulos independientes. Está el módulo de mujeres y, dentro de los hombres, el de penados (que ya tienen sentencia y condena) y el de preventivos (que están a la espera de juicio). También hay otro módulo en la enfermería, en el que permanecen los enfermos y los mayores; y el último, de ingresos, que es de tránsito. Allí están quienes vienen a Pamplona a un juicio o los que deben hacer cuarentena, después de haber salido al dentista o al juzgado. Allí permanecen cinco días (antes, quince) y supone una cárcel dentro de otra. El otro día me contaba una chica que había ido al médico y a firmar al juzgado, que había encadenado varios aislamientos.

¿Las mujeres hacen actividades diferentes a las de los hombres?

Nosotros ofrecemos las mismas: las de pastoral (catequesis, lectura de Biblia...) y las socioculturales (revista, club de lectura...). Pero, además, el Ayuntamiento de Pamplona imparte un taller de costura para mujeres y otro de manualidades para hombres. Todos, féminas y varones, pueden asistir a clases, para sacar la Primaria o la ESO (hay profesores cuyo destino es la cárcel y que dependen del centro de educación de adultos José María Iribarren) o también pueden presentarse a exámenes de la UNED. Ahora, en verano, todos los presos pueden también ir a la piscina en diferentes turnos.

La famosa piscina. ¿Por qué cree que ha generado tanta polémica y críticas en la sociedad?
Porque la gente cree que los presos tienen que estar en la cárcel y, además, machacados. Lo mismo ocurre con la televisión. Hay quien se queja de que, en el hospital, hay que pagar para ver la tele y que aquí la tienen gratis. ¡Y eso no es verdad! Quien quiere una tele se la compra en el economato de Instituciones Penitenciarias, que es una especie de ultramarinos donde pueden encontrar alimentos y otros enseres. Respecto de la piscina, como hacen turnos, a cada uno le toca a una hora. Y una chica me decía el otro día que ella debía ir a las 9.45 de la mañana pero que le daba igual (se ríe). Me contaba que tenía sensación de estar en la calle, en libertad... Y que bajar las escalerillas de la piscina, como cualquier persona, y extender la toalla para tomar el sol le hacían sentirse muy bien.

La visión del socorrista

Hace dos años, el socorrista de la piscina contaba en un artículo de la revista de la cárcel, Galería, cómo había cambiado su visión de los presos. ¿A los voluntarios también les ocurre?
El socorrista escribía que, cuando les dijo a su familia y amigos que iba a venir a la cárcel, todos se alarmaron y él también tenía sus prejuicios. Pero, con el tiempo, se ha dado cuen-

ta de que los presos son personas normales. Es exactamente lo mismo que nos ocurre a los voluntarios: nos sorprendemos de que los presos son gente tan normal como nosotros. Porque, ¡qué fina es la línea que nos separa! Y, ¡qué fácil es entrar en la cárcel! Es lo que tenemos que hacer ver a la gente.

¿Y cómo lo consiguen?

Ofrecemos conferencias en parroquias y en colegios. Hablamos nosotros o llevamos a presos de tercer grado para dar testimonio. ¡Y a la gente le llama la atención que sean tan normales!

A pesar de todo, la reinserción es una asignatura pendiente. ¿Quién contrata a un expresidiario?

Es cierto y la gente les sigue viendo mal. Pero, ¿qué ocurre? Que muchos salen igual que entraron. Por eso, insistimos en que, además de las clases, se les enseñen oficios (fontanería, carpintería...) para que puedan trabajar al salir. Porque si a uno le han condenado por trapichear y sale a la calle. ¿Qué va a hacer? ¡Pues volver a trapichear! ¡Porque de algo tiene que comer! Hemos visto casos de personas que iban a visitar a sus familiares mientras estaban presos pero que, al cumplir la condena, les han hecho el vacío y se avergüenzan de ellos. Además, como dices, ¿quién contrata a un expresidiario? ¿Cómo justificas en tu currículum una laguna de dos años? Es cierto que metieron la pata y han cumplido condena. Pero, ¿hasta cuándo? ¡No tienen que seguir cumpliéndola toda la vida al salir!

Quizá sea por desconocimiento o por tener una visión tergiversada. ¿Usted cree que las películas y las novelas sobre cárceles, como Cadena perpetua, La milla verde *o* Celda 211 *ayudan?*

¡Qué va! Desayudan totalmente. Estamos convencidos de que todos los presos llevan uniforme naranja y de que son agresivos. ¡Y no es así! Van con su ropa. Lo mismo que los funcionarios. En las series, como *Vis a vis* aparecen carceleras muy duras y eso no es lo que yo me encuentro. Hay funcionarias la mar de amables, con las que hablo y me río mucho.

O sea, que usted no lee ni ve novelas o películas de cárceles...

No, no. Me gusta la novela negra, pero no estas. También me encanta el ganchillo y me gustaría enseñar a las presas, pero no nos dejan meter las agujas porque dicen que pueden ser peligrosas. En cambio, en el economato venden latas de atún y maquinillas de afeitar, que pueden ser muy peligrosas. ¡Yo no lo entiendo!

Contexto

Yolanda Fonseca, impulsora de la asociación *Hiru Hamabi* (daño cerebral infantil adquirido). *Conocí a Yolanda Fonseca a través de su marido, Felipe Goikoetxea, en abril de 2017. En Diario de Navarra, estábamos organizando la primera edición de Expofamily, la feria con contenidos informativos y comerciales de temas relacionados con la familia. Instauramos entonces (lo que se ha mantenido) el llamado: "Rincón solidario", un espacio gratuito para que las asociaciones pudieran exponer sus objetivos y captar socios. Así es como me enteré de que Hiru Hamabi, de la que Felipe Goikoetxea era el vicepresidente, la había fundado su mujer, Yolanda Fonseca, primera presidenta, cuando su hijo mayor sufrió un daño cerebral tras una encefalitis al cumplir 3 años. Desde entonces, he entrevistado a Yolanda en varias ocasiones y en diferentes formatos (papel, web, podcast…). Este año, como soy miembro del jurado de Valientas. Mujeres sobresalientes, la propuse como galardonada en la categoría de acción social, ya que la asociación cumplía su primera década de vida. Y con ese motivo le hice esta entrevista, la más personal de todas y en la que habla de cómo su vida cambió de la noche a la mañana, en sentido literal y figurado, tras el diagnóstico de su hijo. Una mujer maravillosa y entrañable.*

Entrevista publicada el 24 de abril de 2024

Yolanda Fonseca | Fundadora de la asociación *Hiru Hamabi* y premio *Valientas Labor Social*

"El daño cerebral te cambia la vida, se pone la noche y amanece de otra forma"

La encefalitis que sufrió su hijo mayor con 3 años cambió la vida de su familia. Junto con su marido, fundó la primera asociación nacional de daño cerebral infantil adquirido. Y ha sido reconocida con un galardón de Diario de Navarra.

- *"Mi hijo Ibai tuvo una encefalitis con 3 años y dejó de hablar, andar... Tuvo que aprender todo de nuevo con gran esfuerzo"*
- *"En Navarra hemos conseguidos que todos los menores con daño cerebral reciban terapias en la sanidad pública"*

La vida de Yolanda Fonseca se tornó del revés una noche de noviembre de 2007. Mientras preparaba la cena en su casa de Sarriguren, su hijo mayor, de 3 años, le confesó que no podía hablar. El pequeño Ibai llevaba unos días "pachuchico" y con unas décimas de fiebre, pero nada hacía presagiar ese desenlace. Una carrera a urgencias, el diagnóstico demoledor de encefalitis (inflamación del encéfalo, la masa nerviosa que engloba al cerebro, cerebelo y bulbo raquídeo), un coma inducido de veinte días y las secuelas de un daño cerebral que provocaron que el niño se "olvidara" de hablar, caminar, comer... Superado el impacto y el dolor inicial, Yolanda y su marido comenzaron a buscar soluciones y se toparon con la dura realidad: faltaban muchas terapias y no existía ninguna asociación en todo el país que agrupara a familias con un problema como el suyo. Así que dieron la vuelta a su vida como un calcetín del revés y fundaron la primera asociación española de daño cerebral infantil adquirido (DCIA). *Hiru Hamabi* (que significa tres de diciembre en euskera, el Día Mundial de la Discapacidad) echó a andar en Sarriguren en 2013. Yolanda Fonseca Urtasun (Pamplona, 1972) recibió la semana pasada el premio *Somos Valientas* en su categoría de labor social, que concede desde 2022 *Diario de Navarra* en colaboración con *Laboral Kutxa*. Casada con el pamplonés Felipe Goikoetxea Ferrández, son padres de dos hijos: Ibai, de 19 años, y Haritz, a punto de cumplir 17. En Navarra hay actualmente 210 menores registrados con daño cerebral adquirido y el año pasado hubo 27 nuevos casos. La media anual ronda los 21. En las líneas que siguen Yolanda Fonseca comparte su historia e interpela a las autoridades a seguir trabajando por estos menores. "Las cifras siguen subiendo y merecen ser tenidas en cuenta a la hora de abordar la atención especializada. El daño cerebral te cambia la vida. Siempre digo que es como si se pusiera la noche y amaneciera de otra forma distinta".

¿Cómo recuerda aquellos días de noviembre de 2007? ¿Cómo los vivieron?

Yo acababa de dar a luz hacía tres meses a mi segundo hijo, Haritz, y aquel día estaba yo sola en casa. Ibai, que acaba de empezar el colegio en septiembre (C.P. Mendigoiti, en Mendillorri), entró en la cocina quejándose de que no podía hablar. Lo primero que pensé fue en un ictus. Volé al centro de salud de Mendillorri y la enfermera me dijo que corriera a urgencias. Entrar por la puerta del hospital y empezar a convulsionar fue todo uno. Primero intentaron frenar las convulsiones, que no remitían. Le practicaron varias pruebas, pero no una resonancia magnética porque entonces solo se hacían un día determinado a la semana. Con el trabajo de la asociación en esta última década, hemos conseguido que todos los menores que entran en urgencias con una sospecha de daño cerebral pasen por una resonancia. Nunca podremos saber qué habría ocurrido si a Ibai se la hubieran hecho. ¿Se podrían haber evitado todas las secuelas? Es algo que nunca sabremos. Al niño le indujeron el coma y nadie sabía cómo iba a evolucionar. Fueron semanas durísimas.

Además, tenía un bebé recién nacido. ¿Cómo se organizaban para atender a los dos?

Nos trasladamos a Iturrama a casa de mis suegros para estar acompañados y más cerca del hospital. Los cuatro abuelos nos ayudaron mucho. A mí me traían a Haritz para que le diera de mamar, aunque todo el mundo me insistía en que dejara de darle el pecho. Pero no quise. Me sentaba en un rincón, me ponía el niño al pecho, sentía mucha paz y me relajaba. Pasados veinte días, subieron a Ibai a la planta y ahí es cuando comprobamos las secuelas y también lo rápido que iba avanzando. Dentro del drama que vivíamos, fue muy reconfortante.

¿Y cómo transcurrió la llegada a casa? Ahí es donde se darían cuenta de la realidad...

Es lo que siempre decimos a las familias de la asociación. Que cuando sales del hospital, no sabes a qué te enfrentas. Te vas a tu casa y ni siquiera sabes que tu hijo tiene una discapacidad. Es una situación totalmente desconocida. Pero con el programa que tenemos ahora, ha cambiado y la gente se siente más arropada porque ya hay unas pautas. En nuestro caso, Ibai tuvo que dejar de ir al colegio y recibir todo aquel curso escolarización domiciliaria.

La primera vez que volvió a clase solo por unos días fue en carnaval, en febrero de 2008. Nosotros nos tuvimos que buscar la vida. Recibía fisioterapia y atención neurológica en el hospital pero no la logopedia y, como no hablaba, tuvimos que buscar una. También me hablaron de que la musicoterapia ayudaba y buscamos una profesora que impartía el método *Tomatis*. Pero vas dando tumbos. Porque nadie te facilita un mapa de ruta con la valoración neuropsicológica. Nosotros la hicimos en Barcelona de manera privada para saber qué áreas del cerebro estaban afectadas y cómo se iba a comportar por esos motivos. Ahora ya hemos conseguido que esta valoración se haga en la sanidad pública.

¿Cómo surgió la idea de la asociación?

Tuvimos claro que teníamos que hacer algo por nosotros y por otros. Primero llamamos a la puerta de ADACEN (*Asociación de Daño Cerebral de Navarra*) pero no atendían a menores. Lo mismo nos ocurrió con la federación nacional y tras asociaciones autonómicas. Por eso creamos *Hiru Hamabi*. Primero solo para Navarra, pero luego nos llamaban de otra comunidades. Empezamos Felipe y yo, con mi cuñada (María Ayesa), que es trabajadora social; y mi amiga del alma Merce Irigoyen.

Familia y expertos

¿En qué han avanzado en estos años?

Se ha creado un programa de daño cerebral infantil adquirido en el Hospital Universitario de Navarra. Vimos que los niños estaban olvidados. Pusimos en marcha una comisión de trabajo en el Parlamento en la que intervenían expertos (neuropediatras y otros especialistas) y familias. Felipe solía ir a aquellas reuniones que resultaron durísimas. Inicialmente, decían que no había casos. Pero cuando creamos el código diagnóstico se comprobó que sumaban unos veinte casos al año en Navarra.

¿Cuáles son los principales motivos por los que un niño o adolescente presenta un daño cerebral adquirido, no de nacimiento?

Los más comunes son los traumatismos craneoencefálicos (tenemos la campaña *No sin mi casco* para prevenir daños graves con la bicicleta), ictus pediátricos, atragantamientos, algunos tipos de epilepsia que dejan lesiones, tratamientos contra el cáncer, tumores cerebrales... No debemos pensar que los niños están exentos de que les ocurran estas situaciones.

El daño cerebral adquirido cambia la vida del menor por completo. ¿Cómo se afronta?

Cambia la suya y la de toda su familia y entorno. Por ejemplo, un adolescente que sufre un ictus con 13 años, al volver al colegio no es el mismo que se había ido. Las secuelas pueden ser de cero a cien. Según la zona del cerebro afectada, se nace de nuevo, se es una persona muy diferente. No existe un mapa de ruta sino que hay que trabajar con cada caso concreto. Por eso, siempre hemos pedido planes individualizados y un equipo interdisciplinar. Cuanto antes se intervenga, se minimizarán las secuelas, los tratamientos y el gasto sanitario.

Una de las aportaciones de **Hiru Hamabi** *ha sido implantar el "código ictus" en menores. ¿En qué ha consistido?*

Nos dimos cuenta de que el "código ictus" en adultos ya llevaba un tiempo pero en Navarra no existía el pediátrico. Nos reunimos con profesionales para ponerlo en marcha. Puede servir para los ictus pero también para otros problemas con base neurológica. Ahora, desde el momento en que entras por la puerta de urgencias y si se ve que el menor es susceptible, se activa. Se hacen resonancias varias veces al día.

¿Aún queda algo por hacer?

Que el DCIA se considere un diagnóstico y que no se catalogue a los pacientes por traumatismo, ictus... Y que entren todos los menores con base neurológica. Ahora solo pueden hacerlo si el daño cerebral se produjo a partir de los veinte días de vida.

Yolanda Fonseca insiste en que los centros escolares deberían conocer mejor las secuelas que puede provocar el daño cerebral (tras un ictus, un traumatismo, un tumor...) a sus alumnos y cuál será su comportamiento al regresar a las aulas. Ibai Goikoetxea Fonseca ha estudiado en el CP Mendigoiti, el IES Mendillorri y el colegio Salesianos, en Sarriguren.

Insiste en que el daño cerebral infantil puede ser invisible si las secuelas no son físicas sino intelectuales o cognitivas. ¿Qué habría que hacer para visibilizarlo?

Conocerlo. Precisamente, por eso, hemos insistido tanto en que se haga una valoración neuropsicológica en la sanidad pública. Y en Navarra se ha logrado. Así se tendrá un mapa del cerebro, cuáles son las partes afectadas y con cuáles se puede trabajar o no. Por ejemplo, si se tiene dañada la zona frontal, el menor puede presentar comportamientos desinhibidos, de desconexión... Y, a veces, los docentes piensan que son maleducados, despistados... Con esta valoración queremos que un profesional (psiquiatra, psicólogo...) se ponga en contacto con el colegio para explicarles qué pasa. Las secuelas cognitivas y comportamentales son las más duras para los menores y sus familias. A veces, socialmente los dejan de lado porque, en ocasiones, no tienen autocontrol y hay que trabajarlo mucho.

¿Cuál ha sido su experiencia personal?

La verdad es que la vida de Ibai ha estado siempre muy normalizada y hemos tenido la suerte de que tuviera amigos desde pequeño. Siempre es lo que hemos querido. Le hemos llevado a todos los apoyos que ha hecho falta y hemos luchado sin hacerle a él partícipe. Ahora, con 19 años, es cuando más partícipe está siendo. Quiere hablar del tema y le gustaría que otros jóvenes de su edad conozcan el daño cerebral para conseguir nuevos logros. Ahora participa en la asociación y dice que le gustaría entrenar a un equipo de chavales con dificultades. ¡Qué majo!

¿Cómo le ha ido en el colegio durante todos estos años tras la encefalitis?

Lo primero que hizo en cuanto pudo fue volver a la escuela de música, en Olaz, porque le apasionaba. ¡Era algo bárbaro! Ha estudiado música y toca el piano. Aunque tiene una hemiparesia (parálisis en la mitad del cuerpo) en la mano izquierda, nos dijeron que el piano le iba a venir muy bien para ejercitarla. Ha tenido una profesora maravillosa que le adaptaba las piezas, para que tuviera que tocar más con la mano derecha y, con la izquierda, solo el acompañamiento. La música le ha ayudado mucho para el aprendizaje, leer, hablar... Tras un año con educación domiciliaria, regresó al colegio en 2º de Infantil (4 años). Repitió 4º de Primaria (10 años) pero ha terminado la ESO con normalidad, aunque con apoyos. Ahora está terminando un grado medio de FP de Microinformática en Salesianos y haciendo las prácticas. El próximo curso quiere seguir un grado superior de FP de deportes. Le encanta el fútbol, juega en el Eibar (Guipúzcoa) y el año pasado ganaron la liga nacional de fútbol adaptado.

Su hijo ha estudiado en el modelo D (euskera). La escolarización en otra lengua, ¿ha supuesto una mayor dificultad por su daño cerebral?

Ninguna. Gracias a que tuvimos un orientador escolar muy majo, que conocía estudios que corroboraban que no por cambiarle de modelo lingüístico iba a ir mejor. Así que, echamos un órdago y nos ha funcionado bien. Ahora tiene dos lenguas y eso que había mucha gente que nos decía que estudiar en euskera iba a ser un suicidio. Sí que es cierto que Ibai se maneja mejor en castellano pero porque es la lengua que hablamos en casa. Lo que sí que hay que hacer es reforzar más el idioma que no es predominante.

¿Cuál ha sido su situación familiar? Padres y madres de hijos con alguna discapacidad coinciden en que, a veces, sus otros hijos pueden achacar la realidad.

En nuestro caso, no lo hemos llevado mal. Para Haritz ha sido lo normal conocer así a su hermano, porque la encefalitis de Ibai ocurrió cuando Haritz tenía tres meses. Todos lo hemos llevado de una forma muy normalizada. Es cierto que Haritz sabe que su hermano tiene unas dificultades pero como todo el mundo. Como quien presenta diabetes y debe pincharse insulina.

¿Y usted? ¿Cómo está siendo su vida como madre? ¿Cómo es la conciliación?

Yo no he hecho nada sola y todo este camino lo he recorrido de la mano con mi marido. Nosotros hemos ido siempre en tándem. Pero sí que es cierto que las madres de hijos con cualquier tipo de discapacidad solemos ser las cuidadoras y las que renunciamos a nuestros trabajos. Aunque quizá sea porque cobramos menos y es mejor prescindir de nuestro sueldo. A algunas mujeres les ha afectado esta situación en su trabajo. Yo he cogido varias excedencias y hace año y medio me enteré de que existía el programa CUME (subsidio para el cuidado de menores con enfermedad grave, que depende del Ministerio de Seguridad Social) y me he acogido a él (se reduce la jornada laboral sin merma del salario).

¿Y usted? ¿Se cuida?

Las madres nos dejamos de lado y antes pagamos el logopeda o el fisio para nuestros hijos que una sesión con el psicólogo o una clase de yoga para nosotras.

Introducción a *in memoriam*

Sonsoles Echavarren

Siempre impresiona enterarse de la muerte de alguien cercano. Sobre todo, si sucede de manera repentina. "¡No puede ser!", nos extrañamos. "¡Pero si me lo encontré la semana pasada en el supermercado!", seguimos mostrando nuestra incredulidad. Pero la muerte llega. Como la vida. Cuando menos lo esperamos. De las miles de entrevistas que he hecho hasta ahora durante mi vida laboral, algunas de las que más recuerdo son las de las personas que fallecieron al poco tiempo de la entrevista. Porque en las conversaciones de este tipo, en las que ellos se desnudan ante ti y te relatan cuestiones muy personales, se llega a establecer un vínculo profundo. Un lazo difícil de desanudar.

Es lo que me ocurrió al entrevistar a Pili Lucea, Carles Capdevila e Iñaki Redín hace nueve, ocho o siete años. En todos los casos, ellos ya estaban enfermos de cáncer cuando nos encontramos. En uno de ellos, en el de Pili Lucea, de hecho, el motivo de la entrevista fue su enfermedad, con ocasión del mes del cáncer de mama. En los otros casos, les entrevisté como expertos. Capdevila, como periodista especializado en temas de familia; e Iñaki Redín, como biólogo y profesor de Secundaria, autor de libros sobre drogas y TDAH. Pili falleció cuando aún no había pasado un año desde la entrevista, en septiembre de 2016. Y en su funeral, el párroco de Larraga, su pueblo, hizo referencia a la entrevista publicada en *Diario de Navarra* para referirse a su filosofía de vida y las enseñanzas que nos dejaba. A Capdevila, director del diario ARA de Barcelona, le entrevisté por teléfono en enero de 2016 y falleció en junio de 2017. Me impactó mucho su muerte porque yo le seguía en redes sociales y me encantaba todo lo que contaba sobre la crianza de sus cuatro hijo. Iñaki Redín, conocido como *Popi*, murió en enero de 2018, seis meses después de entrevistarle. En ese medio año, mantuvimos un contacto estrecho porque él dibujo la portada de mi primer libro y estuve en varias ocasiones en su casa, con su mujer y sus tres hijos. En ese tiempo, fui testigo de su deterioro físico pero nunca vital. Vaya este capítulo como agradecimiento a los tres. Por todas las enseñanzas que me brindaron. Y que ahora yo quiero compartir con los lectores. GRACIAS.

Contexto

Pili Lucea. *Era la tía de una de mis amigas. Yo no la conocía, pero había escuchado hablar a mi amiga de ella en tantas ocasiones de su enfermedad (le diagnosticaron cáncer en 1998, lo superó y después tuvo metástasis), que me resultaba muy familiar. En octubre de 2015, con motivo del mes del cáncer de mama, mi amiga me propuso entrevistarla. Recuerdo con muchísimo cariño aquel encuentro un sábado por la mañana en el salón de su casa en el centro de Pamplona. A los pocos días, mi hijo pequeño cumplía 2 años y me hizo un bizcocho para celebrar el cumpleaños. En septiembre de 2016 falleció. El párroco de Larraga, su localidad natal, citó durante el funeral mi entrevista y recordó algunas de las ideas que había compartido. Fue muy gratificante para mí.*

25 de octubre de 2015

Pili Lucea Villanueva | Raguesa de 57 años, lleva 17 conviviendo con el cáncer. Su deseo por ver crecer a sus hijos y su vitalidad la han hecho llevar una vida activa. "No he dejado de bailar"

> *"El cáncer me ha enseñado a reírme y*
> *a disfrutar de una caricia"*

- *"Cuando me dijeron que tenía cáncer pensé que me iba a morir a los dos días. Pero luché por mis hijos y aquí estoy"*
- *"No me quedaba en casa. Salía con mi perro y conocía a todos los pobres que pedían en las iglesias. ¡Esa fue mi mayor terapia!"*
- *"¡Estoy más radiada que los de Chernóbil!"*

Pili Lucea Villanueva da un salto en el sofá de cuero de su salón y va a buscar una foto antigua enmarcada "de cuando tenía melena". A los pocos minutos, interrumpe la conversación de nuevo y se va a la cocina a por su teléfono móvil. Vuelve y se arrodilla en el suelo para mostrar otra fotografía. En esta ocasión la de ella con una máscara salpicada de agujeros "como un colador" que le recubre el rostro y la cabeza y con la que recibe a diario sesiones de radioterapia. Entre las dos imágenes han pasado 17 años y toda una vida de "experiencias, aprendizaje, alegría y dolor".

Raguesa de 57 años, Pili Lucea se descubrió un bulto en el pecho a finales de 1998 pero no fue al médico hasta abril del año siguiente. Era un tumor muy grande pero "poco agresivo". Se lo extirparon y tras sesiones de quimio y radioterapia, se curó. Sin embargo, a los cuatro años, la enfermedad volvió en forma de metástasis en los huesos y en el pulmón. "Cuando me dijeron la primera vez que tenía cáncer pensé que me iba a morir a los dos días. Pero luché por mis hijos, que entonces tenían 10 y 13 años.

Le pedía a Dios que me dejara verlos crecer. Y aquí estoy. Me ha regalado muchos años".

Con motivo de las celebraciones en torno al cáncer de mama (el lunes fue el día internacional y hoy se celebra la carrera solidaria), esta mujer de trato afable y risa fácil comparte su testimonio en una conversación salpicada de bromas, carcajadas y refranes. "¿Que yo puedo ayudar a otras mujeres? Pues no lo sé. Lo único que les diría es que no lloren, que luchen por su vida y por sus hijos, que salgan a la calle y vayan a bailar". Casada con el también ragués Carlos Suescun López, es madre de Carlos y Elena, que ahora tienen 29 y 26 años, y viven en Brasil y Portugal. "Mi mayor cáncer es que mis hijos vivan lejos". Pili Lucea recuerda que toda esta historia comenzó con la enfermedad del hijo de la amiga de una vecina. "Era una mujer de Málaga con un niño, Rafael, que tenía 13 años y cáncer de huesos y que venía a la Clínica Universitaria. Yo veía a esa madre tan rota, tan triste... que recé: "Dios mío, si algún día me tienes que mandar algo así, que sea a mí y no a mis hijos". Y así fue. "Yo se lo pedí", confiesa esta mujer que vive a caballo entre Larraga y su piso en el Primer Ensanche de Pamplona. "Aunque me gusta más el pueblo", reconoce. "Allí tengo a toda mi familia".

También aconseja a las mujeres que se detecten un bulto en el pecho que vayan pronto al médico. "Yo tardé unos meses. Estaba segura de que era cáncer pero no quería dar un disgusto a mi familia, así que no dije nada", recuerda. Pero cuando se estaba atando los botones de la camisa en la misma consulta del ginecólogo, ya supo que tenía "algo malo". "Mi marido estaba blanco y el médico, desencajado". Era el 15 de abril de 1999 y a los cuatro días la operaron. Le extirparon el tumor y los ganglios de la axila "que estaban todos limpios" y le dieron seis meses de quimio y radioterapia. Entonces tenía 41 años. "Llevé muy bien los tratamientos. No se me cayó el pelo y tuve pocos efectos secundarios. No les dije nada a mis hijos porque no quería que sufrieran. Y cuando mi hijo venía de clases de acordeón, le decía que tocara y me ponía a bailar con mi marido".

"La terapia de salir de casa"

Durante la convalecencia, tuvo muy claro lo que le había dicho el médico: "Nosotros ponemos el 50% pero el otro 50% depende de usted. ¡Qué más quiere el cáncer que una depresión para atacar de nuevo!" Y se lo tomó muy en serio. "No me quedaba en casa. Salía a pasear con mi perro Calcetín, y conocía a todos los pobres que pedían en las iglesias cercanas, en San Nicolás, San Ignacio... y que también tenían perros. ¡Para mí fue mi mejor terapia!" Además, no dejó (ni deja) de ir a misa a diario ni asistir a clases de baile. "Me gusta todo. Las sevillanas, la rumba catalana, el tango... Me encanta tomar el sol. Es mi droga", bromea y su piel bronceada da buena fe.

Todo iba bien y Pili y su familia seguían su vida normal. Pero en 2003 el cáncer volvió a llamar a su puerta. Esta vez en forma de un tumor de "ocho centímetros de largo y tres de grosor" en el esternón. Era la víspera de Nochebuena y se lo diagnosticó un médico de Madrid, el oncólogo Miguel Martín. "Estaba muy extendido pero él me dijo que yo era muy joven para no luchar por mi vida. Tenía 45 años". Entonces empezaron de nuevo los ciclos de quimio y radioterapia. "Esos fueron más duros. Se me cayó el pelo, me salieron ampollas en los pies, no podía andar...". Después del quinto ciclo de "quimio" le pidió al médico que no le dieran más. "Yo quería luchar pero no aguantaba más. Prefería que me matara el cáncer a que lo hiciera la quimioterapia", confiesa.

Pero Pili siguió adelante. Compaginaba las visitas a los médicos, con las clases de baile, salir a la calle, ir a misa y la atención de su casa. "Nunca he dejado de cocinar ni de pasar el aspirador.

Hasta por el techo", explica en un salón impoluto y sin rastro de polvo. Había veces que no quería ir a bailar pero su marido la insistía. "¿No ves qué 'contentica' sales de clase?, me decía Carlos. Y era verdad, salía nueva. Aunque luego no me pudiera mover del sofá. ¡Como el tango me gustaba tanto, iba a dos clases seguidas!" El cáncer no se ha ido sino que ha pasado a las costillas, las vértebras, el coxis... pero Pili ha aprendido a convivir con él como si fuera "una enfermedad crónica".

"Creo que soy una de las personas que lleva más tiempo con tratamiento en la sanidad navarra. Conozco a todos los médicos, las enfermeras... ¡Ya sé cuándo llega una nueva!" Y reconoce que todos los facultativos que trabajan en oncología y radioterapia son "gente especial". "Ni con lupa los podrían haber elegido mejor. Son personas extraordinarias". El tumor ahora se le ha extendido a un hueso de la cabeza y está recibiendo radioterapia desde hace unas semanas. "¡Estoy más radiada que los de Chernóbil!", se ríe, aunque reconoce que pasa "días muy malos". "No solo es la quimio o la radio sino todos los efectos secundarios...". Pero en cuanto se recupera un poco se trae a su madre, Magdalena Villanueva, de 92 años, desde Larraga a su casa de Pamplona. "La cuido y la atiendo, aunque el resto de la familia dice que no lo haga". Su madre, añade, sufrió "mucho" cuando le detectaron el cáncer de mama. "Rezaba para que Dios me diera muchos años de vida. ¡Decía que quería vivir su vejez conmigo! Y lo ha logrado", se ríe. A pesar de que irradia optimismo a raudales, Pili es consciente de que la muerte está "ahí" y la tiene asumida. "Llegará cuando Dios quiera". Pero mientras tanto, sigue haciendo planes de futuro y pensando en el momento en que sus hijos la hagan abuela.

"Hay que luchar, la vida sigue"

Pili Lucea estaba sentada en un sillón y conectada al gotero de quimioterapia en el Hospital de Navarra. Entonces vio llegar a la sala a una "chica joven, que parecía nueva y estaba llorando". "Me acerqué a ella y le dije: 'No llores, no te vas a morir. Es algo pasajero que va a terminar sin que te des cuenta. La vida sigue y más si tienes hijos pequeños. ¡Tienes que luchar por ellos!", recuerda. Pili así lo hizo. "Solo pedí a Dios diez años más para criar a los míos y ya me ha dado diecisiete. ¡Todo un regalo!". El cáncer, confiesa, le ha enseñado a vivir con mayúsculas. "Cada día cuando me despierto doy gracias a Dios por disfrutar de un día más. La enfermedad me ha ayudado a reírme, a disfrutar de una caricia... ¿Qué es un día sin dolor? Ya no lo recuerdo y eso que llevo parches de morfina. Pero hay que seguir". Pili ha encontrado en su marido y en su fe el impulso para continuar adelante. "Siempre digo que Dios aprieta pero no ahoga. No nos tenemos que asustar porque tenemos un padre y una madre en el cielo. Yo sé lo que me gustaría a mí pero le pido a Dios que haga lo que Él quiera".

Contexto

Iñaki Redín. *Él mismo se puso en contacto conmigo porque acababa de publicar unos cómics educativos sobre el consumo de drogas entre los menores. Le entrevisté una mañana de San Fermín en una sala de visitas del periódico. Vino con su mujer, María, y apoyándose en unas muletas, porque el cáncer que sufría ya le había afectado a las piernas. Ese mismo mes me avisaron de que una editorial iba a publicar mi primer libro y no dudé en pedirle a Iñaki, a quien llamaban Popi, que me dibujara la portada, que tengo en la librería de mi casa, en lugar preferente. En septiembre de 2017, tuvo lugar la presentación del libro y él ya vino en silla de ruedas. En enero de 2018 falleció. Me alegré mucho de haberle conocido, aunque hubiera sido durante tan poco tiempo.*

23 de julio de 2017

Iñaki Redín Eslava | Profesor y autor de *Educar sin drogas*

Es consciente de que genera polémica al decir que la hiperactividad no existe y que crea un negocio para muchas personas. Biólogo, profesor, dibujante, músico... la de Iñaki Redín, Popi, es una vida con muchas aristas que, con 53 años y un cáncer terminal, se afana en beberse a tragos.

"El TDAH no existe, es un negocio para muchos"

- *"No hay ninguna prueba científica que demuestre que el TDAH existe. Es la definición de niño"*
- *"La hiperactividad no depende del código genético sino del código postal. En Estados Unidos hay muchos casos y en los países nórdicos, ninguno"*
- *"Tenemos que hablar con nuestros hijos del alcohol, el tabaco, el cannabis... Con nosotros emplearon el tabú y ha ido de pena"*

Escuchar a Iñaki Redín es como asistir a una clase magistral. Pero no solo de Biología, la asignatura que enseña desde hace una década a adolescentes de Secundaria, sino sobre la vida. La suya y la de todos. En dos horas de conversación acelerada condensa toda su trayectoria vital. La que comenzó en 1964 en el Segundo Ensanche pamplonés, "en una ciudad en la que todo era gris" y en la que se "salvó" gracias a los dibujos infantiles que hacía con sus rotuladores de colores. Y que concluye ahora, en el mismo barrio, con sus 53 años "cumplidos contra pronóstico". Iñaki Redín Eslava, más conocido como *Popi* desde que su abuela le bautizó con ese mote siendo niño, sufre un cáncer terminal de riñón, con metástasis en otros órganos, pero sigue bebiéndose la vida a tragos. "Sé que me queda poco tiempo pero no cuánto. Así que estoy como los demás", bromea. Compagina sus clases de Biología en ESO y Bachillerato, el último curso en el IES Barañáin y los años anteriores en el de Zizur, con el dibujo, la música y la escritura. Acaba de publicar su libro, *Educar sin drogas* (Katatrak, 21 euros) en el que habla sin pelos en la lengua sobre alcohol, tabaco, cannabis, Trastorno por déficit de Atención e Hiperactividad (TDAH) y los riesgos que, alerta, ocasiona en el cerebro infantil y adolescente la "pastilla" (el metilfenidato). "Los recortes han sustituido al docente por drogas. Resulta más barato tener una escuela farmacodependiente". Popi, confiesa, solo escribe de lo que ha vivido en primera persona, en las aulas y en su día a día. En unos años setenta y ochenta en los que se movía en su particular "ecosistema", entre el piso familiar en las "casas baratas" (entre las calles Leyre, Amaya, Olite y Teobaldos, donde ahora se han derruido viviendas y, paradoja, se van a construir otras de lujo), el colegio Escolapios (hasta que le echaron en COU), el parque de la Media Luna y el taller de su padre, el Garaje Redín, en la calle Arrieta, donde ensayaba con sus bandas de rock como *Los dinosaurios* o *2112*. Licenciado en Biología por la Universidad de Navarra y máster en Biotecnología avanzada por la Autónoma de Barcelona, está casado con María Zabalegui, profesora de Matemáticas en el IES Padre Moret y son padres de Ander (23), Iñaki (--), Kaki (20) y Aurelio (14). Es autor de *Comicreando* (www.comicreando.com), un blog en el que utiliza el cómic como herramienta de divulgación científica y educación en valores.

¿Es consciente de que ha puesto a psicólogos, psiquiatras y padres en pie de guerra? ¡Usted sostiene que el TDAH no existe!

Es que no hay ni una sola prueba científica, bioquímica... que aporta un solo milímetro de la existencia del TDAH. Solo hay un test con preguntas, el Snap IV, para detectarlo. A veces, son los propios docentes los que lo pasan.

Pues, para no existir, en las aulas navarras hubo el curso pasado más de 3.400 alumnos diagnosticados, el 3% de todos los escolares y una cifra que se ha multiplicado por diez desde 2001...

¿Pero qué es el TDAH? ¿No parar quieto en la silla? ¿No escuchar al profesor? ¿Responder cuando no es su turno? ¡Pues esa es la definición de niño! Pero, claro, molestan y por eso les dan la pastilla.

Usted habrá tenido hiperactivos en su clase...

Claro. A Secundaria nos llegan muchos adolescentes diagnosticados desde Primaria. ¡A veces ya les recetan medicación a los 4 años! ¡Con todos los efectos secundarios que ocasiona esa medicación en el cerebro de un niño!

Entonces, si es tan nociva, ¿por qué se receta esta medicación?

El metilfenidato es un estimulante. Sus siglas en inglés, *MPH* (millas por segundo), le dieron el sobrenombre de *speed* (velocidad en inglés). ¿Cómo puede servir un estimulante para contrarrestar los síntomas de la hiperactividad? Lo que ocurre es que el TDAH es un negocio impresionante y mueve muchísimo dinero entre muchas personas. El metilfenidato (comercializado como "concerta") provoca los efectos que dice contrarrestar (movimiento excesivo, inatención... e incluso deseos de suicidio) por lo que tomarla es como "la profecía cumplida".

¿Los médicos qué opinan de lo que usted dice?

Están de acuerdo conmigo. Por lo menos, nunca ha salido ningún médico diciendo que lo que yo explico son "burradas".

¿Y los padres que tienen hijos hiperactivos y que toman pastillas?

A las asociaciones de TDAH no les ha gustado nada mi discurso. Entiendo que para ellos es muy duro. No he encontrado a gente entusiasta con las pastillas. Se las dan a sus hijos, después de pensarlo mucho, porque es lo que les han aconsejado.

En contra de lo que dicen los psicólogos y psiquiatras, usted insiste en que el TDAH "se ha puesto de moda" y que en unos países hay más niños que en otros...

Siempre digo que no depende del código genético sino del código postal. Si no, ¿por qué en Estados Unidos, sobre todo en la costa este, hay muchos y en los países nórdicos no existen? Allí se habla de niños aburridos. ¿Por qué hemos copiado el modelo americano? Porque es mucho más barato.

El alcohol, droga puente

Además de los peligros del metilfenidato, en su libro habla de las que llama "drogas cercanas", el alcohol, el tabaco y el cannabis.

Son las drogas que están a mano, como si fueran un peluche. Y tenemos que hablar con nuestros hijos. Con nosotros, emplearon el tabú y ha ido de pena. Aunque muchas drogas las vean en casa, hay que contarles una cosa de cada una. Para que la recuerden.

¿Por ejemplo, del alcohol?

Que es la droga puente, la que te va a llevar a consumir otras sustancias. En nuestra época joven bebíamos en los bares. Ahora mandamos a los jóvenes a beber a los aparcamientos y se dan los "atracones de alcohol". Con el alcohol, siempre pregunto: ¿a cuántas copas estás de cometer un error?

¿Qué les dice del cannabis?

Que no hay droga más desmotivante. Es un humo que te atrapa, que te vuelve tonto. Lo único que quieres hacer es estar fumando las 24 horas. Sin hacer nada más.

¿Y del tabaco?

Que es mortal. Terrible. Y vas a depender de él al 100%. Parte de su éxito es que nadie cree que se va a enganchar a esa porquería pero se enganchan.

Usted sabe de lo que habla...

Claro. Yo no hablo por hablar. Todo lo que cuento lo he vivido.

"Los recortes sustituyen al docente por drogas"

Usted lamenta que en las aulas se están quedando sin alumnos y no se refiere a que cada vez haya menos escolares. ¿Qué quiere decir exactamente?

Como aumenta el número de hiperactivos que toman medicación, ¡tenemos zombis en lugar de alumnos! Están en "modo avión". Este aumento del número de diagnosticados se ha producido por los recortes económicos en educación. Y se ha sustituido a los docentes por drogas. Antes, se atendía a los adolescentes con refuerzos, atención a la diversidad... Ahora, con pastillas. Nos hemos convertido en una escuela farmacodependiente.

Pero la atención a la diversidad sigue existiendo...

En la escuela pública tenemos que atender a todos los alumnos que entran por la puerta, que son de todo tipo. Además, se ha aumentado la ratio (número de estudiantes por docente), nos han bajado el sueldo... Por lo que dar clase se está convirtiendo en algo cada vez más difícil. El sistema no nos ofrece más solución que las pastillas.

¿Y qué opina del protocolo específico que existe en las aulas navarras para atender a estos alumnos? Se les coloca en primera fila, se les concede más tiempo en los exámenes...

¡Un disparate! Se etiqueta totalmente a un adolescente en un momento de su vida en el que quiere pasar desapercibido. Todo el mundo sabe que es hiperactivo diagnosticado. ¡Es como si llevara una sirena!

El TDAH es un trastorno muy ligado al entorno escolar. Los alumnos suelen sacar malas notas, tienen baja autoestima...

Generalmente, todo sale a la luz cuando hay suspensos porque a los padres es lo que más les preocupa. O cuando el tutor o el orientador alertan de que puede darse esa situación...

Pero no puede negar que el problema, porque es un problema familiar, existe...

¡Claro que existe! Pero la pastilla no es la solución. ¿Y qué habría que hacer? ¿Qué alternativa propone? Es muy complicado. Yo, cuando me ha surgido algún caso entre los alumnos y he llamado al Colegio de Médicos para preguntar qué tenía que hacer, solo me han dicho: "es complicado".

¿A alguno de sus hijos le han diagnosticado TDAH?

En alguna ocasión nos han intentado decir que quizá podían tenerlo, pero no hicimos caso.

"El cáncer me matará, pero no me quitará la vida"

Nadie diría que Iñaki Redín tiene un cáncer terminal. Dibuja, monta en bicicleta, camina lo que puede, nada, y se ríe hasta de su propia sombra. "¿Que cómo se vive sabiendo que tu enfermedad es incurable? Pues es una putada. Sé que me queda poco tiempo pero no cuánto. Así que estoy como los demás (risas). Siempre digo que el cáncer me matará pero no me quitará la vida", asegura ante la atenta mirada de su mujer, María Zabalegui, su novia de toda la vida y madre de sus tres hijos. Desde que le diagnosticaron el tumor (un adenocarcinoma renal, cáncer de riñón) hace ocho años no ha dejado de "hacer cosas". "El curso pasado no pude impartir la segunda y tercera evaluación. Pero en septiembre, vuelvo a las aulas", aplaude. Lejos de amilanarse, ha "aprovechado" estos meses de tiempo libre para dibujar su nuevo libro de cómics, que va a ser una biografía, y en el que aparecen dibujos de su infancia en Escolapios, en los columpios de la Media Luna... El diagnóstico del cáncer, en 2009, coincidió con la preparación de la oposición de profesor de Secundaria, que aprobó en 2010, y a la que le animó su mujer, que enseña matemáticas en el IES Padre Moret (Irubide). "Adoro mi profesión. ¡A mis alumnos les hago hasta los apuntes con dibujos!" El tumor ha ocasionado metástasis en otros órganos (pulmón, cerebro, cerebelo...), ha perdido movilidad en una pierna y, a ratos, va en silla de ruedas. "Creo que soy la única persona a la que le falta el cerebelo que monta en bicicleta", se ríe. Pero para Iñaki ésta no ha sido su primera batalla contra la enfermedad. En 1993, con 29 años, se tuteó con la muerte cuando un coche se saltó un semáforo en rojo en el cruce entre Pío XII y la avenida del Ejército y él, que iba en moto, salió despedido y se golpeó la cabeza contra el asfalto. Su mujer estaba embarazada de cinco meses y él, tras dos en el hospital, perdió la visión del ojo izquierdo, el sentido del gusto y del olfato. "Y un microbiólogo sin olfato es como un espía sordo. Así que dejé ese trabajo".

Contexto

Carles Capdevila. *Yo le seguía en redes sociales y me encantaba con qué humor abordaba el tema de la familia y la crianza, que yo también estaba empezando a tratar en el periódico. Un compañero de trabajo me avisó de que Capdevila iba a ofrecer a una conferencia en la ikastola de sus hijos y le llamé para hacerle una entrevista telefónica. Cuando hablé con él, ya estaba enfermo de cáncer. Falleció un año y medio después, en junio de 2017.*

25 de enero de 2016

Carles Capdevila | Periodista y conferenciante sobre temas de educación y familia

"Para educar a los hijos es mejor utilizar la ironía que la bronca"

"¡Eres el del vídeo!" A Carles Capdevila le paran por la calle y le piden autógrafos. El exdirector del diario ARA se ha hecho popular por el vídeo de una conferencia sobre *Educar con humor*, que se hizo viral en las redes sociales y que ya han visto más de un millón y medio de personas. Esta tarde habla en Villava, en la ikastola Paz de Ziganda.

"¡Eres el del vídeo!" A Carles Capdevila i Plandiura le reconocen por la calle y le paran para pedirle un autógrafo. "Ha sido una locura. A mí no me conocía nadie y ¡ahora quieren sacarse *selfies* conmigo!" Este periodista, fundador y director del diario catalán ARA (hasta noviembre en que dejó la dirección por motivos de salud), se hizo popular hace unos meses gracias a un vídeo que se convirtió en viral. Conferenciante y divulgador de temas de educación y familia, en junio intervino en el congreso organizado por la iniciativa *Gestionando hijos* y pronunció la charla *Educar con humor*, que se subió a Internet en agosto. Entre septiembre y octubre, el monólogo en el que explicaba entre chistes y bromas cómo educar a los hijos, circuló sin cesar en las redes sociales y entre grupos de WhatsApp y ya supera el millón y medio de visitas. Nacido en Els Hostales de Balenyà (Barcelona) hace 50 años, Capdevila está casado y tiene cuatro hijos, una chica de 20 y tres chicos de 18, 13 y 7. En tratamiento por un cáncer de colon desde el verano, ha dejado el periodismo diario y "las discusiones con los políticos" para escribir columnas de opinión, entrevistas, reportajes... Ya tiene contratadas 150 conferencias este año ("me han llamado hasta de Argentina y Chile"). Una de ellas la imparte esta tarde en la Ikastola Paz de Ziganda (Villava). Organizada por la APYMA del centro, la cita será a las 17 horas en el gimnasio y la entrada es libre.

¿Cómo se encuentra?

Estoy en tratamiento y voy bien. Impartir estas charlas me está ayudando. Me da energía que la gente me diga "hace tiempo que no me reía tanto de mi vida".

¿Y cómo lleva el éxito?

Ha sido una locura. Yo llevo veinte años hablando de estos temas, desde que me convertí en padre; he escrito un libro, artículos... Y no me conocía nadie. Pero desde que el vídeo se hizo viral me paran por la calle (risas). Lo de los vídeos virales es un fenómeno más parecido al de la televisión de antes que a la de ahora. Ofrecer estas charlas me ha confirmado algo que ya intuía; que somos muchos los padres con información y obsesionados con ser perfectos y que necesitamos que alguien se ría de nosotros. Cuando hablo, veo cómo la gente asiente... Y cuando acabo, siempre hay colas de hasta diez personas que quieren decirme que se han sentido reflejados. La experiencia de ser padre o madre es la que más unifica a todos. Con las charlas me siento útil.

Y además consigue que el público se ría...

¡Hasta los sevillanos! Y eso que yo pensaba que con lo graciosos que son no les iba a hacer reír... Pero me decían que lo que contaba era su propia vida. La gente cuenta que tras la conferencia está más alegre y optimista.

Bromas al margen, ¿qué pretende transmitir con sus charlas?

El monólogo de Internet (dura veinte minutos) es un resumen de la conferencia (más de hora y media), que pretende aportar algo más de reflexión. Parece que somos los mejores padres si decimos que estamos estresados y agobiados y no debe ser así. Lo mejor que puedes transmitir, además de amor, es ser una persona espontánea y natural. Si tienes hijos hay que educarlos y si no, no los tengas. ¡No te quejes porque no duermes con un niño de un año o porque tu hijo adolescente te contesta! Es "lo que toca" y no hay que convertirlo en un problema.

Y eso que somos una generación de padres muy informados...

Es cierto. Los padres estamos sobreinformados, leemos blogs, revistas... Queremos hacer todo perfecto y no disfrutamos con nuestra labor. Antes la gente tenía más hijos y conocía a algún bebé antes de tener a los suyos. Ahora sabemos mucho de manuales pero poco de bebés, porque el primero que tenemos entre los brazos es el nuestro. ¡Hay padres que llevan a sus hijos al hospital porque tienen hipo y se piensan que son convulsiones! Además existen muchos métodos (los más populares, los de los pediatras Estivill, más conductista; y González, crianza natural) y los padres incluso están enfrentados. ¡No tienes que seguir un manual de instrucciones sino guiarte por tu propio método!

Usted resume en su monólogo que la base para educar es "espabilar a los pequeños e intentar controlar a los mayores".

Con los pequeños, la mayoría somos sobreprotectores, "padres helicóptero" que sobrevolamos y nos les dejamos caer. Si nuestro hijo está aprendiendo a montar en bici se tendrá que caer y no es más feliz porque no lo haga. He visto a padres que llevan a sus hijos de 3 o 4 años al colegio en silleta para que no se cansen. ¡Y son universitarios y preparados! Eso me angustia. A los adolescentes hay que controlarlos. A mí me llaman padres de amigos de mis hijos para decirme que les deje salir más rato. ¡Pero bueno, déjenme tranquilo, que estoy educando a mi hijo! El trabajo del adolescente es no hacerte caso y el tuyo, intentar que te haga. Con los adolescentes no hay que discutir mucho ni intentarles convencer porque nunca te van a dar la razón. Hay que decirle a qué hora tiene que llegar a casa, argumentando un poco y ya está.

Insiste en que educa más "una acción que muchos sermones".
A nosotros nos pasó con mi hija mayor. Llevábamos tiempo diciéndole que tenía que buscar algún trabajillo para pagarse sus gastos y nada. Hasta que le dijimos que ya no le íbamos a dar la paga. ¡Entonces en una semana encontró un trabajo! Curioso.

Usted habla mucho de educar con humor y eso está muy bien. Pero igual hay gente más seria a la que no le sale...
Cuando hablo del humor me refiero a una actitud bienhumorada y positiva. Pero es imposible divertirse siempre. En mi casa somos seis y por las mañanas no nos divertimos nada porque el baño o la tostadora siempre están ocupados... Pero la actitud positiva siempre la podemos tener. Se trata de no ser tremendistas y de utilizar más la ironía que las broncas. Si tenemos la oportunidad de reír con nuestros hijos, no la desaprovechemos y no pensemos que se educa mejor con normas. Una discusión con el grito se complica pero si nos reímos se rebaja un poco la tensión. Mi padre utilizaba mucho la ironía y yo también lo intento hacer. Era carpintero, nunca íbamos de vacaciones y cuando yo le preguntaba que si íbamos a ir a la playa me respondía: "sí, claro, tres meses y al Caribe". Eso me transmitía más seguridad que si hubiera dicho; "no podemos, me sabe mal...".

¿Y qué piensan sus hijos de que hable de ellos en las charlas?
Les hace gracia y los dos adolescentes, que son bastante víctimas de los monólogos, incluso me acompañan. Pero a veces me dicen que he exagerado mucho. Desde que empecé tengo unas normas; no decir nunca sus nombres ni contar exactamente la verdad. Lo que nos preocupa no lo cuento nunca y solo relato anécdotas ya superadas de las que nos podemos reír.

¿No les preguntan cómo se organizan con cuatro hijos?

Sí, pero nosotros siempre queríamos tener bastantes. Lo que ocurre es que los distanciamos porque los dos primeros fueron muy seguidos y esperamos a que crecieran para tener más. Nos ha salido muy bien porque a los pequeños los cuidan los mayores y hace años que no contratamos canguro (risas). Unos días salimos los padres y otros, los hijos. Para los mayores también es muy educativo tener esa responsabilidad.